# 365일
# 말씀과 함께 2

# 365일 말씀과 함께 2

초판 1쇄 발행 | 2020년 12월 15일

지은이 | 전종문
만든이 | 이한나
펴낸이 | 이영규
펴낸곳 | 도서출판 그린아이

등록 연월일 | 2003. 12. 02.
등록 번호 | 제2-3893호
주소 | 서울특별시 은평구 녹번로 6-11 201호
전화 | 02)355-3035
이메일 | gmh2269@hanmail.net



ISBN 978-89-958105-8-3(03230)

# 365일 말씀과 함께

전종문 지음

7~12월

그린아이

# 매일의 영적 양식

나는 우연을 믿지 않습니다. 모든 일이 필연적으로 일어난다고 생각합니다. 세상이 우연히 된 것이 아니라 하나님의 창조물인 것처럼 모든 일이 하나님의 섭리와 허락 안에서 이루어지는 것입니다.

세상은 지금 코로나19라는 역병으로 몸살을 앓고 있습니다. 그것이 우연히 생겼을까요. 인류의 패역과 교만에 대한 징계인지, 주님의 재림과 종말의 징조인지 함부로 말하기는 어렵지만 우연히 아니란 것은 분명합니다.

이 역병으로 세상은 새로운 질서가 만들어질 것입니다. 중요한 것은 교회와 우리의 신앙생활이 어떻게 될 것이냐는 것입니다. 지형이 바뀔 것으로 예상이 됩니다. 그럴 경우 두 가지 형태로 나오지 않을까 조심스럽게 예측해 봅니다. 즉 예전에 드리던 예배에 목말라하는 부류와 예전에 드리던 방식의 예배를 소홀히 여기는 부류가 있을 것 같습니다.

어찌 되었든 우리가 알아야 할 것은, 하나님은 계

시고 세상만사를 섭리하신다는 것이며, 그 하나님은 종말이 이르기까지 우리와 말씀으로 교제하시며 영과 진리의 예배를 받으시며, 결국 알곡과 쭉정이를 가려낼 것이라는 사실입니다. 그러므로 우리가 명심해야 할 것은 이후 예배와 전도는 더 뜨겁게 이루어져야 하고 성경 말씀은 더 많이 읽혀져야 한다는 사실입니다.

하나님의 말씀은 언제나 우리의 길을 인도하시고 보호하시지만 더욱 곤고한 날에는 우리의 영적 양식으로 더욱 건강하게 세워 주실 것입니다. 그러므로 하나님의 그 뜻을 이루는 데 도움을 드리고자 필자는 이 책을 기획하고 만들었습니다. 언제, 어디서나 날마다 말씀을 접할 수 있도록 했습니다.

이 책은 성경 전체를 고루 살피고 주제도 전 영역을 다루었습니다. 그리고 해설을 간단하면서도 자유스럽게 썼습니다. 성경 본문을 가급적 한 절로 줄인 것은 지면을 절약하기 위함이었으니 시간을 내셔서 성경 본문을 찾아 전후를 같이 읽으시면 이해의 폭이 깊고 넓어질 것입니다.

이 책을 읽을 대상은 아직 신앙을 갖지 않은 분이든 초신자든 관심을 가진 누구나 읽을 수 있도록 배려했습니다. 언제든지 소지할 수 있고 간편하게 읽을 수 있으며 여러 방면으로 활용할 수 있도록 했습니다. 혼자도 좋지만 가정예배시나 소그룹 예배, 새벽기도회의 설교를 위해서 활용할 수도 있을 것입니다. 영적으로 나태하기 쉬운 시대에 오히려 굳건히 말씀을 붙드셔서 하나님의 능력을 체험하시기 바랍니다.

아무쪼록 이 책이 송이꿀보다 달고 순금보다 귀하게 여러분의 매일 친구로 다가왔으면 좋겠습니다. 그래서 여러분의 1년이 이 책과 더불어 영광의 하나님과 가까워지는 감동과 보람의 한 해가 되시기 바랍니다.

# 차례

7 월의 詩

# 새벽 소묘

어둠은
고요를 타고 내렸고
바람은
느티나무 잎사귀 밑에
숨어 있었네

바람의
바람은
언제나 자신을 숨기고
고즈넉한 어둠을 즐기는 것

그러나
바람은 또한
자신의 약점을 아네
갈치 비늘이
느티나무 잎사귀에서 부서질 때
끝내
거절하지 못하는 달빛의 유혹

바람이
느티나무 잎사귀 밑을 벗어나는 순간
파르르
바람의 날갯짓은 시작되고
느티나무 잎사귀는
살랑살랑
춤을 추었네

느티나무 잎사귀는
바람 때문이라 했고

바람은
달빛 때문이라 했고

달빛은
차분한 어둠 때문이라 했네

새벽은
내 앞에
그렇게 열려 있었네

POEM

July

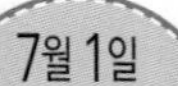

# 너희에게 평강이 있을지어다

요 20:19

**이날 곧 안식 후 첫날 저녁때에 제자들이 유대인들을 두려워하여 모인 곳의 문들을 닫았더니 예수께서 오사 가운데 서서 이르시되 너희에게 평강이 있을지어다.**

이육사 시인은 "내 고장 7월은 청포도가 익어가는 시절"이라고 노래했다.

청포도가 익어가는 7월이 왔다. 온 세상이 초록이다. 날씨는 덥지만 초록 세상에 누워 뭉게구름을 보며 새소리를 듣고 싶다. 바람소리도 듣고, 바다의 파도소리도 듣고 싶다.

당신의 마음에도 마음을 시원하고 평안하게 하는 초록이 물결치기 바란다.

세월에 대해 민감한 사람이 아니더라도 이즈음에 이르면 한 번쯤 생각할 것이다. 1년의 절반을 보냈지 않은가.

아직도 절반이 남았지 않나 하고 느긋하게 생각하는 사람도 있을 것이고, 아니 벌써 절반이 지났네 하고 조급해하는 사람도 있을 것이다.

그러나 느긋하게 생각하든 조급하게 생각하든 개의치 않고 세월은 똑같은 속도로 흘러가고 있다.

어떻게 생각하면 세월은 참 무정하다. 그럼에도 우리는 그 세월에 얹혀가면서 생존을 위한 일들을 한다. 우리의 일들이

이 7월에도 보람이 있고 형통하기를 바란다.

오늘 말씀은 부활하신 예수님께서 제자들에게 찾아와 평강을 전하는 인사이다.

그때 제자들은 한곳에 모여 있었다. 예수님이 십자가에서 죽은 지 3일째라 마음이 잡히지 않았을 것이다. 그들은 두려워하고 있었다. 행여 유대인들의 횡포가 자기들에게 불똥으로 튈까 전전긍긍했을 것이다. 그래서 문을 잠그고 있었다.

그런데 저녁때가 되어 잠긴 문을 열지도 않고 주님이 오셨다. 그리고 그들 가운데 서서 "너희에게 평강이 있을지어다." 하고 축복을 했다. 이 주님의 축복이 우리 모두에게 있기를 바란다.

오늘날 우리 사회에는 여러 가지 불안요소가 산재해 있다. 천재지변과 전염병과 전쟁과 각종 사고와 사건들이 빈발하고 도덕적으로 문란하며 영적인 타락상도 두드러진다. 우리 스스로가 우리의 안정을 파괴하고 있는 것이다.

문명의 발달이 인류를 편리하게 하는 것 같지만, 심층을 들여다보면 아니다. 오히려 불안하게 하고 있다. 세상일이 어떻게 평안할 수만 있을까.

소망은 오직 하나님께만 있다. 주님을 의지하는 것만이 평안으로 가는 길이다.

주님의 은혜 안에서 우리 모두 평강을 누리자. "너희에게 평강이 있을지어다." 우리를 향한 주님의 음성이다.

# 사랑 가운데 행하라

엡 5:2

**그리스도께서 너희를 사랑하신 것같이 너희도 사랑 가운데서 행하라. 그는 우리를 위하여 자신을 버리사 향기로운 제물과 희생제물로 하나님께 드리셨느니라.**

하나님의 가르침을 한마디로 요약해 보면 그것은 바로 사랑이다. 사랑의 정신이 모든 계명 속에 담겨 있다.

십계명 또한 궁극적인 말씀의 뜻은 하나님을 사랑하고 이웃을 네 몸처럼 사랑하라는 것이다. 그 사랑을 실천한 극치는 예수님의 십자가 사랑이며, 그 사랑은 모든 사람이 따라야 할 모본이다.

오늘 말씀에서도 그리스도께서 우리를 사랑하신 것같이 우리도 사랑 가운데서 실천하라고 가르친다.

주님은 우리를 위하여 자신을 버림으로 사랑을 실천했다. 그 행위가 하나님께 드린 향기로운 제물이요, 희생제물이다. 그러므로 진정한 사랑이란 자신을 드리는 것, 곧 헌신이요, 희생이라 할 수 있다.

예수님은 십자가에서 우리의 모든 죄를 담당하기 위하여 자신의 몸을 제물로 드렸다. 그래서 그 몸은 희생제물이고 그 행위는 아름답고 향기로운 제물이다.

구약시대에는 동물을 제물로 드려 속죄함을 받았다. 그 동물들은 장차 오실 예수님의 예표였다.

누가 남을 위하여 속죄제물이 되겠는가. 죄인인 사람은 그런 능력이 없다. 그래서 예수님의 속죄사역은 유일한 것이고 우리를 향한 하나님의 사랑의 확증이다.

그러므로 성경은 "우리가 아직 죄인 되었을 때에 그리스도께서 우리를 위하여 죽으심으로 하나님께서 우리에 대한 자기의 사랑을 확증하셨느니라."고 했다.(롬 5:8)

그렇다. 사랑한다면 희생과 헌신을 실천해야 한다.

성경은 우리가 그 실천을 따라야 한다고 가르친다. 우리에게 본받으라 한다. 사랑한다면 예수님처럼 주라고 한다. 나누라고 한다. 그리스도처럼 죽으라고 한다. 나를 위해서 네가 죽어 달라가 아니라 너를 위해서 내가 죽으라는 것이다.

사랑은 희생이다. 주님이 본을 보여주셨다.

7월 3일

# 모이기를 폐하지 말라

히 10:23-25

또 약속하신 이는 미쁘시니 우리가 믿는 도리의 소망을 움직이지 말며 굳게 잡고 서로 돌아보아 사랑과 선행을 격려하며 모이기를 폐하는 어떤 사람들의 습관과 같이 하지 말고 오직 권하여 그날이 가까움을 볼수록 더욱 그리하자.

우리는 모여야 한다. 그리스도 안에서 모여 예배드리고 말씀을 배우고 기도해야 한다. 그리고 배운 바를 실천하기 위해서 현장으로 파송되어 복음을 전해야 한다.

그런데 악한 세력들은 우리의 모임을 방해한다. 모이는 힘을 두려워하는 것이다. 그것은 자기들의 행위가 불의하기 때문이다. 그들은 우리의 모임을 와해시키고 악한 일을 방해받지 않고 자유스럽게 행하려 한다.

그러나 우리는 악한 세상에서 하나님의 공의가 이루어지도록 힘써야 하는 하나님의 일꾼들이다. 그러므로 악한 세력들의 방해가 있을지라도 우리는 굴하지 말고 복음과 사랑으로 세상을 점령해 나가야 한다.

그러기 위해서 우리는 어떻게 해야 하는가.

먼저는 각자가 믿는 도리의 소망을 굳게 잡아야 한다.

우리가 따르는 하나님나라의 소망은 진리요, 정의다. 움직이지 말아야 한다.

다음으로 우리는 서로 돌아보아야 한다. 서로 사랑하며 선한 일을 할 때 격려하며 하나 된 힘을 발휘해야 한다.

주님은 언제인가 불의를 심판할 것이다. 불신을 책망할 것이다. 위선과 거짓을 몰아낼 것이다. 그날이 다가올 때까지 끊임없이 우리는 악한 세력에 대항해야 한다.

그들은 우리가 모이는 것을 교묘하게, 합법을 가장한 불법으로 방해하려 할 것이다. 속지 말자.

흩어져서 고생하지 말고 편히 살라고 할 것이다. 그러나 모이기에 더욱 힘써야 한다.

교회는 세상에서 불러냄을 받은 거룩한 무리들이다. 불의와 어둠의 세력에 대항하여 하나님나라를 굳건하게 세워나가야 하는 하나님의 사명자요 일꾼들이다.

# 은혜를 무엇으로 보답할까

시 116:12

내게 주신 모든 은혜를 내가 여호와께 무엇으로 보답할까.

은혜란 남으로부터 받은 호의나 혜택을 말한다.

사실 우리는 많은 사람으로부터 도움을 받고 산다. 받은 것은 빚이다. 갚아야 하는 것이다. 혜택을 준 사람이야 꼭 받으려 하지 않을 수 있다. 그러나 받은 사람의 입장에서는 갚아야겠다는 생각으로 사는 것이 도리이다.

우리는 얼마나 많은 것을 받았고 지금도 또한 얼마나 많은 것을 받으며 살고 있는가. 그 모든 것을 주신 분에게 다 갚을 길이 없다.

그런데 그 은혜를 아예 갚을 생각조차 않고 사는 사람들이 있다. 성경은 그런 사람들을 짐승만도 못하다고 했다. "소는 그 임자를 알고 나귀는 그 주인의 구유를 알건마는 이스라엘은 알지 못하고 나의 백성은 깨닫지 못하는도다."(사 1:3) 은혜를 가장 많이 받고도 배은망덕하는 이스라엘을 두고 하신 말씀이다.

오늘 말씀은 어느 시인이 하나님으로부터 자신이 받은 은혜를 무엇으로, 어떻게 갚을 것인가 하고 감사하는 노래다. 일단 이 시인은 도리를 아는 사람이다. 받은 것에 대하여 감사할 줄

아는 사람이다.

실로 우리는 하나님의 은혜 없이 살 수 없는 존재이다. 태어나서 죽을 때까지 하나님의 은혜의 손길로 인도를 받고 보호를 받아야 할 사람이다. 하나님의 존재조차 인정하지 않는 불신자들에게는 기대할 것도 없지만, 하나님을 믿는 백성들은 그 은혜를 어떻게 갚을까 하고 늘 감사하며 살아야 한다.

어떤 사람이 숨쉬기가 곤란하여 병원에 입원하여 산소호흡기 신세를 졌는데 만만치 않은 치료비를 지불하고 나와서 이렇게 비싼 산소를 늘 무상으로 받아 숨을 쉰다는 것에 감격했다지 않은가.

우리는 평소 늘 혜택을 받으면서 고마운 줄을 모른다. 햇빛의 고마움, 가뭄에 내리는 비의 고마움을 제대로 느끼며 사는가. 살아가면서 하나님이 주시는 모든 혜택을 생각하면 불평이나 원망거리가 없다. 감사한 마음으로 주변을 둘러보자. 가족과 이웃과 나라와 교회와 생업과 자연과 그 외의 모든 것이 감사하지 않은 것이 없다.

은혜다. 은혜가 우주 안에 꽉 차 있다. 그것을 받아 쓰고 사는 우리들, 내게 주신 은혜를 무엇으로 보답할까 하고 고백하지 않을 수 없다. 다 갚을 길이 없다. 하지만 갚을 길이 아주 없는 건 아니다. 하나님을 알지 못하고 사는 사람들이 주변에 많다. 그들에게 예수 그리스도를 전하자. 나도 이웃에게 고마움을 어떤 방법으로든 전하자. 내게 주신 재능을 이웃을 위해 쓰자. 하나님의 영광을 위해서 배려하며 살자. 감사하며 살자.

# 주의 말씀은 세세토록 있도다

벧전 1:24-25 상

**그러므로 모든 육체는 풀과 같고 그 모든 영광은 풀의 꽃과 같으니 풀은 마르고 꽃은 떨어지되 오직 주의 말씀은 세세토록 있도다.**

이 세상에 영원한 것은 없다. 하나님이 지으신 만물은 영원하지 않다. 수명이 다를 뿐 존재한 것은 없어진다.

하루살이는 겨우 하루 정도 산다고 해서 붙여진 이름이다. 수명이 짧다. 므두셀라는 성경에 기록된 인간으로 가장 오래 산 사람이다. 969세를 살았다. 몇 천 년을 사는 나무도 있다.

사람도, 나라도, 권세도, 짐승도, 식물도 모두 수명이 있다. 그러나 존재하는 모든 창조물은 수명이 다를 뿐 영원하지는 않다. 영원하신 분은 하나님이시요, 그분의 말씀이다. 그래서 진리이다.

우리는 무엇을 바라보며 살아야 하고 무엇을 위해서 살아야 하며 누구를 위해서 살아야 하는가.

순간을 위해서 살아야 하는가, 영원을 위해서 살아야 하는가. 답은 이미 나와 있다. 그럼에도 그 답대로 살지 않는 것이 사람이다.

오늘 말씀을 음미해 보자.

모든 육체는 풀과 같다. 사람을 풀로 비유하고 있다. 풀은 연약하고 수명이 짧다. 아무리 싱싱한 것도 서리 내리면 시들어야 한다.

사람의 모든 영광은 풀의 꽃과 같다. 사람에게도 전성기가 있고 속된 표현으로 잘 나갈 때가 있다.

풀도 꽃이 피면 화려하다. 그러나 '화무십일홍花無十日紅' 즉 열흘 넘기는 꽃이 없다는 유행가 가사까지 있다. 그래서 풀은 마르고 꽃은 떨어진다. 그것이 인생이다.

그런데 영원한 것이 있다. 하나님이다. 그러므로 하나님의 말씀도 영원하다. 그 말씀이 일러주는 천국도 영원하다.

그렇다면 우리는 무엇을 바라보고 살아야 하는가. 무엇을 믿고 살아야 하는가.

순간에 의지하고 사는 사람은 어리석다. 건강한 것도 좋고, 부유하게 사는 겻도 좋고, 사치하며 화려하게 꾸미고 사는 것도 좋다.

그러나 그 모든 것도 한때라는 것을 알고 살아야 현명하다. 거기에는 끝이 있다. 그래서 영원한 분과 영원한 분의 말씀과 영원한 분이 마련해 놓은 영원한 세계를 바라보며 순종의 삶을 사는 게 옳다.

그 나라와 그의 의를 위해서 살자. 거기에 진정한 보람과 영원한 삶이 상급으로 주어진다. 무엇을 위하여 살 것인가!

7월 6일

# 내가 세상을 이기었노라

요 16:33

이것을 너희에게 이르는 것은 너희로 내 안에서 평안을 누리게 하려 함이라. 세상에서는 너희가 환난을 당하나 담대하라. 내가 세상을 이기었노라.

하나님은 우리 모두가 평안하기를 원하신다. 그러나 세상은 우리의 평안을 방해한다. 그러므로 우리가 평안하기를 원하는 주님을 의지하고 우리의 생을 주님께 맡겨야 하는데 그리하지 않는다.

그렇다면 우리가 평안하지 못한 이유는 첫째로 악한 세상의 방해이며, 둘째로 우리 자신에게도 책임이 있는 것이다.

어렵고 힘들지만 평안을 누리며 사는 사람이 있다. 주님만 의지하며 주 안에서 살기 때문이다.

오늘 우리는 주님의 신나는 격려의 말씀을 듣게 되었다.

"세상에서는 너희가 환난을 당하나 담대하라. 내가 세상을 이기었노라."

이 얼마나 멋진 위로의 말씀인가! 주님은 세상을 아신다. 그 안에서 사는 우리가 환난을 당하지 않을 수 없음도 아신다. 그러므로 담대하라고 격려한다. 그 이유를 주님은 당신 자신이 세상을 이겼기 때문이라고 한다.

만약 주님이 우리에게 "나는 세상에게 졌다. 그러나 너희는 이겨라." 하고 말씀하셨다면 얼마나 낙담하겠는가. 그러나 주님은 당당하게 말씀하신다. 내가 세상을 이겼으니 너희도 이길 수 있다고 격려하시는 것이다.

그렇다. 예수님은 승리자이시다. 그 누구보다 많은 환난을 당하시고 심지어 십자가에 달려 죽기까지 하셨다. 무덤에 장사까지 지냈지만 다시 사셨다. 완벽한 승리였다.

주님은 생명이기 때문에 죽음을 이기셨다. 그 권능으로 우리에게 권면하시는 것이다. 내가 이겼으니 나를 따르는 너희도 이긴다는 확신을 주시는 것이다.

그렇다. 주님의 사상으로 무장하고 주님 편에서 살면 당연히 세상을 이긴다. 정의로 불의를 이기고 사랑으로 증오를 이기고 진리로 거짓을 이기고 생명으로 사망권세를 이긴다.

예수님은 앞으로 이길 것이라고 말씀하시지 않는다. 내가 이미 이겼노라고 말씀하신다. 우리는 그러므로 이미 이긴 싸움을 하는 것이다.

담대하자. 우리로 이기게 하신 예수 그리스도 우리 주님을 찬양하자. 예수 그리스도 안에 있으면 우리는 이미 승리자다.

# 시험을 능히 감당하게 하신다

고전 10:13

사람이 감당할 시험밖에는 너희가 당할 것이 없나니 오직 하나님은 미쁘사 너희가 감당하지 못할 시험 당함을 허락하지 아니하시고 시험 당할 즈음에 또한 피할 길을 내사 너희로 능히 감당하게 하시느니라.

시험은 누구에게나 어렵다. 어렵지 않으면 시험이 아니다.

학생시절에 시험 때가 되면 모두가 떨었다. 학교를 졸업하고도 취직시험이니 자격시험이니 해서 공부를 많이 해두었어도 막상 때가 되면 두렵기는 마찬가지였다.

그러나 피할 수 없는 것이 시험이었고 그 시험 때문에 실력은 향상되었다. 만약 어렵지 않은 시험이 있다면 그것은 수백 번 치러도 쓸데없는 일일 뿐이다.

사회생활을 하다 보면 사람과의 관계 속에서 어려운 일을 만나기도 한다. 그 또한 시험이라고 하기도 한다. 그래서 친했던 사이가 벌어지기도 하고 재물의 손해를 입기도 한다. 이러한 일이 생기면 심적으로도 힘들어 삶이 고통스럽게 느껴지기도 한다.

어떤 사람은 별것도 아닌 것 같은 일로 시험이 들어 교회에 나오네, 안 나오네 해서 주변을 긴장시키기도 한다.

오늘 말씀을 보면 모든 시험이 하나님의 허락 하에서 이루어진다는 것과 어려운 시험을 치르는 것은 결국 본인에게 유익을 가져다 준다는 것을 알게 한다.

그러므로 우리는 오늘 말씀을 통해서 두 가지 사실을 배워야 한다.

하나는 시험은 어렵게 느껴질 수도 있지만 결국 자신이 감당할 수 있는 만큼 주어진다는 사실이다. 초등학생에게 고등학생이나 풀 수 있는 시험문제를 출제하지 않는다는 것이다. 물론 유치원 어린이나 푸는 문제도 출제하지 않는다. 초등학생에게는 그 수준에 맞는 문제가 출제되는 것이다.

욥은 사랑하는 열 명의 자식과 전 재산을 한꺼번에 잃고 자신은 악창이 들었다. 아브라함은 약속의 자식 이삭을 번제로 드리라는 명령을 받았다. 이 얼마나 어려운 시험인가. 그래도 그들은 그 시험을 잘 감당하고 합격했다. 이것은 그들이 그 어려운 시험을 감당할 만한 믿음의 소유자였기에 가능했다.

믿음이 부족한 사람에게는 그 정도의 시험이 주어지지는 않을 것이다. 그러므로 사람이 무슨 일로 시험이 드는가를 보면 그의 믿음 정도를 알 수 있다.

둘째로 하나님은 시험당할 즈음에 피할 길을 예비해 놓으신다는 사실이다. 도저히 풀 수 없는 어려운 문제 같을지라도 그에 대한 답은 항상 가까운 곳에 있다. 시험이 어렵다는 것이 답이 없다는 뜻은 아니다.

우리는 가끔씩 시험에 든다. 시험이 기쁜 것은 아니지만 두려워하지도 말자. 시험이 왔다고 낙심하지도 말자. 기도하자. 그 시험을 통해 내 믿음은 성장한다.

# 이 사십 년 동안에

신 8:4

이 사십 년 동안에 네 의복이 해어지지 아니하였고 네 발이 부르트지 아니하였느니라.

이스라엘 사람들이 애굽을 나와 엘림과 시내산 사이에 있는 신 광야에 이르렀을 때 애굽에서 가지고 나온 식량이 바닥났다. 실로 출애굽한 지 45일 만이었다.

이스라엘 온 회중은 모세와 아론을 원망했다. 그들은 "우리가 애굽 땅에서 고기 가마 곁에 앉아 있던 때와 떡을 배불리 먹던 때에 여호와의 손에 죽었더라면 좋았을 것을 너희가 이 광야로 우리를 인도해 내어 이 온 회중이 주려 죽게 하는도다."(출 16:1-3)라고 원망한 것이다.

사람이 굶으면 먹을 것밖에 생각나지 않는 법이다. 이성적으로 생각하면 이는 모세와 아론을 원망할 일도 아니고 애굽에 머문다고 해서 고기와 떡을 배불리 먹었을 리도 없다. 먹을 것이 떨어지니까 그런 생각을 하는 것이다. 그때부터 하나님은 그들이 모압에 이를 때까지 하늘에서 만나를 내려주셨다.

이후로 하나님은 고기가 먹고 싶다고 하면 메추라기를 불러오고 물이 없으면 반석에서 물을 내 마시게 하였다. 낮에는 구름기둥으로 밤에는 불기둥으로 그들을 인도하며 보호해 주었다. 양을 칠 수도 없고 곡식을 심어 거둘 수도 없는 광야 길에서 그들은 먹을 것, 입을 것 걱정 없이 40년을 젖과 꿀이 흐르는 가나안 땅으로 가기 위하여 걸어왔다.

오늘 말씀을 보면 “이 40년 동안에 네 의복이 해어지지 아니하였고 네 발이 부르트지 아니하였느니라.”고 했다.

어떻게 그리할 수 있었을까. 그것이 하나님의 능력이다. 하나님은 광야에서 이스라엘을 인도하실 때 단 한 사람도 굶어죽지 않게 하셨다. 하나님께 불순종하고 대적한 사람들은 죽었지만 순종하는 사람은 먹고 입고 마시고 걷는 데 지장 없도록 하셨다. 이것이 하나님의 뜻이다.

예수님은 먹고 마시고 입는 일에 염려하는 사람들에게 말씀하셨다. 그런 염려는 하나님을 모르는 이방인들이나 하는 것이라 하셨다. 염려는 쓸데없는 것이라며 염려로 키를 한 자도 키울 수 없다고 하셨다. 하나님은 우리에게 무엇이 필요한가를 아신다고 하셨다. 공중의 새도 먹이고 오늘 있다 내일 아궁이에 던져질 들풀도 입히는데 하물며 너희일까 보냐고 하셨다. 결론은 그 나라와 그의 의를 구하면 이 모든 것을 더하여 주신다는 것이었다.(마 6:25-33 참고)

그렇다. 하나님은 우리를 사랑하신다. 우리가 염려할 것은 먹고 마시고 입는 문제가 아니라 하나님께 올바른 순종을 보이지 못하는 것이다. 믿고 의지하며 가자. 맡기고 가면 하나님이 책임져 주신다.

# 여호와를 잊어버릴까 염려하노라

신 8:12-14 상

네가 먹어서 배부르고 아름다운 집을 짓고 거주하게 되며 또 네 소와 양이 번성하며 네 은금이 증식되며 네 소유가 다 풍부하게 될 때에 네 마음이 교만하여 네 하나님 여호와를 잊어버릴까 염려하노라.

더러 가난하여 어려운 형편에 처했을 때에 빈번하게 교회를 찾아와 부르짖던 성도가, 형편이 좋아지고 사람들이 부유해진 줄을 알아볼 정도가 되면 교회에 나오는 횟수가 줄어드는 경우가 있다.

우리나라도 처음 복음이 들어왔을 때는 뜨겁게 부르짖던 교회들이 지금은 많이 식었다.

이는 비단 우리나라의 사정만이 아닐 것이다. 부유함이 신앙을 타락시키고 있다. 이런 현상은 여호와 하나님의 염려가 현실화된 것이다.

"네가 먹어서 배부르고 아름다운 집을 짓고 거주한다."고 하면 부유하게 됐다는 뜻이다. 소와 양이 번성하고 은금이 증식되며 소유가 풍성하다는 것은 사업이 잘 되었다는 뜻이 된다.

그러면 우리는 어떻게 해야 하는가? 하나님께 감사하면서 더욱 하나님을 가까이하는 것이 옳다.

그런데 이렇게 된 경우를 하나님은 염려하셨다. "네 마음이 교만하여 네 하나님 여호와를 잊어버릴까 염려하노라." 이는 돈이 하나님을 잊어버리게 할 수 있다는 뜻이다.

가난하다가 넉넉해지니까 하나님 없어도 살 것 같다. 그런 생각이 곧 교만이다. 아름다운 집을 짓고 거주하니 여기가 천국같이 여겨진다. 정신이 둔해진 것이다.

이미 예수님이 경고하셨다. 부자는 천국에 들어가기가 얼마나 어려운지 낙타가 바늘귀로 들어가기보다 어렵다고 하시며 하나님과 재물을 겸하여 섬기지 못한다고 하셨다.(마 6:24)

하나님보다 더 사랑하는 것이 우상숭배다. 오늘날 우리의 마음과 교회 안으로 물밀듯 들어오는 세속과 맘모니즘이 무섭다. 하나님이 앉아 계실 자리에 금송아지를 올려놓고 춤추고 노래하는 게 무섭다. 배부르면 게을러지고 좋은 집에 살면 자랑이나 하고 은금이 증식되면 교만하여 하나님을 멀리하는 병을 조심하자.

주님이 말씀하셨다. "사람의 생명이 그 소유의 넉넉한 데 있지 아니하니라."(눅 12-15)

7월 10일

# 믿음은 바라는 것들의 실상

오늘 말씀

히 11:1

믿음은 바라는 것들의 실상이요 보이지 않는 것들의 증거니.

믿음이란 무엇인가. 그 신비로운 한 부분을 오늘 말씀은 한마디로 정의해 놓고 있다.

"나는 당신을 못 믿는다.", "나는 이 물건을 못 믿는다." 한다면 이보다 불행한 일도 없다. 그런데 "나는 당신을 믿어." 또는 "나는 이 물건을 믿을 수 있어." 한다면 친밀해지고 가까워질 수 있다.

이렇듯 믿음은 일반 사회생활에서도 관계를 좋게 만드는 중요한 요소다. 하물며 신앙생활에서의 믿음은 얼마나 소중한 가치겠는가.

기독교는 본래부터 믿음의 종교다. 말씀을 그대로 믿을 수 있어야 참 신앙이다. 이성으로 이해가 되지 않아도 마음으로 믿으면 의義에 이른다. 마음으로 예수 그리스도를 구주로 믿으면 구원을 얻고 그 믿음으로 기도해야 응답을 받는다. 그러므로 믿음이 없으면 하나님을 기쁘시게 할 수 없으며 믿음으로 하지 않는 것은 죄다.

오늘 말씀을 음미해 보자. 정말 신이 난다. 믿음은 바라는 것들의 실상이라 했다. 믿음으로 바라보고 믿음으로 소원하면 언젠가 그 믿음대로 내 앞에 실상으로 나타난다는 것이다. 믿는 사람만 이해가 되는 말씀이다. 믿지 못하는 사람에게는 허황하게 들릴 것이다. 그래서 믿음과 불신의 차이는 크다. 믿음으로 기도했으면 기다리자. 언젠가 실상으로 다가오는 기쁨을 맛보게 될 것이다.

다음으로 믿음은 보이지 않는 것들의 증거다. 요즈음 사람들은 증거주의, 실증주의를 신봉한다. 제 눈으로 보이지 않으면 믿지 않으려 한다. 예수님은 보지 않고 믿는 자는 복이 있다고 하셨는데 저들은 보이지 않고, 증거가 나타나지 않고, 실험에서 얻어지지 않은 지식이라면 믿으려 들지 않는다. "보면 믿겠다.", "천국을 보여주면 믿겠다."고 한다. 이 얼마나 뿌리 깊은 불신인가.

지금 불신한 것을 장차 다 보게 될 날이 올 것이다. 천국도 보고 예수님도 볼 것이다. 불신자가 그것을 보는 순간, 그래서 모두가 사실이었구나 하고 감탄하는 순간 그는 책망을 받게 될 것이다. 그때는 후회해도 소용 없다. 천국에 들어가지 못한다.

하나님이 세상을 창조하셨다. 성경이 증언하고 있다. 현대 과학으로는 증거할 수 없다. 그러나 우리는 하나님의 창조를 믿는다. 내 믿음이 증거다. 믿고 나니 하나님의 창조가 더욱 명확하다. 예수님의 동정녀 탄생, 예수님의 부활도 마찬가지다. 부활하신 주님이 의심했던 도마에게 말씀하셨다. "너는 나를 본 고로 믿느냐? 보지 못하고 믿는 자들은 복되도다."(요 20:29)

# 나를 들어 바다에 던지라

욘 1:12

그가 대답하되 나를 들어 바다에 던지라. 그리하면 바다가 너희를 위하여 잔잔하리라. 너희가 이 큰 폭풍을 만난 것이 나 때문인 줄을 내가 아노라 하니라.

참 선지자로서 하나님의 말씀을 거역하려고 한 사람은 요나가 유일하다. 그는 하나님으로부터 니느웨로 가서 회개의 복음을 전하라는 명령을 받았지만 원수 나라의 수도인 니느웨로 가서 복음을 전하는 것이 싫어 다시스로 도망을 치려 했다.

그는 다시스로 가는 배를 탔다. 그러나 그 배가 바다 가운데에 이르렀을 때 갑자기 폭풍이 일기 시작했다. 배가 파선 위기에까지 몰렸다. 사공들은 폭풍에서 살아남기 위하여 온 수단을 다하였다. 배를 가볍게 하기 위하여 화물을 바다에 버리고 각자 자신들이 섬기는 신의 이름을 불렀다.

그러나 허사였다. 바람은 더욱 세게 불었다. 요나는 이런 때에도 배의 맨 밑에 누워 잠을 잤다. 선장이 그를 깨웠고, 모두가 모여 누구 때문에 이 풍랑이 일어났는가 하여 제비를 뽑았다. 덜컥 요나가 뽑혔다.

요나는 자기를 소개할 때 히브리 사람이요, 바다와 육지를 지으신 하늘의 하나님 여호와를 경외하는 자라고 했다. 그리고 사공들이 우리가 너를 어떻게 하여야 바다가 잔잔하겠느냐고 물었을 때 그가 서슴지 않고 대답한 것이 오늘의 말씀이다.

"나를 들어 바다에 던지라. 그리하면 바다가 너희를 위하여 잔잔하리라. 너희가 이 큰 폭풍을 만난 것이 나 때문인 줄을 내가 아노라."

나는 비록 요나 선지자가 하나님의 말씀을 거역하고 도망치는 사람이었지만 이 시대에는 이런 지도자가 필요하다는 것을 말하고 싶다.

첫째 그는 어떤 상황에서도 솔직하게 고백할 수 있는 사람이었다. 자신은 하나님을 경외하는 사람이라고 했다. 둘째 그는 풍랑이 일게 된 원인이 자기에게 있다고 양심을 버리지 않고 대답했다. 오늘날 우리 사회에 이렇게 양심을 지키는 사람이 얼마나 있는가. 잘못을 하고도 솔직히 고백하지 않고 어떻게 하든 벗어나려고 애쓰는 비겁한 사람들이 더 많은 세상이다. 셋째로 그는 잘못에 대한 책임을 지려고 했다. 자신을 바다에 던지라고 했다. 바다에 던져져서 살 사람은 없다. 그러나 그 방법이 풍랑을 멈추게 하는 유일한 길이었다. 그는 풍랑이 일게 된 책임을 고스란히 자기가 지겠다고 했다.

그래서 요나는 위대한 선지자다. 하나님께 욕을 먹이지 않는 신실한 선지자요, 모든 책임이 자기에게 있음을 고백하고 죽음으로 책임지겠다고 나선 용기 있는 선지자다. 진실로 우리에게 이런 지도자가 필요하다.

7월 12일

# 내 나그네 길

창 47:9

**야곱이 바로에게 아뢰되 내 나그네 길의 세월이 백삼십 년이니이다. 내 나이가 얼마 못 되니 우리 조상의 나그네 길의 연조에 미치지 못하나 험악한 세월을 보내었나이다 하고.**

죽은 줄만 알았던 아들, 요셉이 살아 있을 뿐 아니라 애굽의 국무총리가 되어 있었다는 사실을 알았을 때 야곱은 얼마나 기뻤을까.

요셉의 인도로 가나안을 벗어난 야곱의 일가는 출세한 아들이 사는 애굽으로 건너와 대접을 받으며 살게 되었다.

그날도 야곱은 요셉의 인도로 애굽의 바로를 알현하게 되었다. 그 자리에서 바로는 야곱에게 네 나이가 얼마냐고 물었다. 오늘 말씀은 그 물음에 야곱이 대답한 내용이다. "내 나그네 길의 세월이 백삼십 년이니이다. 내 나이가 얼마 못되니 우리 조상의 나그네 길의 연조에 미치지 못하나 험악한 세월을 보내었나이다."

이 대답은 우리에게 인생에 대해 가르쳐주고 있다.

첫째, 인생이란 무엇인가. 야곱은 나그네라고 했다. 나그네란 한곳에 거처를 마련하고 사는 사람이 아니라 어딘가 다른 곳으로 가기 위하여 잠깐 머무는 사람을 가리킨다. 그렇다. 인생은 나그네다. 우리의 본향은 천국이다. 그곳으로 가는 길에 여기 잠깐 머물고 있는 것이다. 여기서 천 년, 만 년 사는 것처럼 살지 말자. 여기서는 나그네라는 사실을 인식하고 본향을 사모하며 살자.

둘째, 인생은 짧다. 야곱은 당시에 130세였다. 오늘날의 수명과 비교하면 많은 세월을 살았다. 그럼에도 그는 내 나이가 얼마 못된다고 했다. 그렇다. 인생은 천 년을 살아도 영원에 비하면 한 정점에 불과하다. 그는 자신이 조상들보다 적게 살았다고 했다. 그의 할아버지 아브라함이 175세, 아버지 이삭이 180세, 그리고 자신은 이후 17년을 더 살아서 147세를 산다. 인생은 누구에게나 짧게 느껴진다.

마지막으로 야곱은 인생이란 험악한 것이라고 했다. 그는 참으로 파란만장한 세월을 살았다. 형과 아버지를 속이고 장자의 명분과 장자에게 내리는 축복을 가로챘다. 자기를 죽이려 하는 형의 칼이 무서워 하란의 외삼촌 라반의 집으로 피했다. 그는 거기서 외삼촌에게 속으며 이십 년을 살았고 외삼촌의 두 딸을 비롯하여 네 부인을 두어야 했다. 가나안으로 돌아와서는 자식들에게 속았다. 그의 다른 자식들이 요셉을 애굽 상인에게 팔아먹고 없어졌다고 했다. 그는 사랑하는 아내 라헬이 낳은 영특한 아들 요셉을 잃고 얼마나 아픈 세월을 살았는가. 실로 그는 자신의 고백대로 험악한 세월을 보낸 것이다.

인생이 무엇인가? 짧고 험악한 세월을 사는 나그네다. 하늘나라를 사모하며 이 땅의 나그네 삶을 바르게 살자.

# 치료하시는 하나님

출 15:26

이르시되 너희가 너희 하나님 나 여호와의 말을 들어 순종하고 내가 보기에 의를 행하며 내 계명에 귀를 기울이며 내 모든 규례를 지키면 내가 애굽 사람에게 내린 모든 질병 중 하나도 너희에게 내리지 아니하리니 나는 너희를 치료하는 여호와임이라.

모세는 이스라엘의 인도자가 되어 백성들과 함께 홍해를 건넜다. 거기서 수르 광야를 거쳐 사흘 길을 걸었지만 물을 발견할 수 없었다.

마라라는 지역에 와서야 비로소 물을 만났는데 마셔보니 썼다. 마실 수가 없었다. 기대가 무너지자 백성들은 모세를 원망했다. 모세는 하나님께 부르짖었다.

하나님은 모세에게 한 나무를 가리켰다. 모세가 그 나무를 물에 던졌다. 곧 물이 달게 되어 모두가 마실 수 있었다.

이후에 하나님께서 말씀하신 내용이 바로 오늘의 말씀이다.

하나님은 당신 자신을 치료하는 여호와라고 하셨다.

그렇다. 하나님은 우리를 치료하시는 하나님이시다. 질병을 치료하시고 근심을 치료하시며 환경을 치료하시고 모든 어려움을 치료하시는 분이시다.

여기서 하나님은 우리가 어떻게 하여야 치료를 받을 수 있는가를 말씀해 주셨다.

그런데 그 방법이 사람들의 그것과는 사뭇 다르다. 사람들은 건강을 위해서 깨끗한 환경이니 섭생이니 운동이니 하는 것들에 관심을 많이 갖는데 하나님은 아니다. 하나님이 권하시는 것이 무엇인가를 알아보자.

첫째는 하나님의 말씀에 순종해야 한다는 것이다. 우리는 진리이신 하나님의 말씀에 온전히 순종해야 한다.

둘째, 의를 행하여야 한다. 하나님은 공의의 하나님이시다. 불의를 용납지 않으신다. 건강하게 살기 위해서 의로움을 나타내며 살아야 한다.

셋째, 계명에 귀를 기울이고 모든 규례를 지켜야 한다. 여기서 말씀하는 규례나 계명은 모두 하나님의 율법이요, 말씀이다. 이 말씀에 귀를 기울여야 한다. 듣고자 해야 한다. 사모해야 한다. 그리고 그 명령을 기쁨으로 지켜야 한다.

하나님은 백성이 모두 이를 실천할 때 애굽 사람에게 내렸던 질병 중 하나도 내리지 않을 것이라 했다. 하나님께서 말씀하신 것을 우리가 생각하는 건강의 조건이나 질병의 치료 사항이 아니라고 생각하지 말고 오직 믿음으로 받고 순종하기 바란다.

하나님의 생각과 사람의 생각은 근본적으로 다르다. 순종함으로 치료받고 건강한 삶을 사시기 바란다.

7월 14일

# 평안을 빌라

마 10:12-13

또 그 집에 들어가면서 평안하기를 빌라. 그 집이 이에 합당하면 너희 빈 평안이 거기 임할 것이요, 만일 합당하지 아니하면 그 평안이 너희에게 돌아올 것이니라.

예수님은 제자들을 파송하면서 그들에게 사람들을 접할 때 어떻게 해야 하는지에 대해 지시하셨다.

그중 하나가 오늘 말씀이다. 어떤 성이나 마을에 들어가든지 그곳에 머물 수 있기에 합당한 집을 찾아서 그 지역을 떠날 때까지 머물라고 하셨다. 그리고 그 집에 들어갈 때는 그 집에 평안하기를 빌라고 하셨다.

우리 주님은 모든 사람이 평안하기를 원하신다. 그리고 그 평안은 세상에서 얻어지는 순간적인 것이 아니라 영원한 것이다. 그래서 주님은 제자들에게 머물기 위해서 들어가는 모든 집에 평안을 빌라고 하셨다.

사실 평안이란 우리가 받을 수 있는 최고의 축복 중 하나다. 평안하기 위해서는 정신적으로나 육신적으로 아픔이나 어려움이 일단은 없어야 한다. 영적 평안을 위해서는 주님을 영접해야 하고 순종하는 삶이 되어야 한다. 이런 평안을 우리는 누려야 한다.

제자들이 어떤 집에 들어가 평안을 빌었을 때 그 집이 그 평안을 받아들이기에 합당하다면 기도한 대로 이루어진다.

그러나 그렇지 않은 집, 다시 말하면 제자들이 기원하는 평안을 받을 만한 그릇이나 자격이 없을 때는 수포로 돌아간다.

그 기원은 땅에 떨어지지 않는다고 했다. 평안을 빈 너희에게 돌아온다고 했다. 다시 말하면 너희가 빈 평안은 헛되지 않고 받을 만한 자격자에게 간다는 것이다.

그렇다면 이 말씀이 우리에게 주시는 교훈이 무엇인가. 남에게 복을 빌라는 것이다. 남이 잘되기를 기원하는 삶을 살라는 것이다.

그들이 원하든 원치 아니하든 우리가 할 일은 평안을 빌고 안녕을 빌고 행복을 빌어주자는 것이다. 남이 잘 되기를 비는 마음이 예수님의 마음이다. 하나님이 복을 주실 것이다.

남을 축복해서 손해 볼 일은 없다. 하나님의 뜻이나 명령을 지켜서 잘못될 일은 없다. 내가 축복의 사람이 된다.

# 내가 문 밖에 서서 두드리노니

계 3:20

**볼지어다. 내가 문 밖에 서서 두드리노니 누구든지 내 음성을 듣고 문을 열면 내가 그에게로 들어가 그와 더불어 먹고 그는 나와 더불어 먹으리라.**

하나님은 매우 인격적인 분이시다. 그 권능과 권위로 얼마든지 하시고 싶은 일을 감행하실 수 있다. 예를 들면 어떤 사람을 구원하고자 할 때 강제적으로 하실 수 있다. 그러나 그렇게 하지 않으신다. 그가 돌아올 수밖에 없도록 감동을 주셔서 이끄신다.

생각해 보라. 말씀으로 천지 만물을 지으신 분인데 무엇을 못하시겠는가. 그러나 앞에서 말씀드린 대로 강제적으로 하지 않으시고 인격적으로 하신다. 그리고 그 계획은 절대로 실패하지 않으신다.

오늘 말씀은 소아시아의 일곱 교회 중 라오디게아 교회에게 주신 말씀 중의 한 부분이다. 주님을 영접하는 것을 마치 문 밖에서 노크하는 주님을 문을 열고 받아들이는 것으로 묘사하고 있다.

이처럼 주님은 우리들 마음으로 들어오시기를 위하여 계속 문 밖에서 문을 두드리고 계신다. 그래서 누구든지 그 음성을 듣고 문을 열면 내가 그에게로 들어간다고 했다. 이는 우리가 하나님의 말씀의 역사를 통하여 마음문을 열고 주님을 영접하는 것을 의미한다. 그러면 내 안에 주님의 영이 계시는 것이다.

그리고 주님이 내 안에 계시는 것을 주님은 나와 더불어 먹고 나는 그분과 더불어 먹는다고 했다. 이런 현상을 신학적으로 신비적 연합이라 한다. 주님과 내가 신비하게 연합하여 하나가 되는 것이다. 그래서 주님은 내 안에 계시고 나는 주님 안에 있는 것이다.

주님은 내 안에서 성령으로 역사하시고 말씀으로 깨우쳐 주신다. 그러면 나는 주님의 사람이 된다. 그런 상태가 내가 주님 안에 있는 상태인 것이다. 그러면 주님은 나의 주인으로서, 나를 다스리는 왕으로 군림하신다. 나는 주 안에 있고 주님은 내 안에 왕으로 계시므로 나는 주님께 충성하고 순종할 수밖에 없다. 그러면서 평안하고 행복하다. 구원의 기쁨이 충만하다.

주님의 양은 주인의 음성을 구별하여 안다. 문 밖에서 두드리는 주님의 부르심에 반응하여 문을 열자. 그리고 언제든지 환영하자. 그리하여 주님은 내 안에, 나는 주님 안에서 더불어 먹는 영적 연합을 이루자.

# 합력하여 선을 이루느니라

롬 8:28

우리가 알거니와 하나님을 사랑하는 자 곧 그의 뜻대로 부르심을 입은 자들에게는 모든 것이 합력하여 선을 이루느니라.

선을 이룬다는 말은 결과가 좋다는 뜻으로 이해하면 된다.

하나님을 사랑하는 자, 즉 하나님께 속한 하나님의 백성은 승리자가 된다. 왜냐하면 예수님이 승리자로서 그의 사랑과 능력으로 승리자로 만들어주기 때문이다. 예수 믿어서 실패한 사람이 있는가. 없다. 한 사람의 낙오자 없이 모두가 천국에 이르게 된다. 결과가 좋다는 것이요, 결과가 승리라는 뜻이다.

사람은 일생을 사는 동안 여러 사건을 경험한다. 그 사건 안에는 즐거운 일도 있지만 고난도 있고 슬픔도 있다. 낙심할 수밖에 없을 정도의 고통도 있다. 그러나 그것들 때문에 실패한 인생이라고 말한다면 이는 성급한 것이다.

성공과 실패는 마지막에 결정해야 한다. 성공한 사람처럼 살다가 마지막에 실패하는 사람도 있고, 실패한 사람처럼 살다가 최후에 가서 성공하는 사람도 있기 때문이다.

합력하여 선을 이룬다는 것은 형통한 일, 불행한 일이 모두 뒤범벅이 되어서 결국에 승리와 성공으로 귀결된다는 의미이다. 예수 안에서는 반드시 그렇게 된다는 뜻이다.

예를 들어서 이해를 돕기로 하자. 요셉은 파란만장의 삶을 살았다. 어려서 애굽으로 팔려가 시위대장 보디발의 집에서 종살이를 하였다. 그를 보디발의 처가 유혹했다. 그는 외모도 준수했지만 무엇보다 하나님을 믿는 신실한 사람이었다. 요셉은 이를 거절했고 결국 보디발의 처가 무고를 해서 옥에 갇혔다. 거기서 술 맡은 관원장과 떡 맡은 관원장의 꿈을 해몽해 준 인연으로 바로의 꿈을 해몽해 주게 되었는데 이것이 기회가 되어 국무총리가 되었다.

겉으로 보면 요셉은 참으로 억울하고 고통스런 삶을 살았다. 형들의 악한 행동으로 애굽에 종으로 팔려가고 무고로 옥살이도 했다. 누가 봐도 요셉은 억울하고 비참한 사람이다. 그러나 그런 일들이 없었더라면 어떻게 애굽의 국무총리가 될 기회를 얻을 수 있었겠는가. 이러한 일들이 모여서 애굽의 국무총리가 되고, 자기 일족을 애굽으로 인도하는 일을 하게 된 것이다.

그렇다. 하나님은 요셉의 삶에 시련, 고난, 슬픔 등을 묶어 믿음으로 이겨내게 하시고 결국 애굽의 국무총리로 만들어 언약 백성인 가족을 살리고 승리와 성공의 삶을 살도록 하셨다. 이것이 합력하여 선을 이루는 것이다.

그러므로 우리는 하나님 안에만 있으면 된다. 고난 속에서 낙심할 필요도 없다. 주 안에서는 모든 일이 합력하여 선을 이루기 때문이다.

# 하나님의 것을 도둑질하지 말라

말 3:8

사람이 어찌 하나님의 것을 도둑질하겠느냐. 그러나 너희는 나의 것을 도둑질하고도 말하기를 우리가 어떻게 주의 것을 도둑질하였나이까 하는도다. 이는 곧 십일조와 봉헌물이라.

도둑질이란 남의 것을 허락 없이 자기 것으로 만드는 부도덕한 일이다. 이로 인해 잃어버린 사람은 손해를 입고 도둑질한 사람은 죄를 짓게 된다.

사람 관계에서도 도둑질을 부도덕한 일이라고 금지하고 있는데 하물며 하나님의 것을 도둑질한다는 것은 있을 수 없는 일이다.

당시에 사람들은 하나님의 것을 도둑질하면서 그것이 도둑질인 줄을 몰랐던 모양이다. 그렇다면 그들은 영적으로 매우 해이된 삶을 살고 있었음이 분명하다.

오늘 말씀에서는 십일조를 떼먹는 것을 지적하며, 이를 하나님의 것을 도둑질하는 것이라 하였다.

그렇다면 왜 십일조가 하나님이 것인가를 살펴보자.

십일조의 역사를 보면 모세의 율법 이전부터 십일조가 있었다. 아브람은 조카 롯이 잡혀가자 야간에 그 뒤를 쫓아 그돌라오멜 군을 격파하고 롯의 가족과 탈취물을 가지고 되돌아왔다. 그때 환영 나온 살렘 왕 멜기세덱에게 십일조를 바친 내용이

나온다.(창 14:20) 형을 피해 하란으로 가던 야곱이 벧엘에서 하나님께 십일조를 드리겠다고 서원하는 내용도 있다.(창 28:22)

성경은 가장 소중한 것을 하나님께 드려야 함을 역설한다. 첫 열매, 첫 새끼, 첫 자식, 첫 날, 십일조 등이 그런 의미다.

특별히 십일조는 이스라엘의 영적 생활과 밀접하다고 할 수 있다. 이스라엘은 가나안을 정복하고 각 지파별로 토지를 분배받았다. 그러나 제사장 지파인 레위 지파는 하나님께 제사 드리며 성역만 감당하도록 하기 위하여 토지를 분배해 주지 않았다. 그러면 그들은 어떻게 생계를 유지했을까? 하나님은 당신 자신이 레위 지파의 기업이 되어 주셨다. 각 지파에서 바친 십일조를 레위인의 생활을 위하여 주셨던 것이다.

그러므로 백성들이 십일조를 하나님께 바치지 않으면 레위인들이 생계를 위하여 성역을 소홀히 하거나 성전을 떠나게 되고 결국 하나님의 진노는 백성들에게 돌아갈 수밖에 없다. 나라 전체가 영적으로, 물질적으로 어려움을 겪을 수밖에 없게 되는 것이다.

하나님의 것은 십일조 외에도 주일이나 하나님께 돌려야 하는 영광도 있다. 하나님의 것을 하나님께 돌리고 하나님의 축복을 받아 복된 성도가 되자.

# 모든 말씀을 가감하지 말라

신 12:32

**내가 너희에게 명령하는 이 모든 말을 너희는 지켜 행하고 그것에 가감하지 말지니라.**

하나님의 말씀은 1점 1획도 오류가 없다. 덧붙일 필요도 없고 빼서도 안 된다. 말씀 그대로 믿고 지켜 행하면 말씀이 약속한 축복을 받는다.

그 말씀에 맞추어 살면 구원에 지장이 없고 그 말씀을 지키며 살면 하나님의 백성으로서 인정을 받는다.

그럼에도 사람들은 그 약속의 말씀을 그대로 지키기 어려우면 가감을 했다.

대표적인 예가 첫사람 하와였다. 그는 에덴동산에 찾아온 뱀의 유혹에 넘어갔다.

하나님은 선악을 알게 하는 나무의 열매를 먹으면 반드시 죽는다고 하셨는데 하와는 하나님께서 선악과를 만지지도 말고 먹지도 말라고 했다고 했으며 먹으면 죽을까 하노라고 하셨다고 했다.

"만지지도 말라."는 말은 하나님의 말씀에 자기가 덧붙인 말이고 "죽을까 하노라."는 반드시 죽는다는 말의 강도를 자기가 약화시킨 것이다.

결국 아담과 하와는 뱀의 유혹에 넘어가서 실패의 인생을 살고 후손에게까지 비극을 안겨 주었다.

신약시대의 바리새인들은 자기들이 지키기 어려운 계명을 지킨다는 명분을 세우기 위해서 말씀 자체를 고치기도 했다.

그 한 예로 율법은 부모를 공경하라고 하고 아버지나 어머니를 모욕하는 자는 죽임을 당한다고 했는데, 부모에게 뭔가 드려야 하는데 드리기 싫으면 "고르반"이라고 하면 되었다. 고르반이란 하나님께 드림이 됐다는 뜻이다. 이런 것이 전통이고 장로의 유전이었다.(막 7:8-13) 저들은 장로의 유전으로 하나님의 말씀을 불순종하는 죄를 지었던 것이다.

요한계시록은 하나님의 말씀을 가감할 때 어떤 벌이 있는가를 명시해 놓고 있다.

"내가 이 두루마리의 예언의 말씀을 듣는 모든 사람에게 증언하노니 만일 누구든지 이것들 외에 더하면 하나님이 이 두루마리에 기록된 재앙들을 그에게 더하실 것이요, 만일 누구든지 이 두루마리의 예언의 말씀에서 제하여 버리면 하나님이 이 두루마리에 기록된 생명나무와 및 거룩한 성에 참여함을 제하여 버리시리라."(계 22:18-19)

# 회개하고 돌이켜 죄 없이함을 받으라

행 3:19

그러므로 너희가 회개하고 돌이켜 너희 죄 없이함을 받으라. 이같이 하면 새롭게 되는 날이 주 앞으로부터 이를 것이요.

결국 죄와의 싸움이다. 죄 때문에 사망이 왔고 죄 때문에 세상은 어지럽다. 그래서 사람들은 죄를 없애는 방법을 연구해 왔다. 그러나 죄는 인간의 노력으로 없앨 수 없다. 죄는 사탄의 강력한 무기다.

오늘 말씀은 죄 없이함을 받는 방법을 제시하고 있다. 죄는 완력으로 싸워서 이길 수 없다. 원자폭탄으로도 이길 수 없다. 죄는 원자폭탄보다 더 가공할 힘을 가지고 있다.

그렇다면 과연 무엇으로 죄를 이길 수 있는가. 하나님의 은혜 안에서는 믿기지 않을 정도로 간단하다. 오늘 말씀에서는 그 방법이 "회개하고 돌이키는 것"이라고 했다.

회개는 하나님 앞에서 하는 것이다. 자기 스스로에게 하는 것은 뉘우침이나 반성이다. 그것으로는 죄가 없어지지 않는다. 예수님이 내 죄를 대신하고 그 죗값을 치렀다는 신앙 안에서 주님께 내 잘못을 전가시키는 것이 회개다. "잘못했습니다. 주님의 사유하시는 은총으로 용서해 주십시오." 하는 고백이 회개다. 이 회개는 돌이키는 데까지 이르러야 한다. 다시는 그런

죄를 범치 않고 살기를 다짐하는 것이다. 이것이 하나님이 인정하고 받아주시는 것이며, 죄 없이함을 얻는 것이다. 그러면 의로운 사람이 된다. 의로워서 의로운 것이 아니라 주님이 불쌍히 여기셔서 의롭다고 여겨주시는 것이다. 그 여겨주시는 은혜로 구원을 받는 것이다.

주님은 십자가에서 우리의 죗값을 충분히 담당하셨다. 우리는 그 은혜에 힘입어 죄 사함을 받는 것이다. 그것이 죄 없이함이다. 이 효력은 영원하다.

죄 없이함을 받으면 새롭게 되는 날이 온다. 세상이 갑자기 새로워지는 것이 아니라 내가 새로워졌기 때문에 보이는 세상 모두가 새로워지는 것이다. 어두운 면만 보이던 세계가 하나님이 창조하신 아름다운 세상이 된다. 죄가 관영하던 세상이지만 나의 깨끗한 눈으로 하나님나라를 바라보게 된다. 새로운 심령의 사람이 바라보는 새로운 세계를 경험하게 된다. 증오가 사랑으로, 불의가 정의로, 악이 선으로, 거짓이 진리로, 이기는 삶을 살게 된다.

그러므로 새롭게 되는 날은 세계가 고쳐져서 이루어지는 것이 아니라 내가 회개함으로 새롭게 된 영혼에서 이루어진다. 세상이 아무리 아름다워도 내 심령이 깨끗하지 않으면 새로울 수가 없다. 회개하고 돌이켜 하나님의 백성으로 새로워지자.

# 엘림에서의 휴식

출 15:27

그들이 엘림에 이르니 거기에 물 샘 열둘과 종려나무 일흔 그루가 있는지라. 거기서 그들이 그 물 곁에 장막을 치니라.

이스라엘 백성들은 홍해를 건너 수르 광야를 거쳐 마라에 이르는 3일 동안 물을 마시지 못했다. 사막지역에서 3일 동안 물을 마시지 못했으니 얼마나 갈증이 났겠는가.

다행히 마라에 오니 물이 있었다. 그들은 물을 보고 무척 기뻐했다. 그러나 그 기쁨도 잠시, 그들은 모세를 원망할 수밖에 없었다. 물이 써서 도저히 마실 수가 없었던 것이다.

기대가 수포로 돌아서니 저들은 분노하여 모세를 공격했다. 모세는 하나님께 부르짖었고 하나님은 모세에게 한 나무를 가리키셨다. 모세가 그 나무를 물에 던지는 순간 물이 달아져서 모두가 마실 수 있었다.

그리고 걸어서 다다른 곳이 엘림이다. 거기에는 물 샘 열둘과 종려나무 일흔 그루가 있었다. 오아시스 지역이었다. 그들은 물 곁에 장막을 쳤다.

물이 넉넉하고 종려나무 그늘도 있는 이런 좋은 지역이 어떻게 이곳에 있을 수 있었을까. 하나님께서 오아시스를 이곳에 두고 이스라엘이 쉴 수 있도록 하신 것이다.

이스라엘 백성들이 마라를 거쳐 엘림에 다다른 과정을 통해 우리에게 주시고자 한 교훈을 생각해 보자.

이스라엘은 그들의 조상에게 주시기로 약속했던 땅, 가나안을 향하여 가고 있었다. 그런데 그 길은 편하지 않았다. 여기서 인생길의 축소판을 경험했다고 봐도 될 것이다.

첫째, 마라를 지났더니 엘림이 나왔다. 이는 쓴 곳을 지나니 아름다운 곳이 나왔다는 의미로, 나그네 길에서 흔히 만날 수 있는 현상이다.

쓰다고 했는데 단것이 있을 수도 있다. 그렇다고 인생길이 항상 달기만 한 것은 아니다. 곧 쓴맛을 봐야 할 때가 올 것이다. 이 사실을 명심하고 가자.

소망은 가나안에 있으니 쓴것 만났다고 낙심하지 말고 단것 만났다고 교만하지 말자. 이것이 인생이다.

둘째, 이스라엘은 엘림에서 장막을 쳤다. 그러나 그곳에서 영원히 살 수 있는 것은 아니다. 불기둥, 구름기둥이 떠나면 장막을 걷고 떠나야 한다. 그래서 인생은 나그네다. 떠나기 싫어도 떠나야 한다.

가나안은 천국을 상징하는 곳이다. 천국을 향하여 가는 우리는 이 땅에서 나그네일 수밖에 없다.

이스라엘이 불기둥, 구름기둥의 인도를 받으며 갔듯이 우리도 말씀의 인도를 받으며 가자. 소망은 이 땅에 있지 않다. 하늘나라에 있다.

7월 21일

# 고난 당한 것이 내게 유익이라

오늘 말씀

시 119:71

고난 당한 것이 내게 유익이라. 이로 말미암아 내가 주의 율례들을 배우게 되었나이다.

사람은 떡으로만 사는 게 아니다. 짐승처럼 살아도 사는 것이라면 예절이나 도덕이나 규범이 왜 필요하겠는가. 인격체로 살아가려면 삼가는 것도 있어야 하고 남을 의식하는 것도 있어야 한다.

사람을 만드신 하나님은 우리가 본능적으로 사는 것을 원치 않으셨다. 그래서 이스라엘을 선택하고 그들이 선민으로서 자존감 있게 살 수 있도록 율법을 주시고 순종을 요구하셨다. 사람이 사람답게 살기를 원하신 것이다.

그럼에도 사람답게 살지 않을 때, 하나님의 백성으로서 자존심을 지키며 살지 않을 때 하나님은 그들을 교정할 수밖에 없었다. 훈계하고 책망해서 바른 길을 걷도록 하는 이유가 여기에 있다.

그럼에도 깨닫지 못할 때 하나님은 긴급조치를 했다. 그것이 징계요, 채찍이다. 잘못된 생각과 자리에서 돌아오라는 호소다. 그래서 매를 맞고 돌아온 사람이 부지기수다.

사람을 교정하는 데는 고난보다 나은 것이 없는 것 같다. 하나님도 자주 쓰시고 있지 않은가.

고난을 좋아할 사람은 없다. 그래도 고난을 겪고 나서는 고난의 유익을 말한다. 고난을 통해서 치료를 받고 바른 길을 가게 된 것에 대한 감사다.

오늘 말씀도 그렇다. 고난 당한 것이 내게 유익이라며 이를 통해 주의 율례를 배우게 되었다고 고백한다. 또한 고난 당하기 전에는 내가 그릇 행하였더니 이제는 주의 말씀을 지키게 되었다고 했다.(시 119:67)

사람이 사람답게 살기 위해서는 규범을 지켜야 한다. 사람이 하나님의 백성답게 살려면 하나님이 주신 율례를 지켜야 한다.

고난 당하지 않고 바르게 살 수만 있다면 얼마나 좋을까. 그러나 그렇지 못하니 고난이 온다. 고난은 괴롭게 하기 위한 목적으로 오는 게 아니다. 교정이 목적이다.

매를 맞아 절룩거리더라도 하나님의 백성의 품위를 지키며 어그러진 길로 가지 않도록 채찍을 드시는 분이 하나님이시다.

# 그리스도 이름으로 걸으라

행 3:6

**베드로가 이르되 은과 금은 내게 없거니와 내게 있는 이것을 네게 주노니 나사렛 예수 그리스도의 이름으로 일어나 걸으라 하고.**

베드로와 요한이 기도하러 성전으로 올라가는데 성전 미문에 나면서부터 걷지 못하는 사람이 있었다. 스스로 걷지 못하기 때문에 사람들이 메어다 그곳에 두었던 것이다. 성전에 들어가는 사람에게서 구걸하도록 하는 배려였다.

그날도 그 걸인은 성전으로 들어가는 베드로와 요한에게 구걸을 했다. 베드로는 그를 향하여 "우리를 보라."고 주위를 환기시키고 그가 무엇을 얻을까 하여 사도들을 주목할 때 베드로는 말했다. "은과 금은 내게 없거니와 내게 있는 이것을 네게 주노니 나사렛 예수 그리스도의 이름으로 일어나 걸으라." 그리고 오른손을 잡아 일으키니 발과 발목에 힘을 얻고 그는 걷게 되었다. 그는 기뻐서 걷기도 하고 뛰기도 하며 성전에 들어가 하나님을 찬송했다.

그에게 일어난 변화는 무엇인가. 나면서부터 걸어보지도 못한 사람이 걷고 뛸 수 있었다. 그는 성전 밖에 있었던 사람인데 성전 안으로 들어갈 수 있었다. 그는 구걸하는 입으로 찬송을 부를 수 있었다.

사람들은 은과 금만 있으면 사는 것이라고 생각한다. 그러나 베드로와 요한은 그게 없었다. 그렇지만 그들에게는 나사렛 예수 그리스도라는 이름이 있었다.

사람들은 예수 그리스도의 이름으로 일으킨 기적에 크게 놀라며 베드로만 바라보았다. 이에 베드로는 외쳤다. "이 일을 왜 놀랍게 여기느냐. 우리 개인의 권능과 경건으로 이 사람을 걷게 한 것처럼 왜 우리를 주목하느냐?"(행 3:12) "예수로 말미암아 난 믿음이 너희 모든 사람 앞에서 이같이 완전히 낫게 하였느니라."(행 3:16)

사람들은 신비한 기적을 보고자 한다. 그러면서 기적을 일으키는 원인은 보지 않는다. 사람들은 은과 금을 찾는다. 그러나 은과 금보다 귀한 믿음과 예수 그리스도의 이름을 도외시하려 든다.

그러나 우리는 예수 그리스도의 이름으로 구원을 얻고 그 이름으로 승리한다. 그 이름으로 다윗은 칼과 창과 단창으로 무장한 골리앗을 이겼고, 베드로는 평생 걷지 못하는 사람을 걷게 했다. 우리에게 진정으로 있어야 할 것은 무엇인가. 예수 그리스도를 믿는 믿음이요, 그 이름이다.

# 내가 순금같이 되어 나오리라

욥 23:10

그러나 내가 가는 길을 그가 아시나니 그가 나를 단련하신 후에는 내가 순금같이 되어 나오리라.

욥은 소망의 사람이요, 믿음의 사람이다. 그는 열 자녀와 전 재산을 잃고 자신은 병든 몸으로 있으면서도 하나님을 원망하지 않았다.

오히려 주신 이도 여호와요, 거두어 가신 이도 여호와시니 그가 찬송을 받아야 한다고 고백을 한 사람이다. 그는 하나님을 신뢰했다.

오늘 말씀에서도 그는 하나님을 신뢰하고 있다. 내가 가는 길을 그가 아신다고 했다. 하나님의 전능성과 신실성을 인정하고 있는 것이다. 비록 고난 속에 있지만 불평이나 원망을 하는 것이 아니라 오히려 자신을 연단하는 손길로 보고 있다.

그는 낙심하지 않았다. 마치 자신을 용광로 속에 든 정제되지 않은 금속의 하나로 보았다. 뜨거운 불 속에서 제련되면 순금이 되는 것처럼 자신은 지금 단련되고 있다고 믿고 있다. 뜨거워서 사그라져 없어지는 것이 아니라 오히려 찬란한 빛을 발하는 보석이 되어 나올 것이라고 확신하고 있다.

그는 얼마나 하나님을 신뢰하고 있는가. 얼마나 강력하게 소망을 붙들고 있는가. 조금만 어려운 일을 만나도 낙심하고 좌절하는 사람들과는 분명히 다르다.

하나님의 자녀라는 확신이 있다면 나에게 주어지는 모든 고난을 나를 훈련시키는 하나님의 사랑으로 믿고 받아들여야 한다. 나를 연단하여 당신의 도구로 사용하고자 하는 하나님의 거룩한 뜻으로 이해하라.

하나님은 우리의 아버지시다. 우리의 흠과 약점을 고쳐서 쓰시는 분이다. 주님의 영광을 위하여 나를 만들어 가시는 분이다. 우리를 단련하시고 깨우쳐서 사용하시는 분이다.

할렐루야! 지금도 그 사랑과 은혜 안에서 나의 허물이 하나하나 벗겨지고 있다.

# 위로의 하나님

고후 1:3-4

찬송하리로다, 그는 우리 주 예수 그리스도의 하나님이시요, 자비의 아버지시요, 모든 위로의 하나님이시며, 우리의 모든 환난 중에서 우리를 위로하사 우리로 하여금 하나님께 받는 위로로써 모든 환난 중에 있는 자들을 능히 위로하게 하시는 이시로다.

세상에 위로를 받지 않아도 될 사람은 없다. 그만큼 이 세상은 고난과 어려움과 슬픔이 많은 곳이다. 아무 걱정이 없어 보여 부러움을 독차지하고 있는 사람이라도 내면으로 들어가 보면 남이 알지 못하는 아픔이 하나쯤은 있기 마련이다.

지식인은 지식인 나름의 고민이 있고 재벌은 재벌 나름의 고통이 있다. 권세를 쥔다고 해서 그것이 모든 일을 평안으로 인도하는 것은 아니다. 오히려 더 많은 고민과 근심을 가져다 줄 수도 있다. 그러므로 그런 사람들도 위로를 받아야 하고 치료도 받아야 한다.

주위를 둘러보면 육신의 아픔 때문에 고통 당하는 사람이 얼마나 많으며 헤어짐의 슬픔으로 잠을 이루지 못하는 사람이 얼마나 많은가.

그런 아픔을 근본적으로 해결하여 주실 분이 바로 예수 그리스도시다. 우리의 고민과 아픔과 슬픔을 해결하기 위하여 십자가를 지신 분이 바로 예수 그리스도시다.

그분을 의지하자. 그분을 바라보자. 그리고 그 한없는 은혜에 힘입어서 우리도 고통 당하는 사람들의 위로자가 되자.

사도 바울은 말했다. "그리스도의 고난이 우리에게 넘친 것 같이 우리가 받는 위로도 그리스도로 말미암아 넘치는도다."(고후 1:5)

고난이 크면 위로도 크다. 바울은 아시아에서 고난 당할 때 소망이 끊어지고 사형선고를 받은 줄 알았다고 했다. 그러나 그가 깨달은 것은 자기를 의지하지 말고 오직 죽은 자를 다시 살리시는 하나님만 의지하게 하려 하심이라 했다.(고후 1:8-9)

환난 날에 주님을 부르고 주님만 의지하자. 슬픔도 아픔도 그 사랑의 마음 안에서 해소된다. 그리고 우리도 위로하는 사람이 되자.

내 주변에도 고통 당하는 사람이 있을 것이다. 남모르게 눈물 흘리는 사람이 있을 것이다. 그들의 손을 잡아주고 사랑을 말하고 도움을 주자. 우리도 그와 같은 아픔에서 벗어났던 사람이 아닌가.

위로의 하나님을 찬양하고 위로가 필요한 사람에게 힘을 실어주자. 소망 속에서 살며 소망을 주는 위로자가 되자.

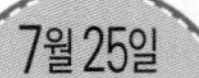

# 뱀같이 지혜롭고 비둘기같이 순결하라

마 10:16

보라, 내가 너희를 보냄이 양을 이리 가운데로 보냄과 같도다. 그러므로 너희는 뱀같이 지혜롭고 비둘기같이 순결하라.

제자들에게 복음을 들려서 세상으로 내보내는 예수님의 마음은 어떠했을까. 양을 이리 가운데로 보내는 것과 같다고 했다. 양을 이리 가운데로 보내면 순한 양은 사나운 이리에게 잡혀 먹히기가 십상이다.

이렇게 위험한 길이지만 예수님은 제자들을 세상으로 내보낸다. 그 이유는 무엇일까. 간단하다. 그들이 이리와 같은 습성을 버리고 양같이 되기를 원해서이다.

사악한 곳으로 제자들을 파송하는 예수님은 전도자가 갖추어야 할 자세에 대해 가르쳐 주셨다. 즉, 지혜로우라는 것과 순결하라는 것이다.

그렇다. 복음 전파자뿐 아니라 누구든지 세상에서 살려면 지혜로워야 한다. 어떤 사람들은 왜 하필이면 뱀처럼 지혜로워야 한다고 했느냐고 기분 나쁘게 생각할 수도 있다.

그러나 뱀이 가지고 있는 이미지 때문에 신경을 곤두세우지 말라. 뱀처럼 지혜로우라는 것이지 뱀이 되라는 것은 아니잖는가.

사실 뱀은 얼마나 사악한가. 하와에게 하나님의 말씀을 어기고 자기 말을 듣도록 했지 않은가. 악한 술수지만 그 정도의 지혜는 있어야 악한 세상을 이길 수 있을 것이다.

우리는 어떤 상황에서도 속지 말고 위협당하지도 말아야 할 것이다.

그 다음으로 전도자는 순결해야 한다. 전도자뿐 아니다. 모든 성도는 순결을 유지해야 한다. 복음 전한다고 순결성마저 잃어버린다면  그가 전하는 복음을 어느 누가 받아들이겠는가.

순결이란 잡되지 않은 것을 말한다. 불신이나 부정이나 거짓 등이 섞이지 않은 순수한 상태다.

예수 믿는 사람은 예수 사상으로 순수해야 한다. 순간의 어떤 이득이 될까 해서 거짓이나 부정이 개입되어서는 안 된다. 예수 한 분으로 만족하며 그 정신으로 무장하고 생명을 살리는 그 복음만 전해야 한다.

7월 26일

# 나는 악인이 죽는 것을 기뻐하지 않는다

오늘 말씀

겔 33:11

너는 그들에게 말하라. 주 여호와의 말씀이니라. 나의 삶을 두고 맹세하노니 나는 악인이 죽는 것을 기뻐하지 아니하고 악인이 그의 길에서 돌이켜 떠나 사는 것을 기뻐하노라. 이스라엘 족속아, 돌이키고 돌이키라. 너희 악한 길에서 떠나라. 어찌 죽고자 하느냐 하셨다 하라.

죽고 사는 것이 하나님의 손에 달려 있다. 하나님은 죽이기도 하고 살리기도 하신다.(삼상 2:6) 그런데 사는 법을 가르쳐 주셨다.

그렇다면 하나님은 사람들이 사는 것을 원하겠는가, 아니면 죽는 것을 원하겠는가?

죽기를 원하시는 분이 사는 법을 가르쳐주실 리가 없다. 살자. 이 땅에서는 비록 죽을 수밖에 없을지라도 영원히 죽지는 말자. 그것이 여호와 하나님의 뜻이리니 그 뜻대로 살아야 하지 않겠는가.

하나님은 당신의 삶을 두고 맹세하신다. 나는 악인이 죽는 것을 기뻐하지 아니한다고 했다. 내가 살면 나도 기쁘고 하나님도 기뻐하신다니 사는 길을 택하자.

악인은 죽게 되어 있다. 악인이 살고자 하면 지금 가고 있는 그 길에서 돌이켜 떠나야 한다.

하나님은 우리가 죽는 것을 기뻐하지 않기 때문에 그 길에서 돌아서라고 말씀하시고, 선지자를 통하여 전파하라 하시고 끝내는 예수님을 파송하셨다.

이제는 예수 그리스도께서 우리 죄를 대신 짊어지고 골고다에서 십자가에 못 박혀 죽으셨음을 믿으면 구원을 받는다. 그러므로 살고자 하면 예수님을 영접하지 않고 하나님을 대적하며 거역하던 길에서 벗어나야 한다.

세상에서 가장 크고 무서운 죄는 하나님의 사랑을 거절하는 죄이다. 독생자를 파송하여 우리의 죄와 허물을 그에게 담당시키며 그 죗값으로 죽게 하신 그 사랑. 그 사랑으로 믿는 자에게 생명을 주시는 그 경륜을 멸시하는 죄가 얼마나 무서운가.

영원히 살고자 하는 사람들이여. 당신의 생명은 존귀하다. 주님의 자비로우신 부르심에 응답하시라. 인도하심을 따르시라. 하나님께서 우리의 죽는 것을 기뻐하지 않기 때문에 악인의 길에서 돌아서야 한다. 영원히 사는 길이 우리를 부르시는 예수 그리스도 안에 있다.

# 성령의 전

고전 6:19-20

**너희 몸은 너희가 하나님께로부터 받은 바 너희 가운데 계신 성령의 전인 줄을 알지 못하느냐. 너희는 너희 자신의 것이 아니라 값으로 산 것이 되었으니 그런즉 너희 몸으로 하나님께 영광을 돌리라.**

우리의 몸은 허약하다. 질병이나 작은 사고를 만나도 치명상을 입을 수 있다. 세월을 따라 서서히 쇠약해지고 늙어간다. 그리고 마침내는 죽어 없어진다. 허망한 육신이다.

그런데 그 몸이 아주 귀중할 수 있다. 우리가 하나님의 백성이 되면 그 보잘 것 없는 몸이 존귀한 몸으로 바뀌는 것이다.

첫째는 우리가 그리스도를 영접하는 순간 하나님의 영이 우리 안에 들어온다. 그러면 우리 몸은 당당히 성령의 전이 된다. 거룩한 하나님의 전이 되는 것이다.

그릇은 그 안에 무엇이 들어 있느냐에 따라서 이름과 가치가 바뀐다. 그릇 안에 물을 담으면 물그릇이다. 그리고 그렇게 대단하게 여겨지지 않는다. 그러나 그 안에 보석을 담아놓으면 보석함이 되고 함부로 다루어지지 않게 된다.

우리 몸도 그렇다. 깨지기 쉬운 몸이지만 성령이 거하면 성령의 전이 된다. 이 성령의 전을 함부로 하면 안 된다. 그 안에 연기를 주입시켜도 안 되고 알코올이나 마약을 넣어서도 안 된다. 성령의 전을 거룩하게 보존해야 한다.

둘째로 우리가 그리스도를 영접하는 순간 우리 몸은 우리 것이 아니라 하나님의 것이 된다. 주님을 영접하는 순간 우리는 주께서 피로 값 주고 사신 몸이 된다. 주님이 사셨으니 이제는 주님의 것이 되는 것이다. 내가 내 몸을 내 것이라고 주장할 수가 없다. 주님이 쓰시고자 하는 대로 쓰임 받아야 한다. 보잘 것 없는 나를 주님이 당신의 피를 흘려 당신의 소유로 사주신 것이다.

감사한 일 아닌가. 종은 주인이 하자는 대로 해야 한다. 주님이 원하는 길을 가고 주님이 쓰시고자 하는 대로 순종해야 한다.

셋째로 이 몸으로 하나님께 영광을 돌려야 한다. 우리는 주의 영이 계시는 성령의 전이요, 주님이 핏값으로 사신 주님의 것이다. 이제 더러운 육신이 아니다. 성결하고 존귀한 몸이 되었다. 그 몸을 어떻게 써야 하는가. 어떻게 쓰임 받아야 하는가. 먹든지 마시든지 무엇을 하든지 하나님의 영광을 위하여 쓰임 받아야 한다.

허술한 육신이 주님의 영광을 위하여 쓰임 받는 성전이요 피로 값 주고 사신 그릇이니 감사하지 않은가.

# 믿음으로 구하라

약 1:6-7

오직 믿음으로 구하고 조금도 의심하지 말라. 의심하는 자는 마치 바람에 밀려 요동하는 바다 물결 같으니 이런 사람은 무엇이든지 주께 얻기를 생각하지 말라.

기도를 통하여 우리는 하나님께 구한다. 성경은 수없이 우리가 하나님께 기도하면 주신다고 약속하고 있다.

구하라, 주실 것이요. 찾으라, 찾을 것이요, 두드리라, 그러면 열릴 것이라는 말씀도 결국 기도하면 이루어 주신다는 약속의 말씀이다.

그렇다. 우리는 기도를 통하여 얻고자 하는 것을 얻는다. 성경은 언제, 어디서나, 무엇이든지 구하라고 권한다.

그런데 기도의 응답을 받으려면 반드시 지켜야 할 규정이 있으니 그 첫째가 믿음으로 구하라는 것이다. 구하는 것을 하나님께서 반드시 이루어 주신다는 확신을 가지고 구하라는 것이다. 심지어는 구하는 것은 이미 받은 줄로 믿으라고까지 말씀하신다. 이것은 하나님의 전능성과 우리를 사랑하심을 신뢰하라는 뜻이다.

다시 말하면  하나님의 능력을 믿고 그 하나님이 우리의 기도를 들으심을 믿고 구한 것을 주시며 원하는 일을 성취시켜 주심을 믿는 것이다.

만약 그런 확신이 없으면 그것은 의심이다. 하나님의 전능하심과 우리를 향하신 사랑의 부족으로 주시지 않는 것이 된다.

오늘 말씀도 그렇다. 구하는 사람이라면 조금도 의심하지 말라고 한다. 의심은 곧 불신이기 때문이다. 불신자의 기도는 하나마나다. 마치 바람에 밀려 요동하는 바다 물결 같으며 두 마음을 품은 것 같다고 했다. 예수님은 믿음이 있고 의심하지 않으면 이 산더러 들려 바다에 던져지라 하여도 될 것이라고 하셨다.(마 21:21)

주님은 기도할 때 1%의 의심도 용납하지 않으신다. 100%의 믿음을 요구하신다.

믿고 구한 것은 받은 줄로 믿자. 넉넉하시고 풍성하신 분이 우리를 사랑하실진대 무엇을 아끼시겠는가. 독생자까지 주시지 않았는가.

믿음으로 기도하자. 우리 하나님은 후히 주시고 꾸짖지 않으시는 분이시다.

# 내가 이스라엘에게 이슬과 같으리니

호 14:5

내가 이스라엘에게 이슬과 같으리니 그가 백합화같이 피겠고 레바논 백향목같이 뿌리가 박힐 것이라.

오늘 말씀은 이스라엘의 회복을 선포하는 내용이다.

그들의 패역과 부도덕은 나라를 잃어버리는 데까지 갔다. 그러나 하나님은 그들을 영원히 고난 가운데 두지 않으셨다. 그들이 잘못을 회개하고 다시 주님을 바라볼 때 하나님은 그들을 용서하시고 하나님의 자녀라는 지위와 하나님나라의 백성에게 주어지는 축복을 회복시켜 주신 것이다.

그 회복은 하나님의 전폭적인 은혜로만 가능하다. 그 은혜를 오늘 말씀에서는 "내가 이스라엘에게 이슬과 같을 것이라." 했다. 이슬은 하나님의 은혜와 축복을 상징한다.

강수량이 적은 팔레스틴 지역에서 이슬은 초목과 농작물의 소생에 절대적으로 필요한 것이다. 이 이슬은 매일 내린다. 우리에게 내리는 하나님의 은혜도 매일매일 내린다. 그 은혜로 이스라엘은 어떤 축복을 받을 것이라 했는가.

그 하나는 저가 백합화같이 피리라고 했다. 백합은 순결과 아름다움과 번성을 상징하는 화초다. 그러므로 하나님은 이스라엘에게 풍성한 은혜를 내려 그들이 순결하고 아름답게 다시 번성할 것이라고 말씀하고 있다.

순결하지 않은 번성은 의미가 없다. 순결하지만 번성하지 않는 것도 이스라엘에게 축복이 아니다. 하나님의 은혜는 그들에게 적합한 축복을 주시는 것이다.

다음으로 이스라엘에게 주시는 축복은 레바논의 백향목같이 뿌리가 박힐 것이라 했다.

레바논의 백향목은 성전을 지을 때 사용된 나무다. 곧고 튼튼하고 향기가 나는 나무다. 그러나 그런 나무라 할지라도 뿌리가 시원치 않으면 나무의 구실을 하지 못한다.

하나님은 이스라엘에게 깊이 뿌리를 박을 것이라 했다. 그러면 견고해서 흔들리지 않는 나무가 되어 악한 세력의 유혹에 넘어지지 않을 것이다.

결국 하나님의 은혜로 이스라엘이 다시 아름답고 순결하고 악한 세력에 흔들리지 않는 굳건한 나무와 같이 회복될 것이라는 축복이다.

우리도 하나님의 은혜를 사모하자. 곁길로 갔다면 하나님의 은혜를 다시 입어 회복되자. 흔들리지 않는 믿음으로 아름답고 순결하게 꽃피우자.

# 내 양은 내 음성을 듣는다

요 10:27

내 양은 내 음성을 들으며 나는 그들을 알며 그들은 나를 따르느니라.

예수님과 성도 관계를 가장 잘 비유한 것은 목자와 양이다. 주님은 우리의 목자요, 우리는 그의 양이라는 비유는 참으로 절묘하다.

사실 양은 목자가 없으면 위험하다. 모든 짐승이 위험한 상황에서 살아남기 위한 기재들이 있다. 뿔이 있다든지 사나운 이빨이 있다든지 빨리 도망칠 수 있는 다리가 있다.

그러나 양은 그런 게 없다. 거기다가 눈은 근시안이고 빨리 움직여서 자기를 보호할 줄도 모른다. 내버려두면 길을 잃어버리기 쉽고 맹수에 잡혀 먹히기 십상이다. 그래서 목자가 필요하다.

다윗은 자신이 목동으로 산 경험이 있기 때문에 "여호와는 나의 목자시니 내게 부족함이 없다."고 노래했다. 그뿐 아니라 "내가 사망의 음침한 골짜기로 다닐지라도 해를 두려워하지 않을 것은 주께서 나와 함께하심이라."고 했다.

오늘 말씀에서도 예수님은 "내 양은 내 음성을 듣는다."고 했다. 역시 예수 당신은 목자요 우리는 양이라는 표현이다. 양이

양다우려면 반드시 목자의 음성을 들어야 한다. 그 말씀을 듣고 순종해야 길을 잃지 않고 안전하다. 그래야 목자의 사랑을 받는다.

오늘 말씀에서 나는 그들을 안다고 하는 것은 단순히 이름이나 알 정도라는 뜻이 아니다. 깊이 사랑한다는 뜻이다.

주님은 당신의 말씀을 듣는 양들, 당신을 따르는 양들을 사랑한다. 그리고 당신의 말씀을 듣지 않고 따르지 않는 양들을 안타깝게 바라본다. 따르면 푸른 풀밭과 쉴만한 물가로 인도하며 그 영혼을 소생시킬 터인데 하는 아쉬움 때문일 것이다.

오늘도 우리는 주님의 음성을 듣고 있는가. 사모하는 마음으로 듣고 송이꿀보다 더 달게 받고 있는가. 그 자세가 주님으로부터 사랑받는 첫 번째 비결이고 그것이 생명으로 가는 길이다. 주님을 따르면 두려움이나 염려가 없을 것이다. 더불어 그 종점에는 영원한 세계가 있다.

주님을 따르는 양은 더우나 추우나, 비가 오나 눈이 오나 바람이 부나 상관이 없다. 따르는 자체로 기쁠 뿐이다.

# 내가복음

오늘 말씀

마 16:24

**이에 예수께서 제자들에게 이르시되 누구든지 나를 따라오려거든 자기를 부인하고 자기 십자가를 지고 나를 따를 것이니라.**

"내가복음"이란 말을 들어본 적이 있는가?

마가복음이나 누가복음의 오식이겠지, 무식하게 무슨 "내가복음"이 있느냐고 할 것이다. 그렇다. 분명히 "내가복음"이라는 성경은 없다. 그러나 "내가복음"식 태도와 행위는 있다. 그것도 누가복음이니 마가복음이니 하는 성경을 아는 사람들에게 "내가복음"이 존재한다.

이스라엘의 초대 왕이었던 사울은 "내가복음"을 신봉한 대표적인 인물이다. 하나님은 사울에게 아말렉을 쳐서 진멸하라 명하셨다. 사람은 물론이고 짐승까지 죽이라고 했다.(삼상 15:3) 이는 지난날 이스라엘이 애굽에서 나와 광야 길을 걸을 때 르비딤에서 그들이 이스라엘을 대적하였고, 그 일이 거룩하신 하나님의 뜻을 막으려 했던 일이었기 때문이었다.(출 17:8-16)

사울 왕은 하나님의 명령을 따라 백성들을 소집하고 아말렉과 전투를 시작했다. 물론 이 전쟁은 하나님께서 함께하시는 싸움이었기에 이스라엘은 넉넉히 이길 수 있었다. 이스라엘은 하나님의 명령을 따라 아말렉을 진멸하기 시작했다. 그러나 사울 왕은 진멸하는 중에 아말렉 사람의 왕이었던 아각을 살려두었고 양과 소의 가장 좋은 것을 남겨두었다.(삼상 15:8-9)

전쟁이 끝난 뒤에 사무엘이 "어찌하여 왕이 여호와의 목소리를 청종하지 아니하고 탈취하기에만 급하여 여호와께서 악하게 여기시는 것을 행하였나이까?" 하고 사울 왕에게 물었을 때 그는 자신은 하나님의 말씀을 청종하려 했지만 백성들이 길갈에서 하나님께 제사하려고 양과 소를 남겨두었다고 했다.(삼상 15:20-21) 하나님께 제사드릴 때 쓰기 위하여 제물로 남겨두었다는 것이다.

이 얼마나 기특하고 갸륵한 생각이었는가. 그러나 그것이 곧 "내가복음"이다. 사무엘은 사울 왕을 책망하면서 순종이 제사보다 낫다고 했다.(삼상 15:22-23)

하나님을 섬긴다 하면서 자기 뜻대로 하는 사람은 "내가복음"의 신봉자들이다. 하나님의 말씀에 순종하지 않고 자기 맘대로 하는, 자기가 복음인 사람이다.

예수님은 당신을 따르려면 자기를 부인하라고 하셨다. 하나님의 뜻에 맞지 않는 자기 생각을 부정하라는 것이다. 그렇다. 내 생각을 하나님의 말씀에 복종시킬 때만이 우리는 진정한 주님의 제자가 되는 것이다.

"내가복음"은 없다. 있어서는 안 된다.

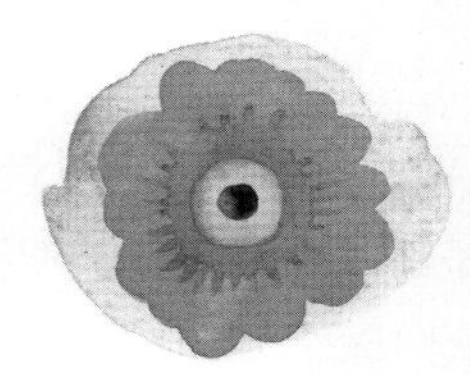

8월의 詩

# 8월

폭염이
질펀하게
포도鋪道 위에 누워 있고
8월은
그 위에 배를 깔고 내려앉았다
스멀스멀
등줄기 타고 내리는
벌레 같은 땀
이 몸이 다 타들어가도
샘은 아직 마르지 않는가
문득 떠오르는 것이 있어
눈을 감으니
뜨거워야, 뜨거워야
잘 익는다고
밭고랑 타고 들려오는
아버지 음성
화들짝 놀라
곧추 세워 앉으니
구릿빛 윤기 흐르는 아버지 얼굴
저벅저벅 걸어오신다
흐르는 정밀靜謐 속에
8월도 흐르고
울컥
그리움도 흐르고

POEM

August

8월 1일

# 때마다 일마다 평강 주시기를 원하노라

오늘 말씀

살후 3:16

**평강의 주께서 친히 때마다 일마다 너희에게 평강을 주시고 주께서 너희 모든 사람과 함께하시기를 원하노라.**

8월이다. 무더운 계절이다. 나뭇잎조차 견디기 힘들어 축 늘어진 모습으로 시원한 바람을 기다리고, 그 그늘에 엎드린 개는 혀를 한 자나 빼고 거칠게 헐떡이는 계절이다.

사람들은 이런 더위를 가마솥더위니 찜통더위니 하지만 옛날 농부들은 여름이 뜨거워야 가을에 거둘 것이 있다며 부채질로 더위를 견디었다. 이럴 때에 소낙비 한 줌이라도 내리면 얼마나 시원했던가.

한여름이다. 열심히 땀 흘리던 노동에서 잠시 벗어나 푸른 바다나 숲속의 계곡으로 가서 휴식을 취할 수밖에 없는 계절이다. 열심히 일하기 위해서 잠시 쉬며 충전의 기회를 갖는 것도 괜찮을 것이다.

8월은 우리 민족에게 잊을 수 없는 광복의 날이 있는 달이다. 일제에 나라를 잃고 우리 조상들이 얼마나 고생을 하며 수모를 당했던가. 나라를 되찾기 위해서 많은 애국지사들이 피를 흘려야 했다.

그러고도 아직 우리에게 통일이 이루어지지 않고 있다. 반드시 자유민주주의 체제로의 통일을 이루어야 할 것이며, 다시는 외세에 의해서 나라를 빼앗기는 불행을 당하는 일이 없도록 다짐하는 달이 되어야 할 것이다.

뜨거움은 열정을 상징한다. 무엇보다 뜨겁다고 신앙이 게을러서는 안 될 것이다. 육신의 휴식은 필요해도 신앙에 쉼이 있어서는 안 된다.

학교가 방학을 하면서 교회마다 여름행사가 있다. 수련의 기간이 되어야 할 것이다. 전천후 신앙으로 8월도 이겨나가자.

오늘 말씀은 바울 사도가 데살로니가 교회에 보낸 편지의 마무리 부분으로 축복의 인사다. 바울은 데살로니가 교회 성도들이 때마다 일마다 주님의 평강이 있기를 축원했다. 이 축원이 우리에게도 있기를 소원한다.

예수님은 평강의 하나님이시다. 우리가 주님의 은혜 안에 있을 때 우리에게 주어지는 축복이 평안이다. 이 평안은 세상에서 얻는 순간적인 것이 아니다. 그러므로 우리는 마음에 근심하지도 말고 두려워하지도 말아야 한다.(요 14:27) 승리의 8월을 시작하자.

# 하나님과 화목하고 평안하라

욥 22:21

너는 하나님과 화목하고 평안하라. 그리하면 복이 네게 임하리라.

아삽이라는 시인은 “하나님께 가까이함이 내게 복이라.”고 노래했다.(시 73:28)

이론적으로 복 받기는 어렵지 않다. 다만 복을 받고도 복을 받았는지를 모르는 경우가 있어 안타깝고, 어떤 사람은 복이 무엇인가를 모르기 때문에 문제가 된다.

복되게 살면서 불평하고 원망한다면 그는 복을 모르고 있는 것이다. 복은 그래서 마음에 따라 좌우되는 것이다. 느끼는 것이 복이다.

가난하거나 어려운 형편에서도 얼마든지 행복을 느낄 수 있다. 실제로 국민소득이 낮은 나라에 살면서도 행복하다고 말하는 사람들이 있다. 반면, 많은 물질을 쌓아두고 흥청망청 쓰면서도 불행하다고 생각하는 사람도 있다. 결국 행복은 환경이나 조건의 문제가 아니란 것을 알 수 있다. 같은 조건과 형편에서도 얼마든지 행복할 수도 있고 얼마든지 불행할 수도 있다.

우리는 모두 행복해야 한다.

오늘 말씀에서 우리에게 제시하는 행복의 조건은 무엇인가.

행복하려면 행복의 근원이 되시는 하나님과 화목해야 한다고 한다. 복의 근원이 되시는 분과 불화해서 얻을 것이 무엇인가. 하나님과의 화목은 하나님의 뜻에 순종함에서 온다. 거역하면서 화목할 수는 없다. 하나님과의 관계 설정이 바르게 이루어지는 것이 중요하다. 그러기 위해서 먼저  하나님과 관계에서 나의 존재를 알아야 한다.

하나님은 창조주이시고 나는 그의 피조물이다. 하나님은 지혜롭고 우리는 어리석다. 하나님은 전능하시고 우리는 무능하다. 하나님은 사랑이 많으시고 우리는 그렇지 못하다.

그렇다면 그 하나님 앞에서 우리는 어떻게 처신해야 하는가. 순종과 충성과 헌신이 있어야 한다. 그것이 질서고 예절이고 하나님과의 화목의 비결이다. 그러면 내게 평안이 찾아온다. 하나님과의 화목이 평안을 끌어오는 것이다. 주님 안에 안기면 평안하다.

평안은 불안이나 염려나 두려움이나 근심이 없는 상태다. 이 세상을 살면서 어떻게 그런 상태가 될 수 있는가. 하나님 안에 살면 가능하다. 하나님이 내 보호자요 인도자라 확신한다면 평화는 찾아온다. 구원받은 사람은 불안하지 않다. 전능자가 보호하신다는 확신이 있으면 두려울 이유가 없다.

그렇다. 하나님과 화목하니 평안이 찾아오는데 그 상태가 주님이 주시는 복이다.

8월 3일

# 내 영혼이 주를 더 기다리나니

시 130:6

파수꾼이 아침을 기다림보다 내 영혼이 주를 더 기다리나니 참으로 파수꾼이 아침을 기다림보다 더하도다.

만나기로 약속한 사람을 기다려본 경험이 있을 것이다.

그 사람이 내가 사랑하는 사람일 때는 그 기다리는 시간이 얼마나 지루했던가. 시간이 멈춰 있는 듯한 느낌을 받기도 했을 것이다.

파수꾼은 아침을 기다린다. 밤중에 도적이나 외적의 침입이 있을까 해서 지키고 있으니 긴장을 할 수밖에 없다. 밤중에 잠을 자지 않고 경비를 서다 보면 어서 날이 밝아 긴장을 풀었으면 하는 생각이 들기도 할 것이다. 나도 군대에서 보초를 서본 경험이 있지만 그 시간은 참으로 지루하다.

그런데 오늘 말씀에 나오는 시인은 자신의 영혼이 주를 기다리는 것이 파수꾼이 아침을 기다리는 것보다 더하다고 했다. 그만큼 주님을 사모하며 기다리고 있다는 것이다.

얼마나 그 기다림이 절실했으면 파수꾼이 아침을 기다리는 것보다 더하다고 했겠는가. 하나님은 사모하는 영혼에게 좋은 것을 주신다고 했다.(시107:9) 시인은 그 은혜와 사랑이 그리운 것이다.

우리는 어떠한가. 생명의 주님을 금덩이보다 더 사모하는가. 권력이나 명예보다 더 그리워하는가. 그렇다면 우리는 하나님의 은혜와 칭찬을 선물로 받을 것이다.

그러나 하나님보다 더 사랑하고 더 사모하는 것이 있다면 그는 책망을 받게 될 것이다. 금덩이를 더 사모했다면 그는 그것과 함께 영혼이 멸망의 길로 가게 될 것이다.

파수꾼은 아침이 오기를 간절히 기다리고 우리는 주님을 만나기를 기다려야 한다. 주님의 말씀과 은혜를 간절히 사모해야 한다.

"주여, 어서 오시옵소서. 우리는 주님 한 분만으로 만족합니다." 하는 고백이 있어야 한다.

8월 4일

# 두려워할 분을 두려워하라

마 10:28

**몸은 죽여도 영혼은 능히 죽이지 못하는 자들을 두려워하지 말고 오직 몸과 영혼을 능히 지옥에 멸하실 수 있는 이를 두려워하라.**

누구에게나 가장 무서운 것이 죽음이다. 그래서 우리는 일생을 죽음에 매여서 산다.(히 2:15)

여기서 벗어나게 하신 분이 예수 그리스도 우리 주님이지만 지금도 여전히 죽음을 두려워하며 사는 게 사람이다. 그래서 악인들이 사람들을 위협할 때 죽이겠다고 한다. 사람들은 칼 같은 흉기를 가지고 있다든지 권력을 함부로 행사하는 사람을 두려워한다. 그들의 위협에 굴복하기도 한다. 심지어는 신앙도 포기하는 경우가 있다.

그런데 오늘 말씀은 몸은 죽여도 영혼을 능히 죽이지 못하는 자들을 두려워하지 말라고 하신다. 몸을 죽이는 자들은 세상 권세를 가지고 있는 자들로, 완력으로 사람을 굴복시키려고 하는 자들이다. 그들은 우선 눈에 보이는 칼을 쥐고 있기 때문에 무섭다. 그들은 권세를 함부로 사용하기 때문에 두렵다.

그러나 오늘 말씀은 그들을 두려워 말라고 하신다. 정말로 무서워해야 할 분은 따로 있다고 했다. 하나님이시다. 하나님은 우리의 몸만 죽일 수 있는 게 아니라 우리의 영혼도 지옥에 던질 수 있는 분이다. 그럼에도 하나님의 그 권능이 자기 눈에 보이지 않는다 하여 악인들은 이를 두려워하지 않는다.

그러나 우리는 안다. 창조주 되시며 심판주 되시는 하나님은 모든 역사의 배후에서 세상 권세를 주장하실 뿐 아니라 인간의 생사화복을 주장하고 계심을 믿는다. 그래서 하나님이 두렵다.

세상 권세는 두려워하면서도 하나님을 두려워하지 않는다면 그의 신앙을 점검해 보아야 한다. 그렇다. 사람을 두려워하는 자들은 하나님을 두려워하지 않고, 하나님을 두려워하는 사람은 세상 권세를 두려워하지 않는다.

여기서 우리는 하나님을 두려워하라는 말을 칼을 든 사람을 두려워하듯 무서워하라는 뜻으로 받으면 안 된다. 그러한 뜻도 없는 건 아니지만 하나님을 경외하며 섬긴다는 뜻으로 받는 게 좋다. 하나님은 외경스러운 분이기 때문이다.

하나님을 경외하는 것이 또 다른 방식으로는 하나님을 두려워하는 것이기도 하다. 어리석은 사람은 세상 권세를 무서워하며 하나님 앞에서 교만하지만 지혜로운 사람은 하나님을 경외하기 때문에 세상 권세를 두려워하지 않는다. 육신의 죽음보다 영혼의 죽음을 더 두려워하기 때문이다. 무엇을 더 두려워할 것인가.

8월 5일

# 기도를 쉬는 죄

삼상 12:23

**나는 너희를 위하여 기도하기를 쉬는 죄를 여호와 앞에 결단코 범하지 아니하고 선하고 의로운 길을 너희에게 가르칠 것인즉.**

사무엘은 이스라엘의 영적 지도자이다. 그가 선지자로서 이스라엘 백성들 앞에서 고백한 것 중 두 가지가 오늘 말씀에 나온다.

하나는 너희를 위하여 기도하겠다는 것이다. 그는 하나님 앞에 기도하지 않는 것을 죄로 여겼다. 기도하지 않는 것은 개인적으로 하나님과 관계를 끊는 죄이다.

그러므로 우리는 쉬지 말고 기도해야 한다. 기도는 호흡과 같아서 호흡이 끊어지면 육신이 죽는 것처럼 기도가 끊어지면 하나님과 영적 호흡이 끊어진 것과 같다.

사무엘은 나라의 지도자였기에 백성을 위해서 늘 기도했다. 그것이 그에게 맡겨진 책임이었다.

그와 마찬가지로 이 땅에 태어난 우리는 누구나 책임적인 존재라는 인식이 있어야 한다. 가정에서, 사회에서 책임을 지고 살아야 한다. 그러므로 내가 처한 가정과 사회와 교회와 나라를 위해서 기도해야 한다.

기도하지 않는 것은 죄다. 어떻게 내가 속해 있는 가정과 교회와 나라를 위해서 기도하지 않을 수 있는가. 그렇다면 그는 하나님을 믿지 않는 교만한 사람이다. 기도하지 않는 죄인이다.

사무엘의 두 번째 고백은 선하고 의로운 길을 너희에게 가르치겠다는 것이다. 과연 그는 지도자다운 지도자였다.

그는 어떻게 선하고 의로운 길을 백성에게 가르쳤는가. 당신의 삶으로 가르쳤다. 그는 결백했다. 백성에게서 뇌물을 받지 않았다. 남을 속여 가진 것을 빼앗지 않았다. 그리고 하나님께 순종함으로 바르게 섬겼다. 이렇게 하는 것이라고 가르치기 전에 그렇게 살았다. 그 모본이 모든 백성으로부터 존경을 받을 수밖에 없도록 했다.

우리는 가정과 교회와 사회에서 어떻게 모본이 되고 있는가. 그 모본이 가장 위대한 가르침이다. 그 성실함이 자녀와 가정에서 가르치는 교재다. 그것을 보고 가족이 따를 것이고 그 모습을 보고 사람들이 존경할 것이다. 존경받는 어른, 존경받는 사람으로 살자.

# 예루살렘아, 예루살렘아!

마 23:37(눅 13:34)

**예루살렘아, 예루살렘아! 선지자들을 죽이고 네게 파송된 자들을 돌로 치는 자여, 암탉이 그 새끼를 날개 아래에 모음같이 내가 네 자녀를 모으려 한 일이 몇 번이더냐? 그러나 너희가 원하지 아니하였도다.**

예루살렘을 사랑하셨던 예수님의 절규에 가까운 이 안타까운 호소가 가슴을 아프게 한다.

하나님은 예루살렘의 회개를 촉구하기 위하여 수많은 선지자들을 파송했지만 그들은 오히려 돌로 치며 선지자들을 죽였다. 옳은 소리가 옳지 않은 사람들에게는 귀찮은 법이다.

진리를 거절하고 반역하며 산 사람들에게 선지자의 말씀을 들려준다고 해서 변화가 일어났겠는가.

아니다. 그들은 더욱 불순종하고 대항하는 데 익숙해질 뿐 반성이나 회개가 따르지 않았다. 주님은 그럼에도 암탉이 그 새끼를 날개 아래에 모음같이 자녀들을 모으려 했었다. 그러나 그들은 원치 않았다.

나는 시골에서 살던 어린 시절에 이런 일을 목도한 바 있다. 먹이가 있는 곳으로 병아리를 이끌려는 암탉의 모성애는 실로 안타까웠다. 꼭, 꼭, 꼭! 신호를 하며 모이가 있을 만한 곳으로 이끌지만 병아리들은 천방지축이었다. 멀리 가지 말라고 하는 것 같은데 철없는 병아리들은 제멋대로 흩어져 다녔다.

어떤 때는 암탉이 소리를 높여서 병아리들을 부를 때가 있었다. 그래서 보면 솔개가 땅 가까이에서 날고 있는 것이었다. 암탉은 20여 마리나 되는 병아리들을 제 날개 아래에 품으려 했다. 그럼에도 제멋대로 다니던 병아리는 날쌔게 채가려는 솔개에게 속수무책으로 당했다.

주님은 수없이 예루살렘의 자녀들을 품으려 했지만 그들이 듣지 않았다고 안타까워하셨다. 그들은 선지자들의 경고도 듣지 않았고 주님의 말씀도 거절했다.

오히려 주님을 십자가에 못 박았다. 그리고 그들은 쾌재를 불렀을까. 그들의 삶은, 마음은 평안했을까.

그렇지 못했다. 주후 70년 예루살렘은 로마의 티투스 장군의 침략을 받아 수많은 사람이 죽고 그 땅은 폐허가 되었다. 그리고 2천 년이 넘게 나라 잃은 설움을 당하며 세계 각지에 흩어져 살아야 했다.

지금도 하나님은 마지막 때의 징조를 보이며 위험한 시기라고 경고음을 보내고 있다. 우리를 당신의 날개 아래로 부르고 계신다.

그렇다. 환난 날에는 주님만이 피난처가 되신다. 홍수 때의 방주가 되신다.

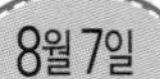


# 칼을 가지는 자는 칼로 망하느니라

마 26:52

이에 예수께서 이르시되 네 칼을 도로 칼집에 꽂으라. 칼을 가지는 자는 다 칼로 망하느니라.

예수께서 십자가를 앞두고 겟세마네 동산에서 피 흘리는 기도를 마치고 내려왔을 때 그들 앞에는 주님의 제자인 가룟 유다가 이끌고 온 대제사장과 장로들이 파송한 큰 무리가 칼과 몽치를 들고 서 있었다.

가룟 유다는 가증스럽게도 예수님께 입을 맞추며 "랍비여, 안녕하시옵니까?" 하고 인사를 했다. 그 행동은, 이 사람이 예수니 잡으라는 군병들과 짠 군호였다.

이 급박한 상황에서 베드로는 칼을 빼 대제사장의 종 말고의 귀를 쳐 떨어뜨렸다. 이를 보고 주님께서 하신 말씀이 바로 오늘의 말씀이다. 칼을 가지는 자는 칼로 망한다.

칼이 항상 흉기가 되는 것은 아니다. 악하게 사용될 때만 흉기가 된다. 돈도 흉기가 아니고 지식 또한 흉기가 아니다. 그러나 그것들을 잘못 사용하면 모두 흉기가 될 수도 있다.

우리가 가지고 있는 모든 것을 바르게 사용하면 모두 이기利器다. 그러나 이기를 흉기로 사용하는 사람은 그것 때문에 자신을 패배자로 만들어 버린다.

법을 잘못 사용하면 법이 자기를 찌른다. 지식을 잘못 사용하면 오히려 어리석은 자가 된다. 재물이 방탕의 도구가 되면 인생을 망친다.

칼은 칼집에 들어 있어야 안전하다. 모든 것은 자기 자리에 보관되어 바르게 사용되어야 한다.

자기 명성을 위하여 함부로 사용하는 명예와 권세를 조심하라. 그것 때문에 우리는 낭패를 당할 수 있다.

내가 자랑스럽게 여기는 것, 귀한 것, 그것을 잘 보존하면서 꼭 필요한 때만 사용하라. 아무리 자랑스러운 것도 잘못 사용하면 그것이 흉기이고, 그것 때문에 망한다.

얼마나 많은 사람이 자신이 땀 흘려 쌓아놓은 재물과 지식과 권세를 잘못 사용하여 패가망신하고 명예를 훼손당했는가. 부끄러운 일이다.

귀한 것을 귀한 줄 알고 바르게 사용할 때만 승리자가 된다.

# 모든 명령을 지켜 행하면 복이 따라온다

신 28:1

네가 네 하나님 여호와의 말씀을 삼가 듣고 내가 오늘 네게 명령하는 그의 모든 명령을 지켜 행하면 네 하나님 여호와께서 너를 세계 모든 민족 위에 뛰어나게 하실 것이라.

신명기 28장 2절부터 이어서 6절까지 읽어보자.

"네가 네 하나님 여호와의 말씀을 청종하면 이 모든 복이 네게 임하며 네게 이르리니 성읍에서도 복을 받고 들에서도 복을 받을 것이며 네 몸의 자녀와 네 토지의 소산과 네 짐승의 새끼와 소와 양의 새끼가 복을 받을 것이며 네 광주리와 떡 반죽 그릇이 복을 받을 것이며 네가 들어와도 복을 받고 나가도 복을 받을 것이니라."

우리는 복을 받고 복되게 살아야 한다. 오늘 말씀의 전체가 복 받는 내용이다.

어떤 사람들은 이런 내용을 말씀드리면 식상해한다. 무슨 복을 물질의 풍요로만 말하느냐, 기독교가 기복주의냐? 하고 대들기도 한다.

그렇다. 물질의 풍요만이 복이 아니라 영적이고 정신적인 복도 있으며, 이러한 것들이 더 중요하다고 말할 수도 있다.

그러나 물질의 풍요는 복이 아닌가. 그것도 복이다. 물질이 빈한하여 고통 당하는 모습이 행복이라고 말할 수 없다. 그렇다. 물질의 풍요도 복이다. 그것을 어떻게 취득하고 어떻게 사용하느냐가 중요할 뿐, 물질의 복도 받고 살아야 한다.

오늘은 어떻게 복을 받을까에 대해 생각해 보자. 먼저 복은 받는 것이라는 사실부터 알자. 복을 받으려고 노력하는 것도 중요하지만 복 받을 행동을 하며 사는 것이 더 중요하다. 복은 기본적으로 내 노력에서 얻는 것이라기보다 주시는 하나님이 주셔야 받는 것이다. 부지런하게 일찍 일어나고 늦게 눕는다고 다 되는 것은 아니다.(시 127:2)

다음으로 복은 받으려고 쫓아다니기보다 복이 따라오도록 해야 한다. 하나님의 말씀을 진리라고 믿는 사람이라면 꼭 이 점을 유념해야 할 것이다. 내가 복을 쫓아다닐 것이 아니라 복이 나를 쫓아오도록 만들어야 한다.

복은 내가 들어가도 따라오고 나가도 따라온다. 성읍에 있으면 성읍으로 오고 들에 있으면 들로 따라온다. 광주리와 떡 반죽 그릇을 펴 놓으면 거기에 복이 담긴다. 자손이 잘 되고 짐승에게 복이 따라온다. 이것이 진정한 축복이다.

복된 삶을 살기 위하여 우리가 할 일은 무엇인가. 아무 일도 하지 않고 하늘만 쳐다보면 되는가. 아니다. 오늘 말씀에서 하나님의 명령, 하나님의 말씀을 지키며 행하라고 하지 않는가.

힘들게 복을 쫓아가면서 지치지 말고 복이 나를 찾아오도록 하라. 그 방법은 내가 하나님의 말씀을 지켜 행하는 것이다. 그러면 하나님께서 나의 범사에 복을 주신다.

# 계명은 무거운 것이 아니다

요한 1서 5:3

하나님을 사랑하는 것은 이것이니 우리가 그의 계명들을 지키는 것이라. 그의 계명들은 무거운 것이 아니로다.

하나님을 사랑한다고 하면서 그분의 계명을 지키지 않는다면 그것은 거짓말하는 것이다. 이는 마치 부모님에게 효도한다고 하면서 부모님의 말씀을 거역하는 것과 같다.

하나님을 사랑한다면 하나님이 우리에게 주신 계명을 반드시 지켜야 한다.

우리 중에는 그 계명을 지키기가 어려워서 못 지킨다고 하는 사람이 있다. 그것은 핑계일 뿐이다.

왜 계명을 지키는 것이 어렵게 느껴질까. 믿음이 있노라 하면서 아직 악한 생각에 점령당해 있기 때문일 것이다.

하나님을 믿고 그분이 어떤 분인가를 안다면 하나님 외에 다른 우상을 만들거나 섬기지 말라는 계명이 왜 지키기 어려운가. 여호와의 이름을 망령되게 일컫지 말라는 계명이나 안식일을 지키라는 계명이 어렵지 않을 것이다.

부모에게 효도하는 것이 쉬운가, 대적하고 불순종하는 것이 쉬운가. 당연히 불순종하는 것보다 순종하는 것이 쉽다. 그 쉬운 것을 하라는데 왜 그걸 어렵다고 하는가. 살인하는 것이 쉬운가. 어렵고 끔찍하다. 그 어렵고 끔찍한 일을 하지 말라는데 왜 그 계명이 어려운가.

간음하는 것, 도적질하는 것, 이웃에게 거짓 증언하는 것, 이웃의 것을 탐내는 것, 모두가 어려운 일들이다. 그 어려운 일들을 하지 말라는데 왜 힘들다고 하는가.

어둠의 세력에 붙잡혀 있으면 하지 말라는 일은 하고 싶고 하라는 일은 하기 싫을 수가 있다. 거기에서 벗어나 하나님께 붙잡혀 살아야 한다. 그것이 하나님을 사랑하는 것이다.

계명은 결코 어렵거나 무겁지 않다. 그 계명이 무겁다고 느끼게 하는 세력을 마음속에서 몰아내고 즐거운 마음으로 계명을 지키자.

계명은 구원받기 위하여 지키는 조건이 아니라 구원받은 사람이 즐겁게 지켜야 할 사랑의 계명이다. 계명은 결코 무거운 것이 아니다.

8월 10일

# 참새도 허락 없이 떨어지지 않는다

마 10:29

참새 두 마리가 한 앗사리온에 팔리지 않느냐. 그러나 너희 아버지께서 허락하지 아니하시면 그 하나도 땅에 떨어지지 아니하리라.

생명은 귀하다. 이름도 모르는 풀 한 포기나 곤충 한 마리도 생명이 있으니 귀하다.

하물며 하나님의 형상으로 지음 받은 사람의 생명은 말해서 무엇하랴.

이 생명을 하나님께서 얼마나 존귀하게 여기시는지. 우리를 구원하기 위해서 독생자 예수 그리스도를 이 땅에 보내시고 십자가에 못 박아 죽이도록 했지 않은가. 우리는 하나님을 영원히 찬양하며 영광을 돌려드려야 한다.

하나님은 생명에 대해서 깊은 관심을 가지고 계신다. 그러므로 사람들이 보잘것없이 여기는 참새 한 마리가 땅에 떨어지는 것도 하나님의 허락이 없으면 안 된다.

그렇다면 사람에 대해서는 얼마나 관심이 많으시겠는가. 그분의 섭리 가운데서 태어나고 그분의 관심 속에서 살다가 그분의 허락하에 세상의 삶을 마치게 되는 인생이다.

그뿐인가. 그 이후의 세상에 대한 관심도 지대하다. 그래서 모든 사람이 모두 구원받아 천국에 이르기를 원하는 것이다.

이 사랑의 하나님을 경외하자.

하나님은 우리의 머리털까지 세신 바 되신 분이시다. 오늘 아침 머리를 감으면서 머리털 몇 개가 떨어졌는지 우리는 모르지만 하나님은 파악하시는 세밀하신 분이시다.

그분이 우리의 아버지가 되시고 나를 지극히 사랑하시는 분이다. 그 하나님이 나를 지키시고 보호하시고 인도하신다면 우리는 두려울 게 없어야 한다. 그럼에도 두려움이 있다면 믿음을 점검해 보아야 한다.

머리털까지도 세시는 세밀하신 분, 참새까지도 간섭하시며 생명을 귀하게 여기시는 하나님, 그분이 우리의 아버지시다. 그런 세밀하신 하나님이 우리 아버지시라면 우리에게 있어야 할 것을 모를 리 없다. 모든 것을 채워주실 것이다.

내가 그분 하나님을 위해서 산다면 그것이 곧 나를 위해서 사는 것이다. 그러나 나를 위해서 산다면서 하나님을 두려워하지 않는다면 잘못된 삶을 사는 것이다.

하나님을 경외하자.

# 선을 행하며 낙심하지 말라

갈 6:9

우리가 선을 행하되 낙심하지 말지니 포기하지 아니하면 때가 이르매 거두리라.

내가 지금 하는 일이 악한 일이라면 그게 느껴지는 순간 포기해야 한다. 그리고 반성하며 회개할 때 살 길이 열린다. 그러나 포기하지 않고 그대로 진행하면 추해지고 결국은 패망한다.

내가 지금 하는 일이 선한 일이면 낙심하거나 포기하지 말아야 한다. 그 일은 반드시 성취될 것이며 좋은 결실을 맺을 것이고 하나님께서 반드시 복으로 갚아 주실 것이다.

하지만 선을 행하다 보면 반대에 부딪힐 수도 있고, 저항하는 세력을 만날 수도 있다. 심지어는 박해를 받을 수도 있다. 이 세상에는 선한 일을 방해하는 세력이 있어서이다.

또한 우리는 선한 일을 함에도 내가 원하는 대로 이루어지지 않으면 낙심하게 된다. 그만큼 우리는 약한 존재이다.

모세 같은 위인도 죽고 싶다고 했고(민 11:15) 엘리야도 이세벨에게 쫓길 때 로뎀나무 아래서 차라리 죽고 싶다고 낙심했다.(왕상 19:4)

하물며 우리는 얼마나 연약한 존재인가. 그럼에도 우리가 소망을 가질 수 있는 것은 하나님은 그렇게 연약한 우리를 쓰신다는 것이다.

내 뜻대로 되지 않는다고 낙심하지 말자. 내 뜻대로 되지 않고 하나님의 뜻대로 된다면 감사한 일 아닌가.

하나님은 어김없이 심은 것은 심은 대로 거두게 하신다. 그러나 거두는 시기는 우리의 몫이 아니다. 우리의 몫은 선을 심는 것이고 그것을 거두게 하시는 분은 하나님이시다.

하나님을 믿자. 하나님께 맡기고 우리의 할 일을 하자. 우리가 원하는 때에 이루어지지 않는다고 낙심하지 말고 하나님의 때에 이루어질 것을 기다리며 찬양하자.

기회 있는 대로 심자. 선한 일은 기회를 만들어서 심어 두어야 한다. 내가 알지 못하는 그 어느 때에 그 보람을 거두게 하시는 하나님이 계신다.

8월 12일

# 예수를 멀찍이 따라간 베드로

오늘 말씀

마 26:58

**베드로가 멀찍이 예수를 따라 대제사장의 집 뜰에까지 가서 그 결말을 보려고 안에 들어가 하인들과 함께 앉아 있더라.**

겟세마네 동산에서 기도한 이후 체포된 예수님은 가야바의 법정으로 갔다. 산헤드린에서 재판을 받기 위해서였다. 원래 재판은 밤에 열 수 없다는 규정을 어기고 신속히 진행하기 위해서였다.

예수님이 체포되자 제자들은 다 도망을 쳤다. 그러나 베드로는 도망치지 않았다. 어쩌면 지난날 주님 앞에서 주님이 가시는 곳이라면 옥에라도 가고 죽는 데까지라도 가겠다고 호언장담을 했던 것 때문이었는지 모른다.

그러나 그는 예수님을 가깝게 따르지 못했다. 멀찍이 따랐다. 자기도 주님과 같이 얽힐까 해서였을 것이다. 그리고 대제사장 집 뜰에까지 가서 그 결말을 보려고 안에까지 들어갔다. 그리고 하인들과 함께 앉아 있었다. 날씨가 차가웠던 모양이다. 불을 쬐면서 하인들과 같이 있었다.

이 모습을 상상해 보라. 베드로가 용기가 있어서 잡혀가는 예수님을 멀찍이 따랐고 재판이 열리는 곳에까지 갔는가. 그는 지금 기회주의자로 거기에 있었던 것이다. 재판정에서 보호색을 띠고 하인들의 모습으로 앉아 있는 것이다. 예수님에 대한 재판 결과를 보기 위함이었다. 만약 무죄 판결이 나오면 내가 여기 있습니다, 하고 뛰쳐나올 수 있다. 그러나 사형 판결이 나면 그때 도망가도 될 것이다, 하는 심정이었을 것이다.

그러나 돌아가는 형편은 베드로의 마음대로 되지 않았다. 같이 있던 하인 중에 그를 알아보는 사람이 있어 이 사람도 예수와 함께 있었던 사람이라고 외쳤기 때문이다.

거기서 베드로의 위선과 비겁함과 기회주의적 태도가 모두 드러났다. 그는 주님을 모른다고 세 번이나 부인했다. 닭이 울었다. 겟세마네 동산에서 시험에 들지 않도록 기도하라는 주님의 말씀을 들었지만 잠만 잤던 베드로, 전날에 닭 울기 전 네가 나를 세 번 부인하리라고 말씀하신 주님 생각에 그는 밖으로 나와 통곡했다.

자, 우리는, 예수를 믿는 우리는 주님과 어느 정도의 거리를 두고 따라야 하는가. 기회가 되고 득이 될 것 같으면 가까이 다가가고 해가 될 것 같으면 도망칠 거리를 두고 따르고 있는가.

설령 손해를 입는다 해도 진리와 정의와 생명이 되시는 주님을 꼭 붙들고 가까이하자. 진리와 정의와 생명이 우리를 배신하는 일은 없다.

# 피차 멸망할까 조심하라

갈 5:15

만일 서로 물고 먹으면 피차 멸망할까 조심하라.

"서로 물고 먹는다."는 말은 야수들이 먹이를 놓고 서로 싸우는 모습을 묘사하는 데 쓰는 말이다. 서로 자기가 먹으려 하면 자연히 다툼이 일어난다. 이성이 없는 동물들은 배가 고프면 빼앗기는 일은 있어도 양보는 못 한다. 그러면 필사적으로 싸울 것이고, 그 결과 패배자는 말할 것도 없지만 승리자도 상처는 남기 마련이다.

사랑을 모르는 사람에게는 양보도 없고 배려도 없고 미움만 있다. 그래서 사랑의 반대 개념은 증오다. 그리고 증오에서 발생하는 것이 다툼이요, 분쟁이다.

사람이 사랑을 버리고 서로 격렬하게 싸우면 같이 망한다. 가정에서도 서로 사랑하면 화목하지만 싸우면 망할 뿐이다.

이와 같이 어느 공동체든 싸우면 망한다. 그래서 예수님은 "스스로 분쟁하는 나라마다 황폐하여지며 스스로 분쟁하는 집은 무너지느니라."고 하셨다.(눅 11:17) 그래서 사탄도 저희들끼리는 싸우지 않는다지 않은가.

그럼에도 불구하고 우리는 왜 서로 다투는가. 아마도 버리지 못하는 욕심 때문이 아닐까?

서로 먼저 갖고, 많이 가지려는 욕심, 그것 때문에 나라도 싸우고 형제도 싸운다. 돈 때문에 싸우고 이념 때문에 싸운다. 잘사는 나라 만들어보겠다고 싸우지만, 싸우지 않으면 잘사는 나라다.

형제들아, 서로 물고 먹으면 같이 망한다. 성도들아, 서로 물고 먹으면 하나님께 욕 먹이고 부흥이 안 된다.

양보해 보라. 정말 양보하면 안 될 것 같은 그것을 양보하라. 그러면 하나님이 채워주신다. 아브라함은 조카 롯에게 양보했더니 하나님이 축복하셨다. 사람에게 양보하면 하나님이 채워주신다.

왜 이 땅에서 이전투구하는가.

위를 보라! 내려다보시는 하나님이 과연 내 행위를 기뻐하실까,

생각해 보라! 그 하나님이 고개를 젓는다든지 외면하면 우리에게 소망이 없다.

다투지 말고 싸우지 말라. 우리가 끝까지 싸워야 할 대상은 마귀이고 내 속에 든 정욕뿐이다.

# 죽으면 죽으리라

에 4:16

당신은 가서 수산에 있는 유다인을 다 모으고 나를 위하여 금식하되 밤낮 삼 일을 먹지도 말고 마시지도 마소서. 나도 나의 시녀와 더불어 이렇게 금식한 후에 규례를 어기고 왕에게 나아가리니 죽으면 죽으리이다 하니라.

바사의 아하수에로 왕 때의 일이다. 즉위한 왕이 잔치를 벌이고 왕후를 초청했는데 왕후가 거절한 사건이 일어났다. 이 일로 왕은 분노하여 왕후를 폐위시키고 새로운 왕후를 발탁하기에 이르렀다.

여기에 발탁된 사람이 유다 출신의 에스더였다. 에스더는 일찍 부모를 잃고 고아가 됐는데 유다가 멸망할 때 사로잡혀온 사촌오빠인 모르드개가 딸처럼 양육한 아리따운 여인이었다.

한편 총리대신인 하만은 자기에게 굽히지 않는다고 하여 유다인 모르드개를 밉게 보았다.

하만은 모르드개가 속한 유다인 전체를 말살할 계획을 세웠다. 왕에게 유다인들이 법을 지키지 않는다고 고발하여 유다인들을 멸하라는 조서를 내리도록 했다. 민족적 위기 앞에서 유다인들은 모두 베옷을 입고 재를 무릅쓰고 애곡을 했다.

이런 비상 상황에서 모르드개는 대책을 쓸 수밖에 없었다. 그는 왕후 에스더에게 유다인들이 곤경에 처한 소식을 전했다. 그러나 이 딱한 소식을 전해들은 에스더는 민족을 살리는 일에 나서기를 꺼렸다. 그것은 바사 나라의 법 때문이었다. 이 법에 따르면 왕후라 할지라도 왕의 허락 없이는 그 앞에 나아갈 수 없고 왕 앞에 나아갔다가 왕이 불쾌하게 생각하면 죽임을 당하게 되었다. 그렇다고 왕이 부를 때까지 마냥 기다릴 수도 없는 상황이었다.

모르드개는 이런 에스더에게 회답했다. "너는 왕궁에 있으니 모든 유다인 중에 홀로 목숨을 건지리라 생각하지 말라. 이때에 네가 만일 잠잠하여 말이 없으면 유다인은 다른 데로 말미암아 놓임과 구원을 얻으려니와 너와 네 아버지 집은 멸망하리라. 네가 왕후의 자리를 얻은 것이 이때를 위함이 아닌지 누가 알겠느냐."(에 4:13-14)

이 회신을 받은 에스더는 수산에 있는 유다인들에게 자기를 위한 금식기도를 부탁한 뒤 자신도 3일 동안 금식기도를 하고 왕 앞으로 나아갔다. "죽으면 죽으리라."는 결단이었다.

다행스럽게 아하수에로 왕은 에스더를 반갑게 맞았고 그의 소원을 들어주어 유다인들은 위기에서 벗어날 수 있었다. 유다인들을 학살하려 했던 하만은 모르드개를 달아매려고 준비했던 50규빗 길이의 나무에 자신이 매달리는 신세가 되었다.

하나님의 은혜는 언제든지 있다. 위험한 상황에서도 자기 민족을 구하기 위하여 죽으면 죽으리라고 금식하며 결단한 에스더에게 하나님은 놀라운 은총을 베푸신 것이다. 그렇다. 정의와 진리를 위하여 죽고자 하면 살 길이 열리고 살고자 하면 죽을 수 있는 것이다.

8월 15일

# 우리는 꿈꾸는 것 같았도다

시 126:1

여호와께서 시온의 포로를 돌려보내실 때에 우리는 꿈꾸는 것 같았도다.

상상하기조차 어려운 일을 만나면 이것이 꿈인가 생시인가 하여 어리둥절할 때가 있다. 그래서 자기 몸을 꼬집어보면서 이 일이 혹시 꿈속에서 일어났는가, 확인하기도 한다.

유대 나라는 B.C 586년에 바벨론의 느부갓네살 왕에게 멸망당하였다. 예루살렘 성은 함락되고 성전은 파괴되었다. 하나님이 지켜주시리라 믿었지만 현실은 그렇지 못했다. 뿌리 깊은 우상숭배와 도덕적 타락이 극에 달한 나라를 하나님께서 지켜주실 리 없었다. 많은 사람이 죽거나 사로잡혀 갔다.

사로잡혀 갔던 사람들은 어떻게 되었는가. 이방인들에게 천대와 학대를 받아야 하는 현실 앞에서 지난날 성전에서 예배드리던 일을 그리워했다. 그동안 하나님께 패역했던 교만을 회개했다. 그리고 바벨론이 망하여 고국으로 돌아갈 수 있는 날만을 기다리며 하루하루를 견디어야 했다.

하지만 바벨론은 망하지 않았다. 망하면 고국으로 돌아갈 수 있을 터인데, 하는 기대마저 포기하게 만들었다. 바벨론은 망할 기미를 보이기는커녕 오히려 승승장구하며 세력을 확장해

나갔다. 포로 된 백성들은 점점 절망의 나락으로 빠져들 수밖에 없었다.

그러던 어느 날, 막강했던 바벨론이 메대와 바사의 연합군에 의하여 멸망하는 놀라운 일이 벌어졌다. 바벨론을 멸망시킨 바사의 고레스 왕은, 포로로 잡혀온 유대인들은 고국으로 돌아가라는 칙령까지 발표했다. 이제 바벨론 사람들은 꿈에도 그리던 해방과 자유를 얻었고, 고국으로 돌아갈 수 있는 길이 열린 것이다. 고레스 왕은 하나님을 믿는 사람이 아니었다. 그럼에도 하나님의 뜻을 행하는 도구가 되어서 바벨론에 빼앗겼던 성전의 기물까지 가지고 돌아가라고 허락하였으니 이 얼마나 기쁘고 감격스러웠겠는가.

시인은 해방의 기쁨을 노래했다. "그때에 우리 입에는 웃음이 가득하고 우리의 혀에는 찬양이 찼었도다. 그때에 뭇 나라 가운데에서 말하기를 여호와께서 그들을 위하여 큰일을 행하셨다 하였도다. 여호와께서 우리를 위하여 큰일을 행하셨으니 우리는 기쁘도다."(2-3)

1910년 일제의 식민지가 된 우리나라는 1945년 8월 15일에 일제의 압박과 설움으로부터 해방되었다. 이 또한 하나님께서 이루어주신 감격적인 일이었다.

하지만 1953년 남북으로 나누어진 채 통일을 하지 못하고 있다. 통일은 반드시 자유민주적으로 이루어져야 한다. 그리고 다시는 나라의 주권을 잃어버리거나 민족이 둘로 나누어지는 일이 없도록 온 국민이 하나의 마음으로 기도해야 한다.

# 그들의 죄를 사하시옵소서

출 32:32

그러나 이제 그들의 죄를 사하시옵소서. 그렇지 아니하시오면 원하건대 주께서 기록하신 책에서 내 이름을 지워 버려 주옵소서.

모세가 시내산에 올라 40일 동안 금식하며 기도하는 동안 산 아래 백성들은 자신들을 인도할 신을 만들었다. 금붙이로 송아지 우상을 만든 것이다. 그들은 송아지 우상이 자기들을 인도할 것이라 믿고 그 앞에 제사를 드리며 뛰놀았다.

그들의 모습을 보신 하나님은 모세에게 이 백성은 목이 뻣뻣한 백성이므로 그들은 진멸하고 너로 큰 나라로 되게 하겠다고 하셨다.(9-10)

모세는 애굽 사람들이 여호와가 자기 백성을 죽였다고 비난하는 것과, 우리 조상들에게 하신 약속이 있는데 약속을 어기는 하나님이란 비난을 들으면 하나님의 명예가 훼손된다는 이유를 들어 그러지 마시라고 기도했다.

이후 모세는 산에서 내려와 현장을 보고 두 돌판을 산 아래로 던져 깨뜨려 버렸다. 그 또한 분노를 참을 수 없었던 것이다. 그리고 금으로 만든 송아지 우상을 가루로 만들어 물에 뿌려 이스라엘 자손이 마시게 했다.

모세는 아론을 책망하고 원수들에게 조롱거리가 되게 한 것에 분노하여 여호와 편에 있는 자를 나오게 했으니 레위 지파 사람들이었다. 모세는 그들로 하여금 백성들을 치도록 해서 약 3,000명 가량을 죽였다. 그리고 하나님께 회개기도를 했다.

"슬프도소이다. 이 백성이 자기들을 위하여 금신을 만들었사오니 큰 죄를 범하였나이다."(31)

그리고 자신도 분노했지만 하나님께는 그들의 죄를 사하여 달라고 기도했다. 그렇지 아니하시오면 주께서 기록하신 책, 즉 생명책에서 자기 이름을 지워달라고 했다.

생명책에서 자기 이름을 지워버리면 어떻게 되는가. 버림 받고 망하는 것이다. 그럼에도 자기 백성을 살리기 위해 자신의 희생을 감수하겠다는 정신을 나타낸 것이다. 남은 죽어도 좋으니 나는 살아야 한다는 풍조 속에서 모세는 자기 희생을 통하여 백성들을 살려내겠다고 호소하는 것이다. 이는 예수 정신이다.

나라가 병들어도 나만 좋으면 되는가. 남은 죽어도 나만 살면 되는가. 교회는 어려워도 나만 편안하면 되는가. 그럴 리도 없지만 우리는 나의 희생과 헌신을 통해서 남을 살리고자 하는 애족정신으로 살아야 한다. 그 정신이 주님이 원하시고 실천한 정신이다.

8월 17일

# 믿음, 소망, 사랑

고전 13:13

**그런즉 믿음, 소망, 사랑, 이 세 가지는 항상 있을 것인데 그 중의 제일은 사랑이라.**

누구에게나 버려야 할 것이 있고, 유지 발전시켜야 할 것이 있다. 우리가 도덕적인 사람이 되고 인격적인 인간이 되려면 내 안에 있는, 있어서는 안 되는 것들을 버려야 하고 있어야 할 것들을 가꾸어나가야 한다. 이런 일들은 하루아침에 이루어지는 것이 아니기에 매일, 매시간 싸우듯이 해야 한다.

우리 속에 얼마나 잘못된 것이 많은가. 그것을 제거하는 노력은 평생 지속되어야 한다. 또한 우리 안에 가꾸어나가야 할 것은 얼마나 많은가. 그것도 평생 가꾸고 발전시켜 나가야 한다. 마치 화단에서 잡초는 뽑아내고 화초는 잘 가꾸는 것과 같다. 잡초는 내버려 두어도 잘 자라지만 화초는 손질을 잘 해주어야 하는 것도 비슷하다.

오늘 말씀은 우리에게 있어야 할 것 세 가지를 말한다. 즉 믿음, 소망, 사랑이다. 이것들은 언제나, 항상 있어야 한다고 가르친다.

왜 그럴까. 먼저 믿음을 보자. 세상을 살면서 믿음처럼 중요한 것이 있는가. 내가 나를 믿지 못하고, 가족을 믿지 못하고,

친구를 믿지 못하고, 나라를 믿지 못하고, 가게에 나와 있는 물건을 믿지 못하고, 냉장고 안에 들어 있는 음식을 믿지 못한다면 이보다 더 불행한 일이 있겠는가. 우리는 믿음을 주는 세상, 신뢰받는 사람이 되자.

믿음은 신령한 면에서 더욱 중요하다. 믿음이 곧 구원이기 때문이다. 예수 그리스도가 우리의 구주라는 확신이 있어야 한다. 이 믿음은 항상 있어야 한다.

소망이 없으면 절망이다. 절망하면 살아갈 의욕도 없어진다. 살아가면서 내가 앞으로 무엇이 될 것이며 어떻게 살겠다는 소망이 없다면 무슨 의미가 있겠는가. 그런 삶은 불행하다. 이 땅에 사는 동안도 늘 기대와 꿈과 소망을 가지자.

신령한 면에서 소망은 더욱 중요하다. 우리의 궁극적인 소망은 영원한 나라여야 한다. 지금 눈에 보이는 나라가 아닌 보이지 않는 천국이다. 영생복락의 소망이 우리를 기쁘게 한다.

사랑은 삶의 윤활유다. 사랑 없는 세상과 인생은 불행하다. 사랑하고 사랑받기 때문에 우리는 행복하고 세상은 아름다운 것이다. 나를 사랑하고 가족과 이웃과 교회와 나라를 사랑하자. 주님의 사랑을 본받아 섬기고 나누는 삶을 실천하자.

성경은 우리에게 하나님을 사랑하고 이웃을 네 몸처럼 사랑하라고 하신다. 그것이 가장 인간답게 사는 행복한 삶이기 때문이다. 불신, 좌절, 증오는 버리고 믿음, 소망, 사랑은 잘 가꾸어 나와 이웃과 세상을 아름답게 꾸며나가자.

# 잠깐 쉬어라

막 6:31

이르시되 너희는 따로 한적한 곳에 가서 잠깐 쉬어라 하시니 이는 오고 가는 사람이 많아 음식 먹을 겨를도 없음이라.

사람이 살아가려면 일해야 하지만 쉼도 필요하다. 오늘 말씀은 어떻게 쉬어야 하는가를 깨우쳐 준다.

쉬는 것은 노는 것하고 다르다. 쉼은 첫째로 일한 사람에게 필요하다. 일하지 않은 사람에게는 쉴 자격조차 없다.

제자들이 열심히 복음을 전하고 돌아오자 예수님은 그 사역 내용을 다 들은 다음 그들에게 쉼을 허락했다.

이처럼 쉼은 일한 사람에게 필요한 것이고 앞으로 일하기 위해서 쉬는 것이다. 쉬지 않고 계속해서 일할 수는 없을뿐더러 그렇게 한다고 능률이 오르는 것도 아니다. 쉼은 새로운 일을 시작하기 위한 충전의 시간이 되어야 한다.

둘째로 쉼은 일하던 자리에서 조금 비껴 있는 곳에서 따로 하는 것이 좋다. 일할 때는 열심히 일하고 쉴 때는 철저하게 쉬어야 한다. 일하는 것과 쉬는 일이 구분되지 않는 일이나 쉼은 효력이 없다.

셋째로 쉼은 한적한 곳에서 갖는 것이 좋다. 쉼은 육신만 쉬는 것이 아니라 정신과 영혼도 쉬게 하는 한적한 곳과 조용한 곳이 좋다. 시끄러운 곳을 피하는 것이 정신건강에 좋다. 요즈음은 사람들이 많이 모이는 조금은 시끄러운 곳을 선호하는 경향이 있지만 쉬고 나서 안정이 없고 다음 일에 지장을 준다면 참된 쉼이라 할 수는 없다.

마지막으로 쉼의 시간이 길면 안 된다. 잠깐 쉬어야 한다. 오래 쉬는 것은 지루한 노동이 된다. 일하는 시간보다 긴 휴식이란 있을 수 없는 것이다. 긴 문장이나 악보를 보라. 반드시 쉼표가 있다. 문장을 읽거나 노래를 부를 때 지치지 않도록 짧은 쉼을 주는 것이다.

휴가나 쉼이 삶의 활력소를 제공하는 기간이 되어야 한다. 엿새 동안 부지런히 일해야 주일의 안식이 의미가 있다. 밤은 낮에 열심히 일한 사람이 평안히 쉬라고 주신 시간이다.

일생을 마치면 영원히 안식할 나라가 있다. 영원히 쉰다는 것은 아무 일도 않는다는 뜻이 아니다. 아무 일도 없는 곳이라면 그곳은 천국이 아니다. 우리는 그곳에서 하나님을 찬양하며 경배할 것이고 뭔가 일할 것이다. 그러나 그 일은 기쁨이요, 평안일 것이다. 불안이나 염려가 없는 삶, 그것이 안식이다.

8월 19일

# 마른 뼈 환상

겔 37:10

이에 내가 그 명령대로 대언하였더니 생기가 그들에게 들어가매 그들이 곧 살아나서 일어나 서는데 극히 큰 군대더라.

에스겔이 본 골짜기의 마른 뼈 환상은 우리에게 교훈하는 바가 크다.

하나님의 영이 에스겔을 골짜기로 인도했는데 그곳에는 뼈가 심히 많고 말랐다.

하나님은 그에게 이 마른 뼈들에게 대언하라 하셨다.

에스겔이 마른 뼈들에게 "여호와의 말씀을 들을지어다." 하고 대언할 때 소리가 나고 움직이며 이 뼈 저 뼈가 들어맞아 뼈들이 서로 연결이 되고 그 뼈에 힘줄이 생기고 살이 오르며 그 위에 가죽이 덮였다.

하나님은 그에게 이제 생기를 향하여 대언하라고 했다.

주님의 말씀 따라 에스겔이 "생기야, 사방에서부터 와서 이 죽음을 당한 자에게 불어서 살아나라."고 했을 때 생기가 곧 그들에게 들어가 그들이 곧 살아나서 일어나 서는데 극히 큰 군대가 되었다.

마른 뼈는 소망이 없는 멸절한 상태를 말한다. 그러한 상태에 대언하는 하나님의 말씀이 있자 살아났고 거기에 생기를 들어가게 하니 큰 군대로 섰다.

이 환상이 무엇을 말씀하고 있는가.

말씀이 없는 인생을 생각해 보자. 영적으로 마른 뼈와 같다. 사람이 떡으로만 사는 게 아니다. 창조의 능력이 있는 하나님의 말씀으로 사는 것이다. 거기에 하나님의 생기, 하나님의 영이 들어가니 영적으로도 산 생명체가 되는 것이다.

골짜기의 마른 뼈와 같은 우리에게 진정으로 필요한 것은 진리이신 하나님의 말씀이고 성령의 역사다. 그 말씀이 우리를 살리고 영원으로 인도한다. 살아 있는 사람은 말씀과 성령으로 충만한 사람이다.

마른 뼈와 같은 우리에게 말씀으로 옷 입히고 성령으로 충만하게 하시는 하나님과 교통하며 영적인 삶을 사는 소망의 사람이 되자.

# 하나님의 말씀으로 받다

살전 2:13

이러므로 우리가 하나님께 끊임없이 감사함은 너희가 우리에게 들은 바 하나님의 말씀을 받을 때에 사람의 말로 받지 아니하고 하나님의 말씀으로 받음이니 진실로 그러하도다. 이 말씀이 또한 너희 믿는 자 가운데에서 역사하느니라.

기독교는 말씀의 종교다. 말씀으로 하나님은 세상을 창조하셨다. 성경은 일점일획도 오류가 없는 하나님의 말씀으로 신앙과 생활의 표준이다. 이 말씀대로 믿으면 구원을 얻고 이 말씀따라 살면 하나님의 백성으로 바르게 사는 것이다.

그러므로 이 말씀을 듣는 태도가 매우 중요하다. 예수님은 씨 뿌리는 비유에서 하나님의 말씀을 어떤 자세로 받아야 하는가를 역설했다. 즉 말씀의 씨가 떨어지는 사람의 마음밭이 어떤가에 따라서 결실을 하고 못하고가 결정된다는 것이다. 길가나 돌밭, 가시떨기에 떨어지면 결실이 되지 않지만 좋은 땅에 떨어지면 백 배, 육십 배, 삼십 배의 결실을 맺는다고 했다.(마 13:18-23)

하나님의 말씀이라 할 때 세 가지로 생각할 수 있다. 하나는 살아계신 하나님의 말씀 곧 예수 그리스도. 다음으로 기록되어진 하나님의 말씀 곧 성경. 그리고 강단에서 선포되어지는 주의 종의 설교가 그렇다.

하나님은 영원부터 계신 하나님의 말씀을 주의 종들을 세워

강단에서 선포하도록 하셨다. 이 말씀을 어떤 자세로 받느냐에 따라 자기에게 돌아오는 결과가 달라질 수밖에 없다.

그런데 데살로니가 교회는 하나님의 말씀을 받을 때에 사람의 말로 받지 아니하고 하나님의 말씀으로 받았다는 것이다. 그러므로 이 말씀이 또한 너희 믿는 자 가운데서 역사한다고 했다.

전해지는 말씀이 하나님의 말씀이지만 그 말씀을 전하는 분은 현실적으로 사람이다. 말씀을 전하도록 사명과 은사를 받은 사람이 전하는 것이다.

그렇다고 그 말씀을 사람의 말로 받는다면 그 권위는 떨어질 수밖에 없다. 능력이 나타나기도 어렵다. 우리는 겸손히 그 말씀이 하나님의 말씀이요, 그 말씀을 전하는 분이 하나님을 대리해서 전하는 말씀의 사자라는 인식을 분명히 해야 한다.

성경은 하나님의 말씀을 전하는 사람을 존경하라고 했다.(딤전 5:17) 그는 하나님의 말씀을 전하는 권위가 있기 때문이다. 그러면 그 말씀의 역사가 우리의 영혼과 생활에서 축복으로 또는 약속의 성취로 나타나게 되는 것이다.

8월 21일

# 새 영을 너희 속에 두리라

겔 36:26

**또 새 영을 너희 속에 두고 새 마음을 너희에게 주되 너희 육신에서 굳은 마음을 제거하고 부드러운 마음을 줄 것이며.**

오늘 말씀은 구약시대에 하나님의 백성들에게 새 영, 즉 성령을 주실 것을 예언한 말씀이다.

보혜사 성령은 오순절 성령 강림 이후 우리 안에 내주하시며 우리를 진리의 길로 인도하고 돕는 영이시다.

예수님은 떠나가시기 전에 제자들에게 "내가 떠나가는 것이 너희에게 유익이라. 내가 떠나가지 아니하면 보혜사가 너희에게로 오시지 아니하실 것이요, 가면 내가 그를 너희에게로 보내리라."고 하셨다.(요 16:7)

"진리의 성령이 오시면 그가 너희를 모든 진리 가운데로 인도하실 것이라."고 하셨고,(요 16:13) "성령 그가 너희에게 모든 것을 가르치고 내가 너희에게 말한 모든 것을 생각나게 하리라."고 하셨고,(요 14:26) "그가 와서 죄에 대하여, 의에 대하여, 심판에 대하여 세상을 책망하시리라."고 하셨다.(요 16:8)

성경은 오늘 말씀에서 새 영과 새 마음을 너희에게 주되 육신에서 굳은 마음을 제거하고 부드러운 마음을 줄 것이라 하셨다.

성령은 불 같지만 비둘기같이 온유하다. 그러므로 성령이 우리에게 오심으로 심령을 정화시키고 성령의 열매를 맺게 하신다.

성령의 열매는 사랑과 희락과 화평과 오래 참음과 자비와 양선과 충성과 온유와 절제다.(갈 5:22-23)

성령을 따라 행하면 육체의 소욕을 이루지 않는다.(갈 5:16) 항상 그렇지만 이 마지막 때에는 더욱 성령의 능력으로 살아야 한다.

힘으로 되지 아니하며 능력으로 되지 아니하고 오직 하나님의 영으로 된다.(슥 4:6) 내주하시는 성령의 인도로 승리의 삶을 살자.

# 사랑은 허물을 가린다

잠 10:12

미움은 다툼을 일으켜도 사랑은 모든 허물을 가리느니라.

허물은 부끄러운 것이고 죄다. 그런데 그 부끄러운 허물이 없는 사람이 없다. 부끄럽기 때문에 사람들은 자기의 허물을 감추려 든다.

문제는 자기 허물은 감추려 들면서 남의 허물은 들추려 한다는 것이다. 남의 눈의 티는 보면서 자기 눈의 들보는 깨닫지 못하는 경우도 있다. 사랑이 없다는 뜻이다. 불행한 일이다.

오늘 말씀처럼 미움은 다툼을 일으켜도 사랑은 모든 허물을 가린다. 내 허물이 부끄러우면 남의 허물도 가려주는 게 옳다.

그래서 성경은 수없이 사랑을 강조한다.

"허물을 덮어주는 자는 사랑을 구하는 자요, 그것을 거듭 말하는 자는 친한 벗을 이간하는 자라."고 했다.(잠 17:9) 베드로 사도도 "무엇보다도 뜨겁게 사랑할지니 사랑은 허다한 죄를 덮는다."고 했다.(벧전 4:8)

하나님도 결국은 우리의 죄와 허물을 가리어주신 분이다.

다윗은 "허물의 사함을 받고 자신의 죄가 가려진 자는 복이 있도다." 하고 노래했다.(시 32:1) 그는 하나님께 충성한 사람이었지만 허물도 많았다. 간음죄, 살인죄를 비롯하여 많은 허물이 있었다. 그런데 그 많은 죄와 허물을 용서받았다. 그 감격을 노래한 것이다.

우리는 남의 죄를 사할 권세는 없다. 남의 허물을 들추어낼 의무도 없다. 나를 용서하시고 내 죄를 사해주신 하나님의 사랑을 받은 자로서 이웃을 사랑하는 것이 바른 태도가 아닐까 생각된다.

그 사랑을 나누다 보면 남의 허물을 가리어줄 수밖에 없다. 그 허물을 들추어내는 사람이 아니라 덮어주는 사람으로 살자. 그것이 사랑을 구하는 자요, 하나님의 성품을 바라보는 자다.

이 뜨거운 계절에 뜨겁게 사랑하자. 그것은 남의 허물을 가리어주는 것이다.

# 죄가 더한 곳에 은혜는 넘친다

오늘 말씀

롬 5:20

율법이 들어온 것은 범죄를 더하게 하려 함이라. 그러나 죄가 더한 곳에 은혜가 더욱 넘쳤나니.

율법은 모세 시대에 주어졌다. 거룩한 하나님께서 당신의 백성들이 하나님의 백성답게 살게 하기 위하여 지침서로 주어졌다. 그러므로 그 말씀대로 살면 바르게 사는 것이다.

그러나 그 율법의 기능은 첫째 인간의 범죄를 폭로하는 것이다. 그리고 죄가 죄로서 성립시켜 주는 일을 한다.

율법이 없어도 죄는 먼저 있었다. 그러므로 율법은 이미 있던 죄를 지적해 주면서 그것이 죄가 되는 것을 깨우쳐 주는 것이다. 그 사실을 로마서 5:13은 설명해 준다. "죄가 율법 있기 전에도 세상에 있었으나 율법이 없었을 때에는 죄를 죄로 여기지 아니하였느니라."

거듭 말하지만 율법 자체가 죄는 아니다. 죄를 만드는 것이 아니라 죄를 알려주는 것이다. 그리고 깨닫게 해 준다.(롬 3:20)

성경은 말씀한다. "그런즉 우리가 무슨 말을 하리요. 율법이 죄냐. 그럴 수 없느니라. 율법으로 말미암지 않고는 내가 죄를 알지 못하였나니 곧 율법이 탐내지 말라 하지 아니하였더라면 내가 탐심을 알지 못하였으리라."(롬 7:7)

그렇다. 율법이 죄를 지적해 주니까 그것이 죄라는 것을 알게 되는 것이다.

그것이 죄라는 것을 알면 어떻게 해야 하는가? 죄가 죽음을 가져다주고 멸망에 빠지게 한다는 것을 알면 어떻게 해야 하는가? 거기서 벗어나야 한다. 벗어나려면 어떻게 해야 하는가? 예수 믿는 길밖에 없다. 그래서 율법의 또 하나의 기능은 죄인을 복음으로 인도하는 일이다.

그래서 오늘 말씀의 "죄가 더한 곳에 은혜가 더욱 넘친다."는 말씀은 죄를 많이 지어야 은혜가 넘친다는 뜻이 아니다. 죄의 심각성을 안다면 예수의 은혜가 얼마나 큰가를 알게 된다는 뜻이다.

그러므로 율법을 지켜 구원받고자 하는 노력은 어리석다. 율법이 죄를 지적하면서 복음으로 인도해 주는 기능을 알고 주님의 은혜를 더욱 크게 느끼며 예수님은 철저히 순종하며 믿어야 한다.

율법은 모든 죄인을 복음인 예수 그리스도께 인도하고 구원은 오직 예수 그리스도를 구주로 믿음에 있다.

8월 24일

# 대접받고자 하면 대접하라

마 7:12

그러므로 무엇이든지 남에게 대접을 받고자 하는 대로 너희도 남을 대접하라. 이것이 율법이요 선지자니라.

오늘 말씀은 흔히 황금률이라고 일컫는 말씀이다. 남으로부터 대접을 받고자 하는 대로 너도 남을 대접하라는, 사랑의 기초가 된다는 말씀이다.

나는 남을 대접하지 않으면서 남으로부터 대접을 받고자 하는 태도는 옳지 않다. 왜냐하면 사람들의 마음은 대개 비슷하기 때문이다.

내가 좋아하는 것을 남도 좋아하고 내가 싫어하는 것을 그들도 싫어한다. 그러므로 내가 원하는 것을 먼저 해주면 그들도 좋아한다. 그래야 호감을 사고 좋은 관계를 유지할 수 있다.

그러나 그런 행동을 계산적으로 하는 것은 사랑이 아니다. 순수한 사랑의 발로여야 한다.

친절을 원하면 내가 친절해야 한다. 좋은 친구를 원하면 내가 그에게 좋은 친구가 되어줄 때 가능하다. 사랑받고 싶으면 먼저 사랑하고 존경받고 싶으면 존경하는 사람이 되어야 한다. 외롭지 않으려면 외로운 사람을 찾아가라.

세상에 공짜는 없다. 우연도 없다. 심은 대로 거두는 것이다.

주라. 베풀고 배려하라. 대가를 생각하고 주지 말고 습관적으로 주고 베풀어라.

항상 자기 유익만 찾는 사람에게는 신실한 친구가 생기지 않는다. 이것을 주면 저것을 받을 수 있겠다고 생각하는 사람은 계산적인 사람이다. 그는 계산적인 사람을 만날 것이다. 심지어 사기성을 가지고 접근하면 그는 사기꾼을 만난다. 사기를 당할 확률이 많다.

그래서 주님은 남을 비판하지 말고 정죄하지 말라고 하신다. 미워하지 말고 멸시하지 말라고 하신다. 자기도 그런 상황을 만날 수 있기 때문이다.

베풀고 나누며 배려를 잘하는 사람을 보라. 반드시 그 주변에는 그런 친구들이 있다. 예수님은 주는 것이 받는 것보다 복되다고 하셨다.(행 20:36)

좋은 것을 주고 나누자. 대접하자. 먼저 하자. 그 후는 시간에 맡기고 하나님께 맡기자.

주님은 말씀하신다. 주라, 그리하면 너희에게 줄 것이니 곧 후히 되어 누르고 흔들어 넘치도록 하여 너희에게 안겨 주리라.(눅 6:38)

# 두려워하지 말라

사 41:10

두려워하지 말라, 내가 너와 함께함이라. 놀라지 말라, 나는 네 하나님이 됨이라. 내가 너를 굳세게 하리라. 참으로 너를 도와주리라. 참으로 나의 의로운 오른손으로 너를 붙들리라.

나는 어려운 일이나 슬픈 일을 만날 때마다 이 말씀을 떠올린다.

그뿐 아니라 그런 상황을 만난 분들에게 주저하지 않고 이 말씀을 전한다.

그러면서 간곡하게 부탁하는 말이 있다. 성경에서 말씀하는 모든 말씀을 내게 주신 말씀으로 믿으면 그 약속과 역사가 내게 나타난다는 것이다.

그렇다. 전능하시고 나를 사랑하시는 하나님께서 이 어려운 환경에서 나를 격려해 주신다. 두려워하지 말고 놀라지 말라고 하신다. 언제, 어떤 환경에서도 나를 도울 수 있는 방법을 가지고 계시는 분이 말씀하시는 것이다.

하나님께서 우리에게 놀라지 말고 두려워하지 말라고 하시면서 우리에게 힘을 주시는 내용은 세 가지다.

하나는 나를 굳세게 해 준다는 것이다. 나약한 나에게 굳센 힘을 실어 주신다는 것이다. 다음은 나를 도와주신다는 것이다. 나 혼자의 힘으로 불가능한 일을 하나님의 전능하신 능력과 지혜로 친히 도와주신다는 것이다. 그리고 마지막으로 나를 붙들어 주신다는 것이다. 휘청거리는 몸과 흔들리는 마음을 붙들어 주신다는 것이다.

이만하면 우리가 무슨 일을 만나도 두려울 일 없고 어떤 난관에 부딪쳐도 놀랄 일 없지 않겠는가.

나는 어렸을 적에 아버지나 어머니의 손을 잡고 함께 걸어가면 기쁘기만 할 뿐 두려움이 없었다. 아버지께서 나를 보호해 주실 것이며 어머니께서 보살펴 주실 것을 믿었기 때문이다.

하물며 지금 하나님께서 내 손을 붙잡고 있는데 무엇이 두렵고 떨리겠는가. 그분의 의로운 오른손이 나를 붙들어 주신다면 힘이 날 수밖에 없다.

적어도 천지를 창조하신 전능하신 하나님이 내 아버지시다. 두려울 것 없다. 겁날 것 없다. 염려할 것 없다. 무서워할 것 없다.

무슨 일을 만나도 주님이 나를 굳세게 하시며 도와주시고 붙들어 주신다는 확신을 갖자. 그 믿음이 평안과 승리를 주실 것이다.

# 선한 것을 본받으라

요한 3서 1:11

**사랑하는 자여, 악한 것을 본받지 말고 선한 것을 본받으라. 선을 행하는 자는 하나님께 속하고 악을 행하는 자는 하나님을 뵈옵지 못하였느니라.**

사람은 태어나면 보고 들은 것을 따라하면서 배운다. 귀에 이상이 있는 아이는 말을 잘 하지 못한다. 입의 구조가 잘못 되어서가 아니라 안 들리기 때문에 말을 잘 따라하지 못하는 것이다.

그렇다. 말소리, 행동 하나하나를 모두 보고 듣는 가운데 흉내를 내면서 배우고 실천한다. 다시 말하면 본받아서 말하고 행동하는 것이다.

지방마다 말투가 다르다. 그 지방에서 태어난 아이는 그 지방 사람들의 말을 들었기에 자기도 모르게 그대로 흉내를 내는 것이다.

우스갯소리가 있다. 어떤 아이가 영어 배우기가 힘들다고 불평하면서 "미국 사람들은 왜 그렇게 영어를 잘하는지 모르겠어." 하더란다.

오늘 말씀은 우리에게 악한 것을 본받지 말고 선한 것을 본받으라고 한다. 이는 우리가 사는 세상에 악한 것도 있고 선한 것도 있다는 뜻이다. 그리고 우리가 선한 것을 본받아야 하는 이유를 그래야 하나님께 속하기 때문이라고 했다.

악을 본받는 사람은 하나님께 속하지 못한다. 당연하다. 하나님은 선하신 분이기 때문이다.

그런 의미에서 우리 모두는 세상에서 배우는 제자들이다. 무엇을 배우느냐에 따라 악인도 될 수 있고 의인이 될 수도 있다.

사도 바울을 예로 들어보자. 그는 초년에 율법을 배웠다. 율법주의자가 되었다. 그래서 예수 믿는 사람을 박해했다. 후에 다메섹 도상에서 부활하신 예수님을 만났다. 그 후로 복음 전하는 사도가 되었다. 그는 말했다. “내가 그리스도를 본받는 자가 된 것같이 너희는 나를 본받는 자가 되라.”(고전 11:1)

예수님은 당시에 외식하는 바리새인들과 서기관들을 본받지 말라고 하셨다. 악을 배우면 자연적으로 악을 전파하는 사람이 되어 세상을 어지럽히는 사람이 되기 때문이다.

그런 의미에서 우리는 제자이면서 선생이기도 하다. 나의 언행을 나도 모르는 사이에 남에게 가르치고 있다. 우리는 가정과 학교와 세상에서 배우는 제자이면서 또한 가정과 직장과 사회에서 남에게 영향을 끼치는 선생님이기도 하다.

악한 것을 본받아서 악한 것을 가르치는 본보기가 될 것인가. 선한 것을 본받아서 선한 영향을 끼치는 선생님이 될 것인가.

8월 27일

# 네 나중은 심히 창대하리라

오늘 말씀

욥 8:7

네 시작은 미약하였으나 네 나중은 심히 창대하리라.

오늘 말씀은 어떤 일을 처음으로 시작하는 사람에게 소망을 주는 말씀이다. 비록 지금은 소규모로 시작하지만 장차 크게 성공할 것이라는 기대를 갖게 해준다면 얼마나 다행한 일인가. 소망을 준다는데 잘못이라 할 사람은 없을 것이다.

그러나 사실 미약하게 시작했다가 금방 창대하게 되는 일은 쉽지 않다. 시작과 나중 사이와 미약과 창대 사이에 많은 것이 들어가야 한다. 많은 시간을 들여야 하고 노력도 필요하다. 시행착오도 있을 수 있고 그로 인해서 겪는 경험도 끼어들어야 한다. 이런 잡다한 것들이 모여서 미약한 시작을 창대한 나중으로 만들어 놓는 것이다.

세상의 모든 일이 그냥 되지는 않는다. 많은 시간과 땀 흘리는 수고와 노력을 요구한다. 그것들이 성공을 위한 조건들이라 할 수 있다.

그렇다면 성경이 말씀하는 미약한 시작이 창대한 나중을 만드는 데 필요한 영적 조건은 없는가. 있다. 이 점을 간과하거나 놓쳐서는 안 된다.

오늘 말씀의 윗부분이 조건이 된다. 욥기서 8:5-6절을 보자. "네가 만일 하나님을 찾으며 전능하신 이에게 간구하고 또 청결하고 정직하면 반드시 너를 돌보시고 네 의로운 처소를 평안하게 하실 것이라." 그리고 이어서 "네 시작은 미약하였으나 네 나중은 심히 창대하리라."고 했다. 그러니까 미약한 시작이 창대한 나중이 되기 위한 조건이 있다는 것이다.

그 조건의 첫째가 하나님을 찾고 전능자에게 간구하는 것이다. 하나님의 축복으로 창대하고자 하는데 하나님과 관계가 없고 하나님께 간구하는 일이 없으면 되겠는가.

그리고 다음으로 청결하고 정직해야 한다는 것이다. 양심이나 마음이 깨끗해야 하고 경영이 정직해야 한다는 것이다. 하나님의 은혜와 축복으로 시작하는 일에 잘못된 수단 방법이 개입되어서는 안 된다는 뜻이다.

뭔가, 시작하는 일이 있는가. 일단 하나님 안에서 창대한 꿈을 꾸라. 그러나 반드시 전능하신 경영자 하나님을 찾는 데 게으르지 말고 간구해야 한다. 그리고 청결한 도덕성과 거짓 없이 진실하게 경영하라. 창대하게 되는 축복은 하나님이 하실 것이다.

8월 28일

# 주린 영혼에게 채워주시는 하나님

시 107:9

그가 사모하는 영혼에게 만족을 주시며 주린 영혼에게 좋은 것으로 채워주심이로다.

오늘 말씀은 하나님의 인자하심을 노래한 부분이다. 여기서 사모하는 영혼이나 주린 영혼은 직접적으로는 광야 사막 길에서 방황하던 이스라엘 백성들을 가리킨다. 그들은 주리고 목말라 고통을 당했었다.

그러나 이를 확대하면 오늘날 필요를 채우지 못하여 고통 당하는 모든 사람을 가리킨다. 장기 금식기도를 하신 분들은 경험했을 것이다. 얼마나 주리고 목말라했는가. 기도 중이라도 먹을 음식이 아른거리고 심지어는 잠자는 중에서도 먹는 꿈을 꿀 때가 있다.

이런 갈급한 상황에 있을 때 어떻게 해야 하는가. 이스라엘 백성들은 부르짖었다.

그랬더니 하나님은 기적을 베푸셨는데 하늘에서 만나를 내려주시고 반석에서 샘물을 내시며 메추라기를 보내주셨다. 풀 한 포기 나지 않는, 인간적으로 사람이 살 수조차 없는 곳에서 하나님은 그들의 필요를 채워주셨다.

광야생활 40년 동안에 굶어죽은 사람이 단 한 명도 나오지 않았다. 사모하는 영혼에게 만족을 주시고 주린 영혼에게 좋은 것으로 채워주셨기 때문이었다.

우리가 사는 이곳도 어쩌면 광야와 같은 곳이다. 이런 곳에서 우리는 어떻게 살아야 하는가.

우리의 소망은 먹을 것, 입을 것보다 하나님이다. 자비하신 하나님을 의지하며 믿음으로 기도해야 한다. 그리고 주신 것에 감사하며 만족해야 한다.

성경은 "우리가 먹을 것과 입을 것이 있은즉 족한 줄로 알 것이니라."고 했다.(딤전 6:8)

하나님은 그 나라와 그의 의를 구하면 이 모든 것을 더하여 주시는 분이다.(마 6:33)

탐욕은 신앙의 적이다.

하나님은 정욕을 위하여 잘못 구하지 않고 오직 하나님의 영광을 위하여 구하는 모든 것을 만족하게 주시는 분이시다. 우리에게 있어야 할 것을 미리 아시고 부르짖어 기도할 때마다 채워주시는 인자하신 분이시다.

8월 29일

# 좁은 문, 넓은 문

오늘 말씀

마 7:13-14

좁은 문으로 들어가라. 멸망으로 인도하는 문은 크고 그 길이 넓어 그리로 들어가는 자가 많고 생명으로 인도하는 문은 좁고 길이 협착하여 찾는 자가 적음이라.

우리의 앞에는 상징적인 두 개의 문이 있다. 하나는 넓고 하나는 좁다. 우리는 둘 중의 하나로 반드시 들어가야 한다.

선택은 내가 한다. 들어가고 나면 길이 연결되어 있다. 좁은 문은 좁은 길로, 넓은 문은 넓은 길로 연결되어 있다.

어느 문, 어느 길을 선택해서 가야 할까?

좁은 길은 좁아서 가기가 힘들다. 그러나 넓은 길은 걷기가 쉽다. 사람들은 너나없이 쉽고 편한 길을 좋아한다. 그래서 넓은 문을 통과하여 넓은 길을 가는 경우가 많다.

그런데 오늘 말씀은 좁은 문을 통과해서 좁은 길로 가라고 권한다. 왜 편하고 쉬운 넓은 길 두고 힘들고 어려운 좁은 문으로 들어가서 힘들고 어려운 좁은 길을 가라 하는가.

끝에 이르면 상황이 달라지기 때문이다. 넓은 문 쉽게 통과하여 편한 넓은 길 가고 나니 거기에 멸망이 있다는 것이다. 반대로 좁은 문 어렵게 통과하여 힘들게 좁은 길 다 가고 나니 거기에 생명이 있다는 것이다.

인생길 다 마치면 두 개의 문이 있을 것이다. 하나는 생명의 문이고 다른 하나는 멸망의 문이다.

어떤 문을 선택할 것인가. 그러나 죄송하지만 여기의 문은 우리의 선택 사항이 아니다. 좁은 길을 힘들게 걸어온 사람은 자동적으로 생명의 문으로 들어가고 편하고 쉽게 넓은 길로 온 사람은 자동적으로 멸망의 문으로 들어가게 된다. 이 땅에서의 선택이 영원을 좌우하는 것이다.

세상에 다 좋은 것 없고 다 나쁜 것도 없다. 하나를 선택하면 다른 것은 버려야 한다. 좋은 것 다 가지려 해서 망신을 당하고 패망한다.

넓은 길 편하게 가서 생명으로 들어가면 얼마나 좋겠는가. 그러나 세상 이치가 그렇지 않다. 좁은 길 힘들게 가서 멸망에 빠지도록 설계되어 있지 않다.

예수 믿어야 한다. 힘들게 믿어야 한다. 사명 잘 감당하려면 자기 십자가 져야 한다. 자기의 주장 내세우지 말고 자기를 부인해야 한다. 그리고 말씀에 순종하며 예수 좇아가야 한다. 구원받았으니 아무렇게 살아도 되는 것 아니다.

기쁘게 율법도 지키고 즐겁게 헌신하며 충성의 길을 가자. 그게 좁은 길이다. 예수 떠나서 육신의 소욕대로 무절제하게 사는 것은 자유가 아니다. 방종이다. 그 길이 넓은 길이다.

# 혼돈, 공허, 흑암

창 1:2

땅이 혼돈하고 공허하며 흑암이 깊음 위에 있고 하나님의 영은 수면 위에 운행하시니라.

하나님은 태초에 천지를 창조하셨다. 오늘 말씀은 물질세계를 창조하기 전의 모습이 어떠했는가를 보여준다.

땅이 혼돈했다. 혼돈이란 뒤죽박죽이라는 뜻이다. 무질서이다. 땅이 공허했다. 텅 비었다는 뜻이다. 아무것도 없는 상태다. 그리고 흑암이 깊음 위에 있었다. 온통 캄캄했다는 뜻이다.

이런 혼돈과 공허와 흑암의 상태를 바꾼 것이 창조다. 즉 혼돈 세상을 질서의 세계로, 텅 빈 공간을 충만하게 채우고 캄캄함을 환하게 밝힌 것이다. 이를 6일 동안에 이루었다.

먼저 혼돈의 상태를 질서의 세계로 만든 것을 생각해 보자.

혼돈과 무질서는 본래 하나님께서 원하시는 것이 아니다. 그래서 질서의 세계를 만들었다. 천체가 움직이는 것을 보라. 궤도를 이탈하지 않고 제 길로만 돈다. 계절과 밤낮이 일정하게 바뀐다.

알고 보면 세상의 만사가 질서정연하다. 그런데 사람들이 무질서를 조장한다. 법질서, 도덕질서, 위계질서, 상질서, 교통질서 등 모든 것이 무질서하다. 이런 무질서를 버리고 질서를 잡아야 한다.

공허의 상태를 충만의 세계로 만든 것을 생각해 보자.

공허의 상태는 하나님이 원하시는 것이 아니다. 그래서 충만한 세계를 만들었다.

공중에는 해와 달과 별들을 만들고 땅위에 동식물들이 나게 하시고 바다에는 물고기가 살게 했으며, 산과 바다와 평지와 강이 조화를 이루며 꽉 차 있다. 이를 파괴하거나 훼손하지 말아야 한다.

캄캄한 상태를 밝은 세계로 만든 것을 생각해 보자.

하나님은 어둠의 세계를 원치 않았다. 그래서 첫째 날에 빛을 만들고 넷째 날엔 해와 달과 별들을 만들었다. 그리고 영적으로 예수님을 빛으로 보내시고 우리를 빛의 자녀라 하였으며 세상의 빛이라 했다.

빛은 생명이요, 생명을 주는 것이다. 결국 하나님은 세상을 질서와 충만과 밝은 세계로 만들었다. 이를 통해서 우리는 하나님의 뜻을 알고 질서의 세계, 말씀과 성령으로 충만한 세상, 맑고 밝은 세상을 가꾸어 나가야 할 것이다.

8월 31일

# 제자리

대하 26:18

웃시야 왕 곁에 서서 그에게 이르되 웃시야여, 여호와께 분향하는 일은 왕이 할 바가 아니요, 오직 분향하기 위하여 구별함을 받은 아론의 자손 제사장들이 할 바니 성소에서 나가소서. 왕이 범죄하였으니 하나님 여호와에게서 영광을 얻지 못하리이다.

모든 것은 제자리에 있을 때 가장 아름답다.

우리나라는 예부터 산천이 수려하다 하여 금수강산이라 하였거니와 요즈음도 여행을 하면서 창밖에 펼쳐지는 강산을 바라보면 볼수록 아름답다.

나지막한 언덕은 운치가 있어 좋고 하늘을 찌를 듯이 높이 솟은 산은 기상이 있어 좋다. 깎아 세운 듯한 절벽, 계곡과 수풀과 바위와 나무들, 어쩌면 그렇게 산은 산대로 적당한 자리에 놓여 있고 강은 강대로 적당한 자리에서 흘러가고 있는가.

지혜로우신 하나님께서 천지를 만드실 때 그것들이 있어야 할 제자리에 배치해 놓았기 때문일 것이다.

오늘날 우리 주변에서 아름답지 못한 사람들의 모습을 종종 찾아볼 수 있다. 그 원인 중의 하나는 제자리를 이탈한 까닭이다.

학생은 학교나 도서관에 앉아 있을 때 가장 아름답다. 그러나 골목길을 배회하거나 유흥업소 주변을 맴돌 때는 어떤가.

군인은 자기 위치에서 국방을 위하여 경계를 서고 있을 때가 아름답다. 그러나 총을 들고 부대를 이탈했을 때 그 모습은 추하다 못해 무섭고 두려운 존재가 된다. 주방에서 음식을 만드는 어머니의 진지한 모습이 아름답고 아침에 힘차게 출근하는 아버지의 모습이 자랑스럽다.

두 손 모으고 기도하는 성도의 모습은 아름답다. 그러나 주일에 예배 처소를 떠나 있는 성도는 아무리 잘 꾸몄어도 추하다.

사람은 누구나 자기 위치가 있다. 가정에서도, 교회에서도, 회사에서도 직분과 소임이 있다. 그 자리에서 자기에게 주어진 일에 최선을 다하는 모습이 아름답다.

분열왕국 남유다의 열 번째 왕 웃시야는 16세에 왕위에 올라 나라를 잘 다스렸다. 탁월한 지도력으로 정치, 경제, 군사적으로 나라를 부강하고 안정되게 이끌었다. 그는 선지자 스가랴의 지도를 잘 받아들였는데 성경은 그가 "기이한 도우심을 얻어 강성하여졌다."고 했다.(대하 26:15)

그런데 그가 강성하여지자 마음이 교만해져 성전에 들어가 향단에 분향하려고 했다. 왕이라고 무슨 일이나 하는 것이 아니다. 제사장 아사랴가 말리자 뿌리치고 분향을 진행하려다가 그만 하나님이 치시니 나병이 들고 말았다. 제자리를 이탈한 범죄에 대한 하나님의 심판이었다.

우리는 지금 어디에 서 있으며 무엇을 하고 있는가. 거기가 제자리인가.(대하 26장)

9월의 詩

# 9월엔

9월엔 귀를 열자
귀를 열고 여무는 소리를 듣자
지난날 따가운 태양 아래서
불태웠던 열정이
이렇게 조금씩, 조금씩 모아져
맺히는 결실의 소리를

9월엔 눈을 뜨자
눈을 뜨고 자신을 보자
지난날 거친 폭풍 속에서
견디었던 수고가
이렇게 조금씩, 조금씩 그려져
완성된 내면을

9월엔 입을 열자
입을 열어 찬양하자
지난날 사나운 폭우 아래서
낙심치 아니한 소망을
이렇게 조금씩, 조금씩 쌓게 하신
그분의 위대하심을

9월엔 마음을 열자
마음을 열어 사랑하자
지난날 암담한 먹구름 속에서
미움을 새기지 않고
이렇게 조금씩, 조금씩 모아진
간절한 사랑으로 이웃을

POEM

September

# 네가 범사에 잘되고 강건하기를!

요한 3서 1:2

사랑하는 자여, 네 영혼이 잘됨같이 네가 범사에 잘되고 강건하기를 내가 간구하노라.

더위가 아직은 기승을 부리지만 서서히 물러갈 것이다.

가을을 맞기 위하여 곡식과 열매가 서서히 익어가고 있다. 풍요의 계절을 구가하는 추석 명절이 들어 있는 9월이 왔다.

우리는 다가온 수확의 계절에 무엇을 얼마나 거둘까. 심지 않으면 거둘 것이 없다.

그러나 지난 봄에 씨앗을 뿌렸고 여름내 땀을 흘렸다면 충분한 결실을 기대해도 될 것이다. 열심히 일한 사람에게 풍요를 대가로 주시는 하나님께 영광과 감사를 드리자.

오늘 말씀은 사도 요한의 세 번째 회람서신 중 인사의 말씀이다.

사도는 이 편지를 받는 사람들의 영혼의 잘됨과 범사의 형통과 육신의 건강을 기원하고 있다.

사도는 이 서신을 받는 무리가 이미 영혼은 건강하다는 것을 믿고 있다. 당시에 예수 그리스도를 믿는 사람들이라면 그들은 이미 믿음의 복을 받은 사람들이다.

사도가 그들을 위하여 소원하는 것은 이처럼 영혼이 잘됨같이 다른 부분도 잘되는 것이었다. 그것이 범사가 잘되는 것이고 강건한 것이다.

범사란 무엇인가. 모든 일이다.

예수를 믿어 영혼이 잘되어 있는 모든 성도의 가정, 직장, 사업 등 경영하는 모든 일이다. 그 일들이 순리대로 잘 풀리고 형통하기를 바란 것이다.

그리고 건강이다. 건강은 누구나 행복한 삶과 사명을 감당하기 위하여 필요한 축복이다.

이 글을 읽으시는 모든 분에게도 이러한 복이 임하기를 간절히 바란다.

하나님과 바른 관계로 영혼이 잘되고 하나님의 도우심으로 범사가 형통하고 건강한 성도가 되자.

# 모세의 온유함

민 12:3

이 사람 모세는 온유함이 지면의 모든 사람보다 더하더라.

모세의 형제, 자매인 미리암과 아론은 모세가 구스 여자를 취하였다고 그를 비방했다. 그뿐 아니라 여호와께서 모세와만 말씀하셨느냐, 우리와도 말씀하지 아니하셨느냐 하며 모세에게 집중되는 지도력에 반기를 드는 행동도 했다. 이런 비방과 도전에 대해 모세는 언급을 자제했다.

이런 상황에서 하나님은 모세를 옹호해 주셨다. 그것이 "이 사람 모세는 온유함이 지면의 모든 사람보다 더하다."라는 오늘의 말씀이다. 모세의 온유함을 하나님이 인정해 주신 것이다.

지도자는 온유하고 겸손해야 한다. 그런 사람이 백성들을 이끌고 지도해 나갈 수 있다.

예수님을 보자. 주님은 말씀하시기를 "나는 온유하고 겸손하다."고 했다. 그 겸손과 온유가 많은 사람들을 설득할 수 있는 힘으로 작용했다. 온유는 부드러움이다. 강한 것은 강한 것으로 이기는 것이 아니다. 부드러움으로 녹이는 것이다.

모세는 처음부터 온유했는가? 그렇지 않았다. 그는 충동적이었다. 그는 애굽의 공주의 아들이 되어 궁중에서 자랐고 애굽의 학문과 무술까지 익혔다. 그러나 그는 자신이 비록 애굽의 궁중에서 살고는 있지만 히브리인이라는 사실을 알고 있었다. 친어머니이면서 유모 역할을 했던 요게벳으로부터 알았을 것이다.

모세는 어느 날 히브리인들이 고역을 하는 노동 현장에 나갔다가 한 히브리인에게 폭력을 가하는 애굽 관리를 쳐 죽였다. 의협심이었을 것이다. 그러나 그것은 충동으로 보아야 한다. 충동은 절제되거나 통제되지 못하면 폭력이 된다. 다음날이 살인 사건이 발각되자 모세는 미디안으로 도피를 해야 했고 거기서 제사장 이드로의 사위가 되어 40년 동안 양을 쳤다. 얼마나 지루했을까. 그러나 그는 그 40년 동안 인생 공부를 했다. 그동안 그의 성품이 온유와 겸손으로 바뀐 것이다.

하나님께서 그를 불러 애굽의 바로에게 가서 이스라엘 민족을 구원해 내라고 했을 때, 그의 지난날의 기상은 어디로 갔는가. 그는 "보낼 만한 사람을 보내소서." 하고 답했다. 자신은 자격자가 아니란 것이다. 이제 그는 자신의 무능과 부족을 알게 된 것이다. 그러나 하나님은 자신이 적격자가 아니라고 생각하는 그것을 자격으로 보았다.

그렇다. 그는 목동생활 40년에 이스라엘을 구출하는 지도자의 성품을 갖추게 된 것이다. 하나님께서 인정하는 지도자는 폭력을 절제할 수 있어야 한다. 충동이 통제될 때 온유하고 겸손한 지도자가 될 수 있다.

# 약한 데서 온전하여지는 하나님의 능력

고후 12:9

나에게 이르시기를 내 은혜가 네게 족하도다. 이는 내 능력이 약한 데서 온전하여짐이라 하신지라. 그러므로 도리어 크게 기뻐함으로 나의 여러 약한 것들에 대하여 자랑하리니 이는 그리스도의 능력이 내게 머물게 하려 함이라.

바울 사도에게는 치료되지 않은 육체의 가시가 있었다. 그것은 사탄의 사자였다. 이는 하나님께서 바울이 여러 계시를 받은 것이 지극히 큼으로 자만하지 않게 하시려고 주신 것이었다. 그러므로 그 가시는 바울이 행여 교만하려 하면 여지없이 괴롭혔을 것이다. 바울은 그 고통이 너무 커서 하나님께 세 번이나 간구했다. 물론 자신을 괴롭히는 가시를 제거해 달라는 것이었다.

그러나 하나님의 응답은 바울의 뜻과는 전혀 다르게 나왔다. 내 은혜가 네게 족하다는 것이었다. 하나님은 바울에게서 가시를 제거해 주는 것이 아니라 내 은혜가 그대로 괜찮으니 그냥 그 가시를 가지고 살라는 것이다. 그러면서 하나님 당신의 능력은 약한 데서 오히려 온전하여진다는 것이었다.

여러분은 이런 응답을 받으면 어떤 기분이겠는가. 바울은 기뻐했다. 그리고 자신의 약한 것을 자랑했다. 왜 그랬는가. 그리스도의 능력이 자신에게 머물게 하기 위함이었다. 그가 하나님으로부터 응답을 받고 얻은 결론은 자신이 약할 그때에 강해진다는 사실이었다.

왜 약할 그때가 강할까? 자신이 강하다고 느낄 때는 누구나 하나님을 의지하려 들지 않는다. 자신이 모든 문제를 다 해결할 수 있으리라고 자신을 믿기 때문이다. 그러면 하나님이 역사하지 않으신다. 자기가 다할 수 있다는데, 그래서 하나님의 도움이 필요 없다는데 하나님이 관여할 필요가 없지 않은가. 그래서 자기가 강한 그때가 가장 약한 때가 될 수밖에 없다.

그러나 자신이 무능하고 약해서 아무 일도 할 수 없다고 느껴질 때는 어떻게 하겠는가. 하나님을 의지할 수밖에 없다. 전적으로 무능하면 전적으로 의지하고 맡길 수밖에 없다. 그러면 하나님은 역사하신다.

결국 내가 강할 때는 하나님의 능력이 나타나지 않고 내가 약할 때에 하나님의 능력이 나타나는 것이다. 바울은 이 사실에 감격했다. 그래서 내가 약한 그때에 강함이라고 고백할 수 있었다.(고후 12:10)

내가 모든 것을 다할 수 있다고 당신은 지금 생각하고 있는가. 내가 강하다고 느껴지는가. 지금 당신은 가장 약한 상태이다. 그러나 내가 약하다고 느끼고 있는가. 그렇다면 낙심하지 말고 하나님을 의지하라. 당신은 지금 가장 강한 사람이 되어 있는 것이다.

# 내 영을 만민에게 부어 주리니

오늘 말씀

욜 2:28-29

그 후에 내가 내 영을 만민에게 부어 주리니 너희 자녀들이 장래 일을 말할 것이며 너희 늙은이는 꿈을 꾸며 너희 젊은이는 이상을 볼 것이며 그때에 내가 또 내 영을 남종과 여종에게 부어 줄 것이며.

오늘 말씀은 구약의 요엘 선지자를 통해서 장차 성령을 모든 사람에게 부어 주실 것을 예언한 말씀이다. 베드로 사도는 오순절에 성령의 강림이 곧 요엘 선지자의 예언의 성취임을 말씀했다.(행 2:16-21)

오순절 성령 강림 사건을 성경은 이렇게 기록해 놓고 있다.

"오순절 날이 이미 이르매 그들이 다 같이 한 곳에 모였더니 홀연히 하늘로부터 급하고 강한 바람 같은 소리가 있어 그들이 앉은 온 집에 가득하며 마치 불의 혀처럼 갈라지는 것들이 그들에게 보여 각 사람 위에 하나씩 임하여 있더니 그들이 다 성령의 충만함을 받고 성령이 말하게 하심을 따라 다른 언어들로 말하기를 시작하니라."(행 2:1-4)

이 내용을 요약하면 오순절에 당시 전 세계에서 모인 사람들에게 특이한 현상이 일어났는데 홀연히 하늘로부터 급하고 강한 바람소리가 있었다.

그리고 불의 혀처럼 갈라지는 것이 보였다. 이때 그들은 각 사람이 성령의 충만함을 받고 성령의 말하게 하심을 따라 방언으로 말했다는 것이다.

이 성령의 강림 사건은 (1) 초대교회의 태동을 가져왔다. (2) 지금까지는 성령이 임하여서 어떤 목적을 이루면 떠났지만 이제부터는 성령 받은 사람의 심령 속에 내주하게 되었다. (3) 성령 충만함으로 기쁨이 있었고 비겁했던 제자들이 담대함을 갖게 되었다. (4) 그들은 예수 그리스도의 수난과 부활을 전했다. (5) 성령의 지시에 순종하여 예루살렘을 벗어나 유대와 사마리아와 땅 끝까지 복음을 전파하였다. 순교를 각오하고 박해를 견디면서 세계를 향하여 복음을 전했다. 그들은 영혼 구원의 복음과 함께 그리스도의 사랑을 실천하였다.

오직 성령의 능력으로 모든 것이 가능했다.

그 역사는 지금도 진행 중이고 앞으로 주님이 다시 오실 때까지 계속될 것이다. 사모하는 영혼에게 성령은 오셔서 역사하신다.

성령의 충만함을 받자. 그가 모든 것을 하실 것이며 우리는 감사하며 그의 도구로 사용될 것이다.

# 인애를 원하고 제사를 원치 않는다

오늘 말씀

호 6:6

나는 인애를 원하고 제사를 원하지 아니하며 번제보다 하나님을 아는 것을 원하노라.

하나님은 형식적인 제사에 참여하는 것보다 진실한 사랑을 원하신다. 요즈음 말로 하면 형식적으로 예배만 참석할 뿐 주님의 가르침인 사랑을 실천하지 않는 것을 기뻐하지 않는다는 것이다.

사실 우리 하나님은 제사도 원하고 인애도 원하신다. 그러나 사랑의 실천 없는 제사, 사랑 없는 행동은 위선이 되는 것이다. 그런 위선적인 행동이나 제사를 하나님은 원치 않는 것이다.

그런데 이 말씀이 특이한 것은 예수님께서도 이 말씀을 두 번이나 인용했다는 사실이다.(마 9:13, 12:7) 예수님 당시에도 이런 위선적인 행동이 있었음을 알게 한다. 하기야 오늘날은 신앙의 타락이 더 많이 느껴지고 있지 않은가.

또 하나 이 말씀의 구조를 통해서 깨달을 수 있는 것도 있다. 즉 이 말씀은 같은 뜻을 가진 두 개의 대구절로 구성되어 있다는 것이다. 설명하면 제사와 번제는 같은 의미이고 인애와 하나님을 아는 것도 같은 뜻이다. 결국 같은 의미를 두 번 반복해서 강조하고 있는 것이다.

번제는 헌신을 다짐하는 제사로 제사의 한 종류다. 결국 번제나 제사는 같은 의미다. 또한 인애는 폭 넓게 쓰이는 사랑을 의미하는 말이다. 하나님 사랑도 이웃 사랑도 다 인애 안에 포함된다. 그리고 하나님을 안다는 말도 단순히 피상적으로 안다는 것이 아니라 중심을 안다는 뜻이다. 결혼하여 상대방을 속속들이 아는 것과 같은 말이다.

결국 이 말씀은 사랑의 실천이 없는 예배는 무의미하다는 것이다. 그러므로 위선적이고 형식적인 예배를 드리지 말고 영과 진리의 예배, 생활 속에서 드려지는 산제사를 드려야 한다는 의미가 된다.

예배에 참석하면 신앙생활을 잘하는 것으로 착각하지 말자. 물론 예배에 참여해야 한다. 그러나 주님이 원하시는 사랑을 실천하는 삶을 드리는 신앙이 되어야 할 것이다. 주님은 제단에 예물을 드리려다가 형제에게 원망 들을 만한 일이 있는 것이 생각나면 예물을 제단 앞에 두고 먼저 가서 형제와 화목하고 그 후에 와서 예물을 드리라고 하셨다.(마 5:23-24)

하나님을 섬기되 바르게 섬겨야 한다. 사랑의 실천 없는 섬김은 의미가 없다.

9월 6일

# 죄인을 부르러 왔노라

막 2:17

예수께서 들으시고 그들에게 이르시되 건강한 자에게는 의사가 쓸 데 없고 병든 자에게라야 쓸 데 있느니라. 나는 의인을 부르러 온 것이 아니요, 죄인을 부르러 왔노라.

어느 날, 예수님은 세관에 앉아 있는 마태(레위)를 보고 "나를 따르라."고 하셨다.

당시 세리는 사람들로부터 죄인 취급을 받아야 했고 천대를 받았다. 사람들은 그들과 식사도 같이 하지 않았다.

그도 그럴 것이 그들이 하는 일이 동족으로부터 세금을 거두어 로마제국에 바치는 일이었기 때문이었다. 그래서 창기와 같이 취급하였다.

마태는 주님을 자기 집으로 초대하고 다른 세리들과 함께 식사를 했다. 물론 주님과 제자들도 함께했다. 이를 보고 바리새인들이 주님의 제자들에게 말했다. 너희 선생은 어찌하여 세리들과 함께 식사를 하느냐고. 그들은 예수님의 행위가 당시의 통념으로 못마땅했던 것이다.

이 말을 들은 예수께서 하신 말씀이 오늘 말씀이다.

"건강한 자에게는 의사가 쓸데없고 병든 자에게라야 쓸 데 있느니라. 나는 의인을 부르러 온 것이 아니요, 죄인을 부르러 왔노라."

이처럼 당신 자신의 사명을 명료하게 밝히기도 쉽지 않다. 병이 있으니까 의사가 필요하다. 병이 없다면 의사가 필요 없다. 마찬가지로 죄인이 없고 모두가 의인이라면 예수님이 이 땅에 오실 필요가 없다.

주님은 죄인을 위해서 오셨다. 죄인을 구원하기 위하여 오셨다. 그것도 당신 자신을 죄인들의 죗값으로 내놓기 위해서 오셨다. 그렇기 때문에 예수님은 위대하시다.

예수님은 이 병든 세상에 치료자로 오셨고 의인 하나 없는 세상에서 죄에 사로잡혀 있는 사람들을 해방시키시고 참 자유를 주시기 위해서 오셨다. 그 은혜로 우리 모두는 지금 구원을 얻었다.

그러나 지금도 구원을 얻지 못한 사람이 많다. 그들을 위하여 주님은 하늘 보좌 우편에서 기도하고 계신다. 주님의 그 사명을 위하여 우리들도 지금 쓰임 받고 있다.

제자들은 선생님의 사상을 본받고 따라야 한다. 우리는 위대한 예수 그리스도의 제자다.

# 오직 주만 바라보나이다

대하 20:12

**우리 하나님이여, 그들을 징벌하지 아니하시나이까 . 우리를 치러 오는 이 큰 무리를 우리가 대적할 능력이 없고 어떻게 할 줄도 알지 못하옵고 오직 주만 바라보나이다 하고.**

여호사밧은 분열왕국 남유다의 제4대 왕이다.

당시에 암몬과 모압과 세일산 사람들이 연합하여 쳐들어왔다. 선대로 올라가면 쳐들어온 족속들이 이스라엘과 다 한 혈통이다. 모압과 암몬은 아브라함의 조카 롯의 후손이고 세일산 사람들은 에서의 후손이다. 그럼에도 신앙과 민족이 다르니 적대국가가 되어 싸우려 든다. 이 위기에서 여호사밧 왕은 하나님께 기도했다.

오늘 말씀은 그 기도의 내용이다. 우리를 치러 오는 큰 무리를 우리가 대적할 능력이 없고 어떻게 할 줄도 몰라 오직 주님만 바라본다는 것이다.

우리도 살다 보면 이런 황당한 경우를 만날 수 있다. 내 능력의 한계를 벗어나는 일들. 대적이 공격해 오는데 대적할 힘이 없고 어떻게 싸워야 하는가, 대책도 없다. 그럴 때 여호사밧 왕은 하나님께 기도하면서 하나님만 바라본다고 했다.

하나님만 바라본다는 뜻은 무엇인가. 그는 자신의 힘으로 이길 수 없음을 안다. 하나님께 맡기고 의지할 수밖에 없다. 그런 의미와 신뢰를 내비친 것이다.

하나님은 그의 기도에 대한 응답으로 선지자 야하시엘에게 두려워하거나 놀라지 말고 담대히 싸움터로 나아가라고 했다. 하나님이 싸워주실 것이라고 했다.

이에 여호사밧은 백성들에게 "너희는 너희 하나님 여호와를 신뢰하라. 그리하면 견고히 서리라. 그의 선지자들을 신뢰하라. 그리하면 형통하리라."고 외쳤다.(대하 20:30) 그리고 노래하는 자들을 택하여 거룩한 예복을 입히고 군대 앞에서 행진하며 여호와를 찬송케 했다.

그들은 "여호와께 감사하세, 그의 인자하심이 영원하도다." 하며 나아갔는데 놀라운 일이 일어났다. 연합하여 쳐들어온 나라에 자중지란이 일어난 것이다. 모압과 암몬이 연합하여 세일 산 사람들을 멸하고 그 뒤에 모압과 암몬이 싸워 멸망을 당하였다.

여호사밧 왕은 싸워보지도 않고 승리했다. 그들이 한 것은 무엇인가. 하나님만 바라보는 믿음, 선지자의 말을 믿고 적군을 향하여 담대히 나아간 것, 노래하는 사람을 앞에 세우고 노래한 것뿐이다. 그 모든 일을 믿음으로 했다. 그 믿음을 보시고 하나님이 승리케 하셨다. 하나님만 바라보는 사람이 승리한다.

9월 8일

# 부름의 상을 위하여 달려가노라

빌 3:13-14

형제들아, 나는 아직 내가 잡은 줄로 여기지 아니하고 오직 한 일 즉 뒤에 있는 것은 잊어버리고 앞에 있는 것을 잡으려고 푯대를 향하여 그리스도 예수 안에서 하나님이 위에서 부르신 부름의 상을 위하여 달려가노라.

복음사역에 뛰어든 바울 사도는 진정 열심 있는 사역자였다.

오늘 말씀에는 그가 열심히 사역을 감당하는 것을 달려간다는 말로 표현하고 있다.

그는 영적으로 잠자지 않았고 한가하게 걸어가지 않았다. 운동선수처럼 달렸다.

그 열심을 여기서 분석해 보자.

먼저 그는 자만하지 않았다.

그것을 그는 이미 얻었다 함도, 온전히 이루었다 함도 아니라고 했다.(12절) 나는 아직 내가 잡은 줄로 여기지 않았다고 했다.(13상)

그렇다. 다 "이루었다"라든지 "잡았다"라는 말은 진실로 하고자 한 일을 다 이룬 다음에 해야 한다.

예수님은 십자가에 달려서 죽음을 앞두고 "다 이루었다."고 했지 않은가. 그래서 예수님은 위대한 분이다.

다음으로 그는 한 일, 그러니까 뒤에 있는 것은 잊어버린다고 했다.(13하)

과거는 잘한 일이든 못한 일이든 흘러간 것이다. 달리는 인생이라면 거기에 연연할 수 없다.

마지막으로 그는 앞에 있는 것을 잡으려 한다고 했다. 거기에는 목표인 푯대가 있다. 거기에는 그리스도 예수 안에서 하나님이 위에서 부르는 상이 있다.

그러면 현재는 어떻게 하고 있는가. 그는 열심히 달린다고 했다.

그렇다. 하늘의 소망이 있고 푯대가 있는 사람은 그 미래의 영광을 바라보는 것이다. 과거는 잊어버리고 현재에 충실하는 것이다. 열심히 노력하며 달리는 것이다. 이런 사람에게 하늘의 상급이 있다.

바울 사도처럼 달리자. 달리는 인생을 살자.

9월 9일

# 자신을 하나님 앞에 드리기를 힘쓰라

딤후 2:15

**너는 진리의 말씀을 옳게 분별하며 부끄러울 것이 없는 일꾼으로 인정된 자로 자신을 하나님 앞에 드리기를 힘쓰라.**

흔히 기도는 하나님께 구하여 얻는 것으로 알고 있다.

성경은 믿음으로 구하면 무엇이든지 얻을 수 있다고 강조한다. 그래서 어려운 문제가 생기면 기도한다. 그 내용이 주십시오, 고쳐주세요, 잘살게 해 달라는 주문이다. 그래서 하나님 앞에만 서면 거지가 된다. 어떤 면에서는 그것도 옳다. 꼭 필요한 것을 거지처럼 간절히 구해야 한다.

그러나 잘 생각해 보자. 앞으로 구해서 받을 것이 많은가, 아니면 이미 얻은 것이 많은가.

회개하고 예수를 구주로 영접했다면 구원을 받았다. 생명을 얻었다. 생명보다 귀한 것이 있는가. 우리는 예수 믿어서 천하보다 귀한 생명을 얻었다. 그런 사람들에게 성경은 먹을 것과 입을 것이 있으면 족하게 여기라고 한다.(딤전 6:8) 이미 생명을 받았으니 말이다.

오늘 말씀은 자신을 하나님께 드리기를 힘쓰라고 하신다. 구하기를 힘쓰라고 하시지 않았다. 이미 생명의 구원을 얻은 사람은 하나님께 드릴 줄을 알아야 한다.

무엇을 드리라고 하시는가. 자신이다. 자기 자신이 무엇을 말하는가. 우리는 영혼과 육신으로 구성되어 있다. 그리고 나를 둘러싸서 활용할 수 있는 것이 있다. 예를 들면 재능, 시간, 재물, 기술, 힘 등 많다. 내 몸과 영혼과 정신 그리고 그 많은 것들이 나 자신이다.

알고 보면 이 모든 것이 하나님으로부터 우리가 받은 것이다. 그것들을 하나님이 요구하신다면 언제든지 드릴 수 있어야 하고 드리기에 힘쓰라 하신다. 그것이 헌신이고 충성이다. 그것이 구원받은 사람이 하나님께 취할 태도다.

그러나 드리기에 힘쓰는 데도 조건이 있다. 두 가지다.

하나는 하나님께 드리되 진리의 말씀을 옳게 분별한 자신이다. 오염되거나 타락한 것은 안 된다. 우리는 성결해야 하고 진리 안에 있어야 한다. 진리 안에 있어야 진리와 거짓을 분별하고 성결해야 성결과 불결을 구별한다.

또 하나는 부끄러울 것이 없는 일꾼으로 인정된 자신이다. 신앙적으로 또는 도덕적으로 부끄러움이 없는 자신을 드릴 때 하나님은 기쁘게 받으신다.

9월 10일

# 불신자보다 더 악한 자

딤전 5:8

누구든지 자기 친족 특히 자기 가족을 돌보지 아니하면 믿음을 배반한 자요, 불신자보다 더 악한 자니라.

가족이 소중하다는 것을 말하면 뭐 하랴. 그러나 지금은 예전 농경사회 때보다 어림없다. 물론 사회 형편상 변화는 막을 수 없는 것이라 하겠지만 기본 질서와 윤리가 무너지는 것을 보면서안타까움을 금할 수 없다.

핵가족화나 사람의 수명이 늘어나는 현상들 같은 요인으로 부모공경, 형제우애 같은 정신이 많이 퇴색되어 버렸다. 보도에 나오는 가족 간의 볼썽사나운 다툼을 보노라면 참 한심하다. 돈 때문에 형제가 칼부림을 한다든지 살인까지 한다면 인간이기를 포기한 행동이 아닌가. 부모가 남겨준 유산상속 문제로 형제가 법정투쟁을 하는 것을 보면 사람이 할 짓은 아니라는 생각이 들지 않을 수 없다.

그런 행동을 가족의 행복을 위한 불가피한 일로 치부하는 파렴치한들. 과연 행복이 그렇게 해서 이루어질까.

하나님은 세상의 모든 제도보다 가정 제도를 맨 먼저 주시고 그 가정과 가족을 통하여 행복하기를 원하셨다.

그런데 가족을 버리고 가정을 떠나서 행복이 찾아올까? 기본적인 가족윤리조차 지켜지지 않는 곳에 과연 행복이 자리를 잡아줄까. 어림도 없는 수작이다. 하나님의 뜻을 거역하면 절대로 형통할 수 없다.

오늘 말씀은 자기 가족을 돌보지 아니하면 믿음을 배반한 자요, 불신자보다 악한 자라고 했다. 믿음을 배반한 자란 믿음을 떠난 사람이요, 믿음의 행동을 보이지 않는 사람을 가리킨다. 또한 불신자보다 악한 자란 선하고 의로운 체하면서 사실은 믿지 않는 사람보다 더 나쁜 행동을 하는 사람이란 뜻이다. 하나님을 섬기는 사람이라면 모든 면에서 모본이 되어야 하는데 그런 부도덕을 행한다면 차라리 불신자보다 악한 것이다.

가족은 기쁠 때는 그 기쁨을 나누기 위해서도 필요하지만 슬프고 외롭고 아플 때 더 필요한 것이다. 돌보아주어야 할 1차 책임이 가족에게 있다.

어려울 때 가족이 진정한 가족이다. 서로 보살피되 어렸을 적에는 부모가, 부모가 나이 들었을 때는 자녀가 보살피는 것이 정상이다. 가족을 돌보는 일도 하나님의 백성은 모본을 보여야 한다.

# 여호와께서 구하시는 것

오늘 말씀

미 6:8

**사람아, 주께서 선한 것이 무엇임을 네게 보이셨나니 여호와께서 네게 구하시는 것은 오직 정의를 행하며 인자를 사랑하며 겸손하게 네 하나님과 함께 행하는 것이 아니냐.**

사람이 사람에게 선물할 때도 저분이 어떤 것을 좋아하실까 생각을 하게 된다, 하물며 우리가 하나님께 예물을 드리고자 할 때 하나님은 과연 무엇을 좋아하실까 생각해 보는 것도 괜찮을 것 같다.

이스라엘 사람들은 하나님이 기뻐하시는 것이 무엇인가 해서 고민을 했다. 번제물로 1년 된 송아지를 좋아하실까. 천천의 숫양이나 만만의 강물 같은 기름을 좋아하실까. 그런데 하나님께서 구하시는 것은 무엇이라 하셨는가.

하나님은 제사나 예물 자체를 부정하지는 않으신다. 올바른 예배를 기뻐하신다. 그러나 무엇보다도 신앙의 행동을 원하신다. 오늘 말씀에 보면 그것이 정의와 인자와 겸손이라고 하신다.

정의를 행하는 것이란 삶의 올바른 도리를 행하는 것을 말한다. 이는 불의를 미워하신다는 뜻과 같다. 세상에는 때로 불의가 득세하는 때가 있다. 그래서 사람들은 불의에 가담하기도 한다. 악인은 불의를 정의보다 더 좋아한다. 그러나 불의의 승리는 있을 수 없다. 하나님께서 공의의 하나님이시기 때문이다. 불의의 득세는 순간적일 뿐이다. 하나님은 우리가 순간적인 불의를 버리고 초지일관 정의에 입각하여 사는 것을 기뻐하신다. 가난해도, 병들었어도, 어떤 어려움에 처하여 있을지라도 정의를 붙들면 기뻐하시고 승리를 주신다.

두 번째는 인자다. 인자란 폭넓은 사랑을 가리킨다. 그 사랑을 실천하는 사람을 하나님은 사랑하신다는 것이다. 이는 증오하는 사람을 미워하신다는 뜻과 같다. 용서하고, 배려하고, 돕고, 격려하고, 나누는 모든 일들이 사랑의 표현들이다. 이런 사랑을 실천하는 사람을 하나님께서는 기뻐하시고 반드시 승리케 하신다. 미워하고 남을 저주하는 행위를 싫어하신다. 사랑이신 하나님은 사랑을 가지고 오셔서 죄인을 사랑하셨고 회개하는 사람을 용서하셨고 지금도 그 사랑을 여전히 베풀고 계신다.

셋째로 하나님은 우리가 겸손하게 하나님과 함께하는 것을 기뻐하신다. 겸손은 남을 높이고 자신은 낮추는 인격이다. 하나님은 겸손하신 분이다. 그러므로 교만한 자를 멀리하신다. 그렇다. 하나님은 겸손한 사람과 함께하시며 영예를 주신다.

오늘을 살면서 내가 하나님이 구하시는 삶을 사는가 생각해 보자. 정의로우며, 사랑을 실천하며, 겸손히 주님과 동행하자. 그것이 하나님을 기쁘게 해 드리는 승리의 삶이다.

9월 12일

# 어머니의 하나님이 나의 하나님

룻 1:16

룻이 이르되 내가 어머니를 떠나며 어머니를 따르지 말고 돌아가라 강권하지 마옵소서. 어머니께서 가시는 곳에 나도 가고 어머니께서 머무시는 곳에서 나도 머물겠나이다. 어머니의 백성이 나의 백성이 되고 어머니의 하나님이 나의 하나님이 되시리니.

사사시대에 베들레헴에 살던 엘리멜렉이 흉년이 들자 아내 나오미와 두 아들을 데리고 모압 지방에 가서 거류했다. 그러나 엘리멜렉은 부인과 두 아들을 남겨두고 죽었다. 이후 나오미는 두 아들을 그곳 모압 여인들과 결혼을 시켰다. 그러나 불행하게도 두 아들은 후손을 얻지 못하고 죽었다.

졸지에 이 가정은 남자는 다 죽어 세 과부만 남게 되었다. 인간적으로 본다면 소망이 없는 처지가 되었다. 이러한 때에 들려오는 소문은 지난날 이곳으로 오기 전에 살던 베들레헴에 하나님이 양식을 주셨다는 것이었다.

나오미는 남편과 두 아들을 잃은 모압을 떠나기로 했다. 며느리 둘이 따랐다. 나오미가 두 며느리와 걷다 생각하니까 며느리들의 사정이 딱했다. 그들로 하면 남편도 없고 자식도 없는 낯선 땅으로 가서 무슨 영화를 보겠는가.

나오미는 두 며느리에게 권했다. 여기 남아 새 남편 만나서 잘살아라. 이 권유를 듣고 첫째 며느리 오르바는 울면서 시어머니와 이별하고 떠났다. 그러나 둘째인 룻은 한사코 어머니를 따라가겠노라고 했다. 오늘 말씀이 곧 룻이 어머니를 떠나지 않겠다고 다짐하는 내용이다.

룻은 자신이 각오한 대로 시어머니를 따라 베들레헴에 도착했다. 그는 어머니를 따르는 것이 개인적으로 불행일 수 있지만 어머니 백성이 나의 백성이 되고 어머니의 하나님이 나의 하나님이 된다는 굳건한 각오를 가지고 있었다. 그의 축복은 어머니의 하나님을 자기의 하나님으로 받아들인 데 있다.

그는 낯선 어머니의 고향에서 이삭을 주워서 어머니를 봉양하다가 그곳의 유력자이며 친척인 보아스와 계대결혼*을 하게 되었다.

하나님은 룻과 엘리멜렉의 가문을 축복하여 아들을 낳도록 하였다. 룻은 아들을 낳아 시어머니인 나오미에게 안겨드렸다. 그 아들의 이름이 오벳으로, 다윗 왕의 할아버지가 되는 분이다.

룻의 축복은 무엇인가. 그는 모압에 남지 않고 베들레헴으로 시어머니를 따라왔다. 어려운 환경에서 이삭을 주워 시어머니를 봉양했다. 보아스와 계대결혼을 하여 아들을 낳아 시집의 대를 이어주었다.

그러나 가장 큰 축복은 역시 그가 하나님의 백성이 되었고 하나님을 섬기는 사람이 되었다는 데 있다.

*계대결혼-유대 사회에서 자식이 죽어 자손이 없으면 가까운 친척을 통해서 자식을 낳아 대를 잇도록 한 관습.

9월 13일

# 마음의 즐거움은 얼굴을 빛나게 한다

잠 15:13

마음의 즐거움은 얼굴을 빛나게 하여도 마음의 근심은 심령을 상하게 하느니라.

사람이 육신과 영혼으로 구성되어 있다는 것을 모르는 사람은 없다.

육신은 물질적이고 영혼은 정신적이며 영적이다. 이 둘이 연합되었을 때 살아 있는 사람이다. 그리고 육신과 영혼은 서로 영향을 끼친다. 몸이 아프면 영혼도 고통을 당하고 영혼이 즐거우면 몸도 건강하다.

오늘 말씀은 이 사실을 정확하게 알려주고 있다. 마음의 즐거움은 얼굴을 빛나게 한다고 했다. 특별한 지식이 없어도 얼굴의 표정이나 색깔을 보고 심령 상태를 알아낸다. 걱정이 있다든지, 질병을 앓고 있다든지 하는 것을 전문가가 아니라도 알아차린다.

그러므로 육신의 건강을 위해서도 마음이 먼저 평안해야 한다. 좋은 음식을 먹고 좋은 옷을 입으며 얼굴에 화장을 해서 예쁘게 꾸미는 것보다 심령의 평안이 우선이어야 한다.

그 평안은 어디서 오는가. 사람들은 많은 것을 소유함으로 얻어지는 만족감에서 찾으려 한다. 또한 육체적인 즐거움이나 쾌락에서 찾으려 든다.

그러나 우리 주님은 그런 데서 얻는 평안은 순간적임을 말씀하면서 영원한 평안을 당신이 주신다고 하셨다.

"평안을 너희에게 끼치노니 곧 나의 평안을 너희에게 주노라. 내가 너희에게 주는 것은 세상이 주는 것과 같지 아니하니라. 너희는 마음에 근심하지도 말고 두려워하지도 말라."는 것이 주님이 우리에게 주시는 교훈이다.(요 14:27)

마음에 근심하지도 말고 두려움도 없어야 평안이다. 이 평안은 세상에서 얻을 수 없다. 오직 예수 그리스도만이 주실 수 있다. 그분 안에만 구원과 생명이 있기 때문이다.

구원받은 백성들이여! 구원받은 사람은 근심을 주님께 맡긴 사람이다.

생명을 얻은 사람은 두려울 것이 없다. 하나님이 책임져 주시기 때문이다.

마음의 즐거움은 얼굴을 빛나게 한다.

9월 14일

# 경건하게 살고자 하는 자에게

딤후 3:12

무릇 그리스도 예수 안에서 경건하게 살고자 하는 자는 박해를 받으리라.

그리스도 예수 안에서 산다는 것은 특별한 은총을 입은 것이다. 장려하고 기뻐할 일이다. 경건하게 살고자 하면 격려하고 협력해 주어야 한다.

그런데 왜 이 훌륭한 정신을 가지고 옳은 길을 가는 사람에게 박해가 따를까.

첫째는 예수를 싫어하는 사람들 때문이다.

예수가 싫다는 것은 그들이 사탄에 속하고 세상에 속했다는 뜻이다. 예수를 싫어하는 사람이 예수 안에 있는 사람을 좋아할 리 없다.

둘째는 인간의 시기심과 질투심 때문이다.

인간 속에 깊이 뿌리를 내린 죄성은 자기보다 나은 길을 걷는 사람을 질투하고 시기하게 되어 있다. 세상에 그런 사람이 있다는 것을 아는 우리는 더 열심히 주 안에서 경건하게 살아야 한다.

예수님을 적대하는 세력이 예수님을 따르는 사람에게 호의적일 수 없다. 그런 경우 우리가 더욱 감사해야 하는 이유는 그들의 박해로 내가 그리스도 예수 안에 있다는 것을 알려주고 있기 때문이다. 예수님을 십자가에 못 박은 세력이 예수님의 가르침을 추종하는 사람을 좋아할 리 없다.

세상의 위대한 일이 방해 없이 이루어진 게 있는가. 세상의 위대한 인물이 적대자 없이 탄생했는가.

바르게 살면서 비난 받으면 낙심할 것 없다. 그들이 오히려 나를 훈련시키는 세력이요, 나를 경건한 사람으로 만들어주는 악한 세력일 뿐이다. 나무가 크면 바람을 많이 타고 손이 닿지 않는 높은 가지에 열린 열매에 돌을 던진다.

경건하게 살고자 하는데 박해가 오면 당연한 일이라고 생각하며 더욱 그리스도 안에서 경건하려고 애쓰자. 그리스도께서 보호하신다. 그분이 인도하신다.

우리는 이미 예수 안에서 승리한 사람이다. 모든 사람에게서 인정받으려 말고 예수 그리스도 우리 주님으로부터 인정받는 것으로 만족하자.

9월 15일

# 직분 맡기심에 감사

딤전 1:12

나를 능하게 하신 그리스도 예수 우리 주께 내가 감사함은 나를 충성되이 여겨 내게 직분을 맡기심이니.

모든 직분은 봉사직이다. 나라의 공무원도, 교회의 집사직도 모두 헌신과 봉사하는 마음으로 감당해야 한다.

그 일을 섬기면서 즐겁다면 그는 행복한 사람이다. 어떤 직책을 맡으면 권위부터 내세우며 지배하려 든다면 그는 처음부터 자격이 없는 사람이다. 우리는 어디에서 어떤 직분을 받든지 감사하며 감당해야 한다.

오늘 말씀은 바울 사도가 직분을 맡고 감사한 내용이다. 두 가지로 말하고 있다.

하나는 예수 그리스도께서 자신을 능하게 하셨다는 것이다. 자신을 능력 있게 만들어서 직분을 맡기셨다는 뜻이다.

그렇다. 하나님은 만들어서 쓰신다. 교육을 통해서, 고난을 통해서 그 일을 받을 만한 자격자로 만들어 간다. 모세를 궁중에서 키우고 미디안에서 목동으로 연단하여 이스라엘의 지도자로 사용하셨다. 다윗을 모진 고난으로 이끌어 훈련시켜서 이스라엘 왕으로 세웠다.

지금 하는 일이 고달픈가. 내가 지금 훈련 중에 있음을 인정하라. 환경이 어려운가. 내가 지금 갈고 닦는 수련의 기간임을 인식하라. 그것을 배우지 못하면 우리는 쓰임 받을 길이 없다.

또 하나 바울이 감사하는 것은 하나님이 자신을 충성되이 여겨 직분을 주셨다는 것이다. 여기서 "여겨주셨다"는 말은 실제로는 그렇지 않은데 그렇게 생각해 주었다는 뜻이다.

바울은 처음에 충성되지 못하였다. 오히려 교회를 박해하는 비방자요, 폭행자였다. 누구보다 열성을 가지고 교회를 박해한, 하나님께 불충한 사람이었다. 그래서 그리스도의 사람들은 그를 악한 자로 인정했다.

그러나 하나님만은 그를 훌륭한 인재임을 인정해 주셨고, 장차 큰일을 감당해야 할 그릇으로 여겨 주셨다. 이 얼마나 감사한 일인가.

우리는 하나님의 여겨주시는 은혜로 구원받았고 주님의 쓰임 받는 종이 되었다. 의롭다고 여겨주셔서 구원받았고 충성되이 여겨주셔서 직분을 맡았다. 그리하여 우리가 상 받고 칭찬받을 수 있는 길을 열어주신 것이다.

여겨주셔서 직분을 감당하는 것이 아니라 실제로 충성함으로 칭찬받는 직분자가 되자. 그것이 보람이고 축복이다.

# 말세에 고통 하는 때

딤후 3:1-2

너는 이것을 알라. 말세에 고통 하는 때가 이르러 사람들이 자기를 사랑하며 돈을 사랑하며 자랑하며 교만하며 비방하며 부모를 거역하며 감사하지 아니하며 거룩하지 아니하며.

세상의 종말의 때가 돌아오면 경건하게 살고자 하는 사람들에게 고통을 주는 일이 많이 일어난다고 성경은 말씀한다.

실로 세상 풍조가 악하게 돌아감으로써 바르고 진실하게 살려는 사람들에게 고통을 주고 있다. 이런 풍조들은 물론 신앙인이 신앙인으로 살아가기가 어려운 현상들이다. 그런 일이 구체적으로 어떤 것들인가.

그 많은 내용 중에 여기서는 잘못된 사랑에 대해서만 언급하려 한다. 사랑은 참으로 최고의 가치가 있는 개념이다. 그러나 사랑이라고 무조건 좋은 것은 아니다. 무질서한 사랑은 사랑이 아니다. 사랑이라는 이름으로 부도덕하여 자신이나 이웃에게 해악을 끼친다면 그것은 사랑이라는 이름을 모독하는 것이다.

말세에 고통 하는 때에 일어나는 사랑엔 어떤 것이 있는가.

첫째, 자기 사랑이다. 자기가 자기 사랑하는 것이 왜 잘못인가. 두 가지로 생각해 보자.

하나는 그 행위가 정말 자기를 사랑하는 것인가를 파악하라. 사랑하는 것 같지만 세월이 지난다든지 곰곰이 생각해 보면 자기를 사랑하는 행위가 아닌 게 많다. 예를 들어 배가 고파서 빵을 훔쳐 먹었다 하자. 내 몸을 사랑해서 훔쳐 먹을 때는 좋았지만 지나고 나면 내가 나를 사랑한 것이 아니지 않는가.

또 하나는 자기를 사랑한다고 하면서 남에게 해를 끼치는 것은 이기주의다. 이 이기주의를 사랑으로 착각하기 때문에 사랑이란 이름이 모독을 당한다.

둘째로 돈을 사랑함이다. 돈을 싫어할 사람은 없다. 그러나 돈을 위하여 사는 사람은 불행한 사람이다. 돈을 잘못된 방법으로 취득하고 잘못된 곳에 쓰는 것은 잘못이다. 돈을 하나님보다 더 사랑한다면 돈이 우상이다.

성경은 돈을 사랑함이 일만 악의 뿌리라고 한다.(딤전 6:10) 돈은 내가 임의로 사용하는 것이지 그것에 내가 지배당하는 것이 되어서는 안 된다. 탐욕이 되면 파멸과 멸망에 빠지게 하는 것이 될 수 있다.(딤전 6:9)

마지막으로 쾌락 사랑이다. 지금은 쾌락 사랑하기를 하나님을 사랑하는 것보다 더하는 세상이 된 것 같다.(딤후 3;4) 쾌락에 생명을 거는 사람이 있다. 오직 말초신경을 자극하고 오직 육신적 쾌락에 침잠되어 살려고 한다. 그런 행위는 결코 자신의 건강이나 경건에 유익이 없다. 사회에 도움을 주지 못한다. 이런 부정하고 무질서하고 부도덕한 행위가 사랑이라는 이름으로 포장되어서야 되겠는가.

9월 17일

# 생명을 살리는 물

겔 47:12

강 좌우 가에는 각종 먹을 과실나무가 자라서 그 잎이 시들지 아니하며 열매가 끊이지 아니하고 달마다 새 열매를 맺으리니 그 물이 성소를 통하여 나옴이라. 그 열매는 먹을 만하고 그 잎사귀는 약 재료가 되리라.

남유다 왕국은 하나님의 뜻과 사랑을 거부하고 타락과 부패에 깊이 빠져 혹독한 시련을 겪어야 했다.

그것이 BC 586년에 예루살렘이 바벨론에 함락된 사건이다. 하나님이 지켜주신다고 믿었던 도성이 무너지고 하나님의 임재 처소인 성전이 유린되었다. 어디서도 소망을 찾을 수 없는 상황에 하나님은 에스겔 선지자를 통하여 소망의 메시지를 보내주셨다.

하나님은 에스겔에게 성전 문지방 밑에서 흘러나오는 물을 보여주셨다.

천 척을 측량하고 에스겔에게 건너게 하여 건너니 물이 발목에 찼다. 다시 천 척을 측량한 뒤 물을 건너니 물이 허리까지 찼고, 또다시 천 척을 측량하고 물을 건너려니 건널 수 없는 강이 되어 있었다.

이 물은 살리는 물이었다. 강 좌우편에 나무가 심히 많았는데 강물이 이르는 곳마다 번성하는 모든 생물이 살고 또 고기가 심히 많고 이 물이 흘러들어가므로 바닷물이 되살아나고 이

강이 이르는 각처에 모든 것이 살았다.

또한 강 좌우 가에는 각종 먹을 과실나무가 자라서 그 잎이 시들지 아니하며 열매가 끊이지 아니했다. 달마다 열리는 새 열매는 먹을 만하고 그 잎사귀는 약 재료가 될 것이라 했다.

에스겔에게 보여준 이 환상은 무엇을 깨우쳐주고 있는가. 낙심할 수밖에 없는 유다 백성들에게 소망을 주고 있다. 성전 문지방 밑에서 흘러나오는 물은 하나님의 생수 같은 은혜를 상징한다.

그렇다. 은혜는 성전에서 나온다. 그 은혜는 흘러가면서 넘쳐난다. 그 은혜가 흘러가는 곳마다 살리는 역사가 일어난다.

강물이 살아나서 고기가 수없이 많고 강 좌우편의 나무는 달마다 열매를 맺는다. 그 열매는 먹을 만하다. 맛이 있다. 그리고 나무 잎사귀는 약 재료가 된다고 했다.

살리는 역사에 치료하는 역사가 있는 하나님의 은혜다. 우리가 장차 가게 될 새 하늘과 새 땅에 이런 역사가 있을 것이다.(계 22:1-2)

# 족하다 하지 아니하는 것

잠 30:15-16

거머리에게는 두 딸이 있어 다오, 다오 하느니라. 족한 줄을 알지 못하여 족하다 하지 아니하는 것 서넛이 있나니 곧 스올과 아이 배지 못하는 태와 물로 채울 수 없는 땅과 족하다 하지 아니하는 불이니라.

만족하고 산다는 것은 큰 축복인데 우리네 사람들은 좀처럼 만족을 못해서 불행하다.

성경은 자주 만족에 대해서 말씀하고 있다. "자족하는 마음이 있으면 경건은 큰 이익이 되느니라."(딤전 6:6)는 말씀은 경건을 위해서 만족이 얼마나 유익한가를 말하고 경제적인 면에서는 "우리가 먹을 것과 입을 것이 있으면 족한 줄로 알 것이니라."(딤전 6:8)는 말씀이 교훈을 준다.

바울 사도는 계시를 받은 것이 크므로 자만하지 않도록 하나님께서 자신의 몸에 가시가 있게 한 것을 제거해 달라고 세 번이나 간구했다. 고통스러웠던 것이다. 그러나 하나님은 내 은혜가 네게 족하다고 하며 가시를 제거해 주지 않았다.(고후 12:9)

바울이 안고 있는 고통조차 족하다고 한다면 우리는 얼마나 많이 만족하며 살아야 할까.

오늘 말씀은 만족을 모르는 거머리를 비롯하여 몇 가지를 들어서 만족해야 할 것을 가르치고 있다.

그 내용을 보면 먼저 거머리의 경우다. "거머리에게는 두 딸이 있어 다오, 다오 한다는 것이다. 나는 어려서 농사짓는 가정에서 자랐기 때문에 거머리에 대한 경험을 가지고 있다. 이 부분의 표현도 재미있게 이해를 한다.

거머리는 무논에서 일할 때 종아리에 몰래 붙어서 피를 빨아가는 미물이다. 나는 거머리가 생물학적으로 어떤 구조인지 모르지만 확실히 욕심이 많고 만족을 모르는 것 같다. 적당히 피를 빨았으면 그만 떨어져 나가면 될 터인데 계속 피를 빨아 몸통이 빵빵해져도 계속 피를 빤다. 그리고 동시에 빤 피를 배설하고 있다. 미물이지만 참 악하고 쓸데없는 욕심쟁이다. 그래서 결국 발견되어 죽임을 당한다. 그 욕심을 두 딸이 친정집에 와서 무엇이라도 가져가려는 욕심으로 다오, 다오 한다고 비유했다. 얼마나 재미있는 표현인가.

그 외에 스올은 계속해서 불신자를 받아들이므로 만족을 모르는 것으로 표현했다. 아이 배지 못한 태가 얼마나 아이를 갖고 싶겠는가. 땅을 물로 다 채울 수 있겠는가. 인화물질이 남아 있는데 불이 스스로 꺼지겠는가. 모두 만족하지 않는 것들이다.

우리는 탐욕에서 벗어나야 만족할 수 있고 성령의 열매인 절제를 실천하여야 자족하는 삶을 살 수 있다.

9월 19일

# 하나님 아버지께 감사하라

골 3:17

또 무엇을 하든지 말에나 일에나 다 주 예수의 이름으로 하고 그를 힘입어 하나님 아버지께 감사하라.

고상한 사람은 말하는 것도 고상하고 행동도 고상하다. 함부로 하지 않기 때문이다.

말을 함부로 하면 거칠 수밖에 없다. 그러므로 고상한 사람은 말부터 하고 생각하는 게 아니다. 생각한 다음에 말한다. 행동한 다음 생각하는 것이 아니라 심사숙고해서 말하고 행동으로 옮긴다.

오늘 말씀은 우리에게 두 가지를 권면한다.

하나는 제발 무엇을 하든지 말에나 일에나 다 주 예수의 이름으로 하라고 한다.

주 예수의 명예를 걸고 말을 하든지 일을 하든지 하라는 것이다. 주 예수의 이름을 걸었는데 함부로 할 수 있는가. 만약 자기 이름으로 하면 자랑이 섞일 것이다.

베드로 사도는 "만일 누가 말하려면 하나님의 말씀을 하는 것같이 하라."고 했다.(벧전 4:11) 하나님의 말씀을 하는 것같이 하는 사람이 말을 함부로 하겠는가. 그는 신중하게 말할 것이다. 어눌할 수는 있어도 거짓되지는 않을 것이다.

또 하나 오늘 말씀은 그 주님을 힘입어 하나님 아버지께 감사하라고 했다.

감사도 자기 자랑으로 하지 말라는 뜻이다. 주님의 은혜를 기억하며 그분의 힘을 의지해서 하나님께 감사하라는 것이다.

감사하자. 범사에 감사하자. 입술의 말과 찬양으로 감사하자. 마음의 정성으로 감사하자. 예물로 행동으로 감사를 표현하며 살자.

생명을 주시고 구원을 주심에 감사하자. 먹고 입고 마시게 하시는 하나님께 감사하자. 나를 보호하시고 인도하실 뿐 아니라 다른 사람과 선한 연결을 해 주시고 도움을 입게 하신 것을 감사하자.

우리는 알지 못하는 사람의 말과 글과 여러 발명품으로 혜택을 받고 있지 않은가.

사랑을 주고받으며 사는 모든 것이 하나님으로부터 왔다. 그러나 무엇보다 하나님의 은혜를 알고 나도 누군가에게 도움을 줄 수 있다는 사실에 감사하자. 그렇게 사는 우리가 행복하다.

9월 20일

# 범사에 감사하라

살전 5:18

범사에 감사하라. 이것이 그리스도 예수 안에서 너희를 향하신 하나님의 뜻이니라.

하나님의 뜻이라면 우리 마음으로 좋든 싫든 행해야 한다. 그런 자세가 하나님의 백성이 가져야 할 도리다.

그런데 우리는 때로 이것이 하나님의 뜻인지 아닌지를 구별하기가 어렵다.

자기 생각에 옳다고 여겨져서 이것이 하나님의 뜻이려니 하고 실행했다가 하나님의 뜻이 아님을 알고 낭패를 당한 때도 있다. 하나님의 뜻이 아닌 줄 알았는데 알고 보니 하나님의 뜻이므로 실수를 하는 경우도 있다.

오늘 말씀은 이것이 예수 그리스도 안에서 우리를 향하신 하나님의 뜻이라고 분명하게 못을 박아놓았다.

범사에 감사하는 것이 그렇다. 그러므로 감사는 언제든지 하며 살아야 한다. 그것도 범사에 감사해야 한다. 범사란 모든 일이란 뜻이다. 우리의 판단에 내게 일어난 일이 유쾌한 일이든 불쾌한 일이든 감사하라는 뜻이다.

우리는 형편이 부유해도 가난해도 감사해야 하고 억울해도 감사하고 손해를 봐도 감사해야 한다. 억울한 일이나 손해를

세상에 독불장군이 없다는 말이 있다. 서로 도와야 성취할 수 있다는 뜻 아닌가. 혼자는 위험할 때도 있고 고독할 때도 있다. 하나가 넘어졌을 때 일으켜줄 사람이 있다는 것은 얼마나 다행인가. 그래서 전쟁을 할 때 같은 이익집단끼리 연합전선을 구축하는 것이다.

우리는 세 겹의 줄이 외줄보다 강하다는 것을 안다. 오늘 말씀은 그 점을 이용하여 같은 목적을 가진 사람들이 연합할 것을 강조하고 있다.

하나보다 둘이 낫고 둘보다 셋이 낫다. 부부가 연합되고 가족이 하나로 뭉치면 누구도 침범할 수가 없다. 성도가 연합하여 뭉치면 사탄의 역사가 틈을 탈 수가 없다. 국민이 연합하여 하나로 싸우면 외적이 침입할 수가 없다. 어떤 모임이든 와해되는 것은 힘과 마음을 모으지 않고 분란이 있기 때문이다.

성도여, 그리스도의 깃발 아래 하나로 모이고 뭉치자. 악한 세력과 싸워 이기기 위하여 마음을 모으고 힘을 모으자. 그리스도의 아름으로 연합하여 우리를 지키며 적진으로 나아가자.

# 그의 뜻대로 구하면 들으신다

요한 1서 5:14

그를 향하여 우리가 가진 바 담대함이 이것이니 그의 뜻대로 무엇을 구하면 들으심이라.

영접하는 자, 곧 그 이름을 믿는 자들에게는 하나님의 자녀가 되는 권세를 주셨다.(요 1:12)

이 권세는 영적 권세다. 예수 그리스도의 은혜로 구원을 받은 우리는 황송하지만 하나님을 아버지라고 부를 수 있다. 이것이 영적 권세다. 자녀는 아버지에게 무엇이든지 구할 수 있는 자격이 있다. 이것이 하나님께 구할 수 있는 여러 영적 권세 중의 하나다.

그러나 주님 앞에 담대히 나아가 구할 수 있지만 구하는 것을 주시는 것은 하나님의 뜻 안에서다. 하나님은 당신의 자녀들이 구하는 것을 반드시 들어주어야 하는 의무가 있는 것은 아니다. 주실 수도 있고 거절할 수도 있는 것이 하나님의 주권이다.

그렇다. 우리는 우리의 아버지 되시는 하나님께 언제 어디서든지 담대히 나아갈 수는 있지만 기도한 모든 것을 얻을 수 있는 것은 아니란 사실을 알아야 한다.

하나님은 우리가 애걸을 해도 주시지 않는 것이 있다. 그리하는 것은 하나님이 무능해서도 아니다. 사랑이 부족해서도 아니다. 하나님의 뜻에 반하는 것은 이루어 주시지 않는다.

모든 것의 모든 것이 되시는 하나님이 없어서 못 주실 분도 아니다. 독생자도 주신 분인데 무엇이 아까워서 안 주시겠는가. 부도덕한 것이나 위험한 것이나 더러운 것은 주시지 않는다. 특별히 자신의 세속적 욕심을 채우려 하는 것은 들어주시지 않는다.

이 사실을 야고보서는 이렇게 말씀했다. "구하여도 받지 못함은 정욕으로 쓰려고 잘못 구하기 때문이다."(약 4:3) 정욕을 위하여 구하는 것은 잘못 구하는 것이다.

우리는 무엇이든지 구하고, 주실 줄로 믿고 구하고, 구한 것은 얻은 줄로 알고 구해야 한다.(요1서 5:15) 그러나 그것이 하나님의 뜻이 아니면 구하는 것 자체를 금해야 한다.

하나님은 선하시니 선한 것을 구해야 한다. 신령하신 하나님은 모든 것을 주실 수 있으시지만 분별해서 주시는 분이시다.

9월 24일

# 네 자식을 징계하라

잠 29:17

네 자식을 징계하라. 그리하면 그가 너를 평안하게 하겠고 또 네 마음에 기쁨을 주리라.

자식을 사랑하지 않는 부모가 있을까. 그러나 사랑하기 때문에 징계할 수도 있어야 한다. 옳지 않은 행동을 보면서 나무라지 않는 부모는 자식을 사랑하지 않는 부모다.

하나님이 사랑이 부족해서 당신의 백성을 징계하는가. 징계는 사람이 사람답도록 만들고자 하는 사랑의 한 방편이다. 그러므로 잠언에는 자녀 징계에 대해서 자주 말씀하신다.

"매를 아끼는 자는 그의 자식을 미워함이라. 자식을 사랑하는 자는 근실히 징계하느니라."(잠 13:24) "아이를 훈계하지 아니하려고 하지 말라. 채찍으로 그를 때릴지라도 그가 죽지 아니하리라. 네가 그를 채찍으로 때리면 그의 영혼을 스올에서 구원하리라."(잠 23:13-14) "채찍과 꾸지람이 지혜를 주거늘 임의로 행하게 내버려둔 자식은 어미를 욕되게 하느니라."(잠 29:15)

한결같이 자식의 잘못을 징계하라고 가르친다. 심지어는 채찍질을 하라고 한다. 채찍질해도 죽지 않는다고 한다.

이런 이론은 오늘날의 자녀 교육에 역행하는 것 같다. 그러나 자녀를 바르게 키우고 사랑으로 키우라는 강력한 메시지다.

미움으로 폭력을 행하면 자식을 죽일 수도 있다. 폭력으로 교육해서는 안 된다. 사랑의 채찍과 폭력은 엄격히 구별해야 한다.

어려서 잘못을 알고 고치면 그는 장성해서 부모에게 효도한다. 그러나 사랑하기 때문에 잘못도 내버려둔다면 그는 장성해서 부모를 욕먹일 수 있다.

오늘의 말씀은 자식을 징계하면 그가 너를 평안하게 하고 기쁨을 줄 것이라고 했다.

자녀를 사랑하고 반듯하게 키우자. 예절 바르고 질서 있는 사람으로 키우자.

그러자면 징계도 필요하다. 바르게 키워서 세상에 내보내자. 그가 가정에서 부모에게 자랑거리가 될 것이며 세상에서 유능한 인재가 될 것이다.

디모데를 말씀으로 잘 양육한 외조모 로이스와 어머니 유니게를 생각하자.(딤후 1:5) 자랑스런 자식은 저절로 태어나지 않는다.

칭찬을 많이 하라. 징계도 하라. 모두 사랑하는 마음으로 하자.

# 여호와의 손이 짧으냐

민 11:23

여호와께서 모세에게 이르시되 여호와의 손이 짧으냐. 네가 이제 내 말이 네게 응하는 여부를 보리라.

이스라엘 백성들이 고기가 먹고 싶다고 울었다. 애굽에 있을 때 값없이 먹던 생선과 오이와 참외와 부추와 파와 마늘들을 먹던 것이 생각난다고 했다. 보이는 것이 만나 외에는 없다고 했다.

백성들의 이런 모습을 보면서 모세는 하나님께 호소했다.

"어찌하여 주께서 종을 괴롭게 하시나이까. 어찌하여 내게 주의 목전에서 은혜를 입게 아니하시고 이 모든 백성을 내게 맡기사 내가 그 짐을 지게 하시나이까. 이 모든 백성을 내가 배었나이까. 내가 그들을 낳았나이까…. 이 모든 백성에게 줄 고기를 내가 어디서 얻으리이까. 감당할 수 없으니 구하옵나니 내게 은혜를 베푸사 즉시 나를 죽여 내가 고난 당함을 내가 보지 않게 하옵소서."

이런 모세의 하소에 하나님은 고기를 먹게 해주겠노라고 응답하셨다. 그것도 하루 이틀이 아니라 한 달 동안을 먹게 해주겠다고 하셨다. 이 막막한 사막에서 말이다.

모세는 이 많은 백성을 어떻게 먹이시겠느냐고 물었다. 그에 대한 하나님의 답이 오늘 말씀이다. "여호와의 손이 짧으냐?" 하나님의 능력이 제한되느냐는 뜻이다.

그렇다. 하나님께 불가능이 있을 수 없다. 모세는 더 잘 안다. 양식 떨어지니까 하늘에서 만나가 내렸다. 반석을 치니 물이 나왔다. 홍해를 가르신 하나님, 구름기둥, 불기둥으로 인도하시는 하나님, 그 하나님의 능력에 제한이 있겠는가.

사람들은 답답하면 하나님의 능력을 의지하기보다는 자기들을 생각하기 쉽다. 자기들이라면 이 막막한 사막에서 이 많은 군중을 한 달 동안이나 고기를 먹일 수 있겠는가, 그러므로 불가능하다, 이렇게 생각하는 것이다. 하나님을 믿는다 하면서 실제로는 하나님의 능력을 믿는 믿음이 없는 것이다.

지금도 그렇다. 위기를 만나면 걱정부터 한다. 하나님을 의지하지 못한다. 하나님은 그런 사람들을 향하여 "내 손이 짧으냐?" 하고 질문하신다.

하나님은 고기를 먹고 싶다는 백성들을 위하여 메추라기를 몰아오도록 하여 진영 사방으로 각기 하룻길 되는 지면 위 두 규빗쯤에 내리도록 했다.

여호와의 손은 짧지 않다. 우리의 믿음이 길어졌다가 짧아지곤 하는 것이다. 지금도 우리의 믿음이 굳건하다면 여호와의 손은 짧지 않다. 결코 짧지 않다. 하나님께는 불가능이 없다.

9월 26일

# 육체 밖에서 하나님을 보리라

욥 19:25-26

내가 알기에는 나의 대속자가 살아 계시니 마침내 그가 땅 위에 서실 것이라. 내 가죽이 벗김을 당한 뒤에도 내가 육체 밖에서 하나님을 보리라.

욥은 아브라함이 살던 시대의 인물로 알려져 있다.

그는 인간적인 생각으로 보면 억울하게 고난을 받은 사람이다. 하나님을 누구보다 잘 믿었던 사람으로 유복했는데 어느 날 10남매와 전 재산을 잃고 자신은 악창이 들어 고통 속에 빠져야 했다. 그럼에도 하나님을 원망하지 않은 신실한 신앙인이었다.

그런 그에게 오늘 말씀은 위대한 내세관과 부활신앙이 있었다는 것을 보여주고 있다.

욥은 자신의 대속자가 살아계신다고 했다. 이는 부당하게 고통을 당하는 욥을 위하여 명예를 회복시켜 주실 자, 곧 자신의 무죄를 밝혀 주실 분이 있다는 것이다. 그분은 하나님이시다.

그분이 마침내 땅에 서실 것이라 했는데 그 하나님께서 자신의 신실성을 변호해 주실 것이라는 의미다. 그렇다면 욥은 내세의 중보자 및 심판주로서의 하나님을 믿고 있었다는 증거가 된다.

그는 자신의 가죽이 벗김을 당한 뒤에도 육체 밖에서 하나님을 볼 것이라 했다. 이는 현재 육체와 영혼이 결합된 상태에서 죽으면 육신은 썩음을 당하나 그 이후에 신령한 몸을 입고 하나님을 만나게 될 것을 말하고 있는 것이다. 이는 그에게 이미 부활신앙이 있었음을 의미한다.

욥의 신앙은 현세에서의 하나님을 믿는 것에 한한 것이 아니라 장차 내세가 있으며 육신이 죽으면 부활하고 그때 신령한 몸으로 주님과 함께할 것을 믿고 있었던 것이다.

그렇다. 하나님은 영원하신 분이다.

이 땅에 사는 동안 편안하게 사는 것이 우리의 신앙 목표가 되어서는 안 된다. 영원한 세상에서 신령한 몸으로 부활하여 주님과 영원히 사는 세계가 우리에게 있다. 온전한 신앙인은 이 모든 불가사의한 사실을 믿고 있었다. 우리도 믿는다. 우리에게 영생을 주시기 위해서 주님은 오셔서 고난을 받고 죽으셨다가 부활하심으로 우리에게 확실한 증거를 주셨다.

나는 부활이요, 생명이니 나를 믿는 자는 죽어도 살겠고 무릇 살아서 나를 믿는 자는 영원히 죽지 아니하리니 이것을 네가 믿느냐? 지금도 주님은 우리에게 이것을 묻고 계신다.(요 11:25-26)

# 우는 사자같이

벧전 5:8 상

근신하라, 깨어라, 너희 대적 마귀가 우는 사자같이 두루 다니며 삼킬 자를 찾나니 너희는 믿음을 굳건하게 하여 그를 대적하라.

동물의 세계를 보면 강한 짐승이 약한 짐승을 습격하여 잡아먹는다. 자기보다 강한 짐승을 공격하지 않는다. 그러므로 약한 짐승이 잡혀 먹히지 않으려면 매사 조심해야 한다.

이런 사실을 두고 우리를 공격하는 마귀를 생각해 보자. 마귀는 원래 교활하다. 강한 사람에게 대들지 않는다. 약한 자와 자기 자신을 지키려 들지 않고 방심하는 사람만 찾아서 공격한다. 그 공격성을 우는 사자 같다고 오늘 말씀은 묘사하고 있다. 배고픈 사자가 두루 다니며 삼킬 자를 찾는다고 했다.

우리는 그 우는 사자 같은 마귀에게 노출되어 있다. 그러므로 마귀에게 노출되어 있는 우리가 마귀에게 잡히지 않는 방법을 알아야 한다. 그것을 오늘 말씀은 세 가지로 밝히고 있다.

하나는 근신하라는 것이다.

근신이란 행동과 마음가짐을 삼가고 조심하는 것이다. 마귀는 우리의 정신이나 행동이 흐트러진 사람을 찾는다. 단정한 사람에게는 감히 접근을 하지 않는다.

다음으로 깨어 있으라고 했다.

깨어 있으란 말은 육신의 잠을 자지 말라는 것이 아니다. 적당한 육신의 잠은 하나님께서 오히려 권장하신다. 중요한 것은 영적 잠이다. 영적으로 깊이 잠들었다는 것은 세상에서 세상 풍조를 따라가는 것을 말한다.

성경은 이 세대를 본받지 말라고 한다. 이 세대는 언제나 하나님의 뜻을 대적하기 때문이다. 그러므로 영적으로 각성하여 가지 말아야 할 길에서는 벗어나고 걸어가야 할 길은 방해가 있어도 가야 한다. 이 세상은 악하고 음란하다.

마지막으로 이런 인간적인 수단보다 중요한 것은 믿음으로 굳건하게 서는 것이다.

하나님을 의지하고 하나님께 순종하는 믿음으로 무장해야 한다. 마귀를 대적할 수 있는 힘을 가진 분은 하나님밖에 없다. 그러므로 하나님을 의지하고 하나님 편에 서 있으면 어떤 악한 세력도 범접하지 못한다.

한 사람이라도 더 넘어트리려고 마귀가 우는 사자처럼 삼킬 자를 찾는 이 시대에서 우리는 믿음으로 굳게 서서 근신하고 깨어 있는 삶을 살아야 한다. 지금 우리의 신앙 상태를 점검해 보자.

# 안식일을 지키라

사 58:13-14

만일 안식일에 네 발을 금하여 내 성일에 오락을 행하지 아니하고 안식일을 일컬어 즐거운 날이라, 여호와의 성일을 존귀한 날이라 하여 이를 존귀하게 여기고 네 길로 행하지 아니하며 네 오락을 구하지 아니하며 사사로운 말을 하지 아니하면 네가 여호와 안에서 즐거움을 얻을 것이라. 내가 너를 땅의 높은 곳에 올리고 네 조상 야곱의 기업으로 기르리라. 여호와의 입의 말씀이니라.

안식일을 지키라는 명령은 십계명 중 네 번째 계명이다. 이 계명은 태초에 하나님께서 엿새 동안 천지만물을 다 지으시고 이레 째 쉬심을 기념하는 날이다.

그러나 이 쉼이라는 것이 하나님의 쉬심을 가리키는 것이 아니다. 하나님은 피곤하지 않으시다. 그러므로 여기에서의 쉼은 하나님의 천지창조의 마침을 의미하는 것이고 쉼은 인간에게 적용되는 것이다. 엿새 동안 부지런히 일하면 사람은 쉬어야 하기 때문이다.

사람을 만드신 하나님은 사람에 대한 모든 것을 아신다. 엿새 동안 부지런히 일하면 다음날 쉬어야 지속적으로 일할 수 있는 구조를 아시는 것이다.

그러나 인간의 쉼은 노는 것을 의미하지 않는다. 영적인 일도 같이 해야 한다. 그것이 하나님 앞에 나와서 예배드리는 것이다. 이 계명은 주님이 다시 오실 때까지 지켜져야 한다.

그러나 신약시대에 들어와서 이 안식일은 주일 성수로 바뀌게 된다. 예수께서 안식 후 첫날, 그러니까 죽은 지 3일 만에 부활하신 것을 기념하는 것이다.

안식일이나 주일이 지키는 방법은 같지만 의미에 다른 점이 있다. 구약의 안식일은 엿새 동안 일하고 쉬는 개념이라면 신약의 주일은 먼저 쉬고 일하는 개념이다. 안식일이 하나님의 창조사역과 관련이 있다면 주일 성수는 예수님의 부활과 인간의 재창조에 관련이 있다. 그러므로 우리는 우리 앞의 영원한 안식을 바라보며 안식일(주일)을 지켜야 한다.

안식일을 지키는 방법은 먼저 엿새 동안은 열심히 일하는 것이다 그리고 안식일 당일에는 사사로운 개인 일을 피하고 예배와 영적인 일에만 최선을 다해야 한다. 그러면 하나님은 하늘의 신령한 복은 말할 것 없고 이 땅의 삶에도 복을 내리신다.

그것을 오늘 말씀은 주 안에서의 평안과 기쁨, 존귀한 명예, 사업의 형통 등이라고 하신다.

그렇다. 주일 성수는 장차 우리가 들어갈 나라에서 누릴 영원한 안식의 모형이다.

# 내일 일을 자랑하지 말라

오늘 말씀

잠 27:1

너는 내일 일을 자랑하지 말라. 하루 동안에 무슨 일이 일어날는지 네가 알 수 없음이니라.

편의상 우리는 시제를 과거와 현재와 미래로 나눈다.

과거는 지나간 세월이라 돌이킬 수가 없다. 그러나 과거는 우리로 하여금 반성하게 한다.

잘못된 삶과 역사를 제대로 반성한다면 오늘을 사는 우리가 보람이 있는 삶을 사는 데 도움이 되고 또한 미래를 계획하는 데도 도움이 된다.

물론 과거에 내가 어떻게 살았느냐는 많은 부분 오늘에 그 결실을 따게 한다.

미래는 앞으로 닥칠 일이다. 어떻게 될지는 하나님만 아신다. 그러나 이것은 분명하다. 오늘을 어떻게 사느냐가 미래를 결정하는 경우가 많다.

오늘 바른 삶을 살면 그 열매가 미래에 열리고 바르지 않은 삶을 살면 옳지 않은 열매를 거두게 된다. 그래서 현재에 충실하고 보람 있는 삶을 살아야 한다.

그런데 어떤 사람들은 미리 내일 일을 긍정적으로 평가해서 자랑부터 한다. 긍정적인 생각은 좋다.

그러나 그 자랑은 성급하다. 오늘 어떤 일이 일어날지 모르는 상황에서 내일 일을 자랑할 수 있는가.

예전에 우리 속담에 "자식 자랑은 가슴에 몟장 얹어놓고 하라."는 말이 있었다. 산 사람은 함부로 자랑하지 말라는 뜻이었다. 그만큼 이 세상의 내일은 불투명하다.

내일 일을 자랑하기 전에 우리는 오늘을 바르게 살아야 한다. 자랑하려면 주를 믿는 믿음 안에서 하라. 진정으로 우리가 자랑할 것은 예수 그리스도다. 이 자랑은 아무리 많이 한다고 해도 지나치지 않다. 그 분의 헌신과 희생을 얘기하라. 그 사랑이 우리를 구원하셨음을 자랑하고 전파하라.

세상 자랑, 자기 자랑, 내일 자랑 등을 절제하고 주어진 하루하루를 열심히 사는 것을 자랑으로 여기자.

내일 일은 오늘 내가 어떻게 사느냐가 결정해 준다. 나중으로 미루지 말고 지금 주님께 순종하며 충성하자. 그것이 미래와 영원을 위한 확실한 투자다.

# 사랑하면 예쁘다

오늘 말씀

요한 1서 4:7-8

사랑하는 자들아, 우리가 서로 사랑하자. 사랑은 하나님께 속한 것이니 사랑하는 자마다 하나님으로부터 나서 하나님을 알고 사랑하지 아니하는 자는 하나님을 알지 못하나니 이는 하나님은 사랑이심이라.

고슴도치도 제 새끼는 예쁘다는 말이 있다. 객관적으로 보면 예쁘다고 할 수 없는데 자기가 낳은 새끼니까 예쁘게 보인다는 뜻이다. 바꾸어 말하면 사랑하기 때문에 예쁜 것이다. 어머니는 자식이 예쁘기 때문에 사랑하는 것이 아니라 사랑하기 때문에 예쁜 것이다.

어느 날, 새를 사냥하러 엽총을 들고 나가는 사냥꾼에게 어미 새가 간곡히 부탁을 했다. "새를 잡더라도 제발 예쁜 새는 잡지 말고 못생긴 새만 잡으세요." 사냥꾼은 그리하겠다고 굳게 약속을 하고 사냥을 떠났다. 어미 새는 안심이 되었다. 사냥꾼은 신실한 사람이니 약속을 어길 리 없고 자신의 새끼는 다 예쁘니까 하나도 다치지 않을 것으로 믿었다.

그러나 저녁때가 되어 사냥꾼은 돌아오고 그 사냥꾼이 잡아온 새들을 보는 순간 어미 새는 통곡을 하지 않을 수 없었다. 총에 맞아 피를 흘리고 죽은 새들 모두가 귀여운 자기 새끼들이었기 때문이었다. 어미 새의 예쁘다는 판단과 사냥꾼이 판단하는 예쁘다는 개념이 달랐던 것이다.

하나님은 우리가 예쁘기 때문에 사랑하신 것이 아니다. 도덕적으로 착하고 의로워서도 아니고 모든 일에 순종하기 때문에 사랑하신 것도 아니다. 죄인인데 사랑하셨다. 불순종하는데도 사랑하셨다. 우리가 하나님을 사랑하기 전에 먼저 우리를 사랑하셨다. 사랑하니까 우리가 예뻐 보인 것이다.

사랑을 주면 무엇이든 예쁘게 보인다. 자연을 사랑하면 자연이 아름답고 강아지를 사랑하면 강아지가 귀엽고 어린아이를 사랑하면 그 어린아이가 그렇게 예쁠 수가 없다. 그러나 미워해 보자. 누가 아무리 예쁘다 해도 나는 예쁘지 않다.

그러므로 그냥 사랑해야 한다. 그대로를 사랑해야 한다. 잘못된 것을 고쳐서 사랑하려 하지 말고 먼저 사랑부터 해야 한다. 사랑에는 무한한 능력이 있어서 사랑받는 대상을 변화시킨다. 그 증거는 바로 우리들이다. 우리가 주님의 사랑으로 변화된 사람들이지 않은가.

예쁘기 때문에 사랑하는 사람이 있다. 그는 자기만족을 위하여 이기적인 사랑을 하는 것이다 그러나 먼저 사랑하는 사람은 주님의 가르침을 실천하는 사람이다.

먼저 사랑하자. 사랑하는 그 마음이 예쁘기 때문에 우리가 사랑하는 모두가 예뻐진다.

10 월의 詩

# 화가가 되고 싶다

깊어지는 가을날에는 화가가 되고 싶다
화구 짊어지고 들로 나가고 싶다
알알이 익어 머리 숙인 곡식과
붉게 물들어가는 나무 잎새들과
저물어가는 저녁 그림자를
캔버스에 그려 넣고 싶다
여백 속에는 그리움이 숨쉬게 하고
고요를 끌어들이는
물안개도 피어오르게 해야지
나는 그 그림 속으로 스며들어
아직 남아 있는 꿈을 꾸고 싶다
재가 되기 전에
아직 꺼지지 않은 불길로
사랑을 노래해야지
그냥 밤에게 넘겨주기는 너무 아쉬운 시간
나는 그 즈음에 걸터앉아
식어가는 커피의 쓴맛을 음미하면서
천천히, 아주 천천히
다가오는 어둠을 맞아들이고 싶다
수묵화처럼

POEM

October

# 때를 따라 아름답게 하신 하나님

전 3:11

하나님이 모든 것을 지으시되 때를 따라 아름답게 하셨고 또 사람들에게는 영원을 사모하는 마음을 주셨느니라. 그러나 하나님이 하시는 일의 시종을 사람으로 측량할 수 없게 하셨도다.

풍요의 계절이다. 추수의 계절이다. 심고 가꾼 것을 거두어들이는 계절이다.

자연 질서는 정연하다. 심고 가꾼 대로 거두게 하신다. 심지 않으면 거둘 것이 없다. 가꾸지 않으면 부실한 추수를 해야 한다. 우리는 지금 무엇을 심어서 어떻게 거두게 되는지 점검해 보아야 할 것이다.

아름다운 계절이다. 푸른 하늘이 높아만 간다. 유영하듯 하늘을 나는 고추잠자리, 울타리를 타고 벋어나갔던 넝쿨에 달린 탐스러운 호박덩이, 장독대 옆에 닭 벼슬처럼 피어난 맨드라미, 마당 한구석에 멍석을 깔고 말리는 붉은 고추, 생각하면 모두가 눈에 밟히는 정겹고 그리운 풍경이다.

그러나 무엇보다도 온 세상이 울긋불긋 단풍이다. 잎사귀는 먼저 떨어트리고 가지마다 붉게 익은 열매를 달고 있는 감나무의 모습은 흡사 꽃이다. 온 세상이 수채화가 된다.

낙엽 지는 공원에 앉아 있으면 나도 시인이 된다. 시 한 편이라도 읊고 싶다. 좋은 음악을 들으면 차 한 잔이 생각난다. 누구나 가을은 자신의 내면과 세상 이치에 깊숙이 들어가 보는 관조의 계절, 사색의 계절이다. 그리고 일상을 벗어나 어딘가로 떠나고 싶은, 그래서 나그네가 되고 싶어지는 계절이기도 하다. 인생의 한평생을 빗대어 보면 가을은 노년으로 들어가는 초입일 것이다. 비로소 인생이 무엇인가, 어렴풋이나마 깨달아지기 시작하는 시점이 아닐까?

창조주 하나님은 당신이 지으신 모든 것을 때를 따라 아름답게 하신다. 봄에 싹이 나고 움이 튼 나무와 풀이 왕성하게 자라더니 잎을 떨어트리며 갈무리를 하려 한다.

인생도 정리를 해야 한다. 젊은이들이여, 혈기가 왕성할 때 더욱 창조주를 기억하라. 일할 수 있을 때 일하라.

전도서를 쓰신 분은 말씀하신다. "너는 청년의 때에 너의 창조주를 기억하라. 곧 곤고한 날이 이르기 전에, 나는 아무 낙이 없다고 할 해들이 가깝기 전에, 해와 빛과 달과 별들이 어둡기 전에, 비 뒤에 구름이 다시 일어나기 전에 그리하라.(전 12:1-2)

어르신들이여, 영원을 사모하는 사람은 인생이 허무하지 않다. 주님이 걸어가신 길을 따르는 것이다. 우리 모두에게는 그 길만이 소망 아닌가.

주와 함께, 주님이 만들어 주시는 아름다운 환경에서, 주님 한 분으로 만족하며, 주님만 섬기며, 이 계절에도 지침 없이 소망의 걸음을 옮기자.

10월 2일

# 주께서 내 마음에 두신 기쁨

시 4:7

주께서 내 마음에 두신 기쁨은 그들의 곡식과 새 포도주가 풍성할 때보다 더하니이다.

성경은 항상 기뻐하라고 권한다. 어떤 처지나 환경에서도 기뻐할 수 있다면 얼마나 좋을까?

그러나 참 기쁨은 좋은 환경에서만 오는 것이 아니다. 참 자유인은 옥에 갇혀서도 기도하고 찬미할 수 있다. 그런 데서 우리 마음속에 기적이 일어난다. 그것이 평화다.

우리 모두 기쁘게 살자.

그러나 남이 슬퍼하는데 기뻐하지 말자. 남이 괴로워하는데 기뻐하지 말자. 남을 해롭게 하면서 기뻐하지 말자.

기뻐할 일이 아닌데 기뻐하지 말자.

다윗은 그들 곧 곡식과 새 포도주가 풍성해서 기뻐하는 사람들보다 자기의 마음속에 심어준 하나님의 기쁨이 더 크다고 했다. 그는 하나님을 알고, 하나님의 뜻을 알고, 무엇보다 하나님의 구원을 제대로 아는 분이다.

물질의 풍성도 기쁜 일이다. 그러나 그것은 현재적이고 육신적인 것이다. 그것에 매몰되지 않고 하나님이 주신 구원과 생명을 기쁨으로 여기는 그는 과연 축복의 사람이다.

기쁨의 사람이 되자. 구원받고 생명을 얻은 사람은 당연히 기쁨의 사람이 되어야 한다.

사명을 주신 것에 감사하며 기뻐하고 주어진 환경에 감사하며 기뻐하고 나를 통해서 누군가에게 기쁨을 줄 수 있음에 감사하며 기뻐하자.

영혼의 자유에 기뻐하자. 먹고 입고 자는 모든 일에 평안하고 안전한 것에 감사하며 기뻐하자.

다윗은 말한다. "내가 평안히 눕고 자기도 하리니 나를 안전히 살게 하시는 이는 오직 여호와이시니이다."(8절)

결국 그의 기쁨은 주 안에서의 기쁨이고, 그 기쁨을 주시는 하나님을 찬양하는 일이다. 내 기쁨이 하나님께 영광이 되지 않는다면 무슨 의미가 있겠는가.

나를 나 되게 하시는 하나님 안에 있으니 우리는 항상 기뻐해야 한다.

# 주의 말씀은 내 발에 등

시 119:105

주의 말씀은 내 발에 등이요, 내 길에 빛이니이다.

우리가 복된 삶을 살려면 우선 성경이 하나님의 말씀이라는 인식이 분명해야 한다. 그 인식은 곧 하나님이 영원히 살아계시고 그 하나님이 창조주시고 그 하나님이 전능하시며 구원주시고 세상을 섭리하시고 장차 세상을 심판하실 분임을 아는 것이다. 이 사실을 분명히 아는 사람이라면 축복을 받은 사람이다. 그러므로 그는 그 말씀을 믿을 것이다.

성경은 구원을 주시는 말씀이다. 그 말씀은 사람이 하나님의 사람으로 살 수 있도록 인도하는 말씀이다.(딤후 3:15-17)

즉 성경은 1점 1획도 오류가 없는 하나님의 말씀으로, 생명의 구원과 하나님의 백성으로 사는 데 부족함이 없도록 이끄시는 책이다. 그러므로 하나님의 말씀을 따라서 사는 것이 잘사는 것이요, 바르게 사는 것이다.

그렇다. 하나님의 말씀이 우리를 인도한다. 그 말씀대로 사는 것이 축복이다.

시인은 주의 말씀이 내 발에 등이요, 내 길에 빛이라고 고백한다. 안내자 역할, 인도자의 역할을 한다는 뜻이 아닌가. 그 길을 따르면 실족하지 않는다. 길을 잃을 염려가 없다. 그 말씀이 이스라엘 백성을 광야에서 불기둥, 구름기둥으로 인도한 것같이 지금 우리를 인도한다.

세상에는 얼마나 많은 길이 있는가. 그중에는 가지 말아야 할 길이 넓게 펼쳐져 있다. 그 모든 길은 죽음의 곳으로 안내한다.

그러나 말씀은 생명의 길로 인도한다. 그러기에 말씀대로 믿으며 그 말씀 따라서 살아야 한다. 다윗은 그 말씀이 송이꿀보다 달다고 했다.(시 19:10) 그러나 그가 잠시 그 말씀을 떠날 때 시험에 들고 죄에 빠졌다.

그러므로 우리는 우리를 각성케 하시는 말씀에 사로잡혀 살자. 우리의 영혼을 소성케 하는 말씀을 붙들고 살자. 그리하여 그 말씀의 보호와 인도를 받자. 소망의 길은 좁다. 그래도 말씀이 제시하는 길을 걷자.

아브라함도 그 말씀 좇아서 고향을 떠났고 사드락과 메삭과 아벳느고는 금 신상에 절하지 않았다. 그것이 그 당시에는 위험한 일이었지만 말씀이 그들을 보호하고 인도했다.

지금도 그 말씀이 우리를 천국으로 인도하고 있다. 찬송하며 나아가자.

# 생명조차 귀한 것으로 여기지 않는다

행 20:24

내가 달려갈 길과 주 예수께 받은 사명 곧 하나님의 은혜의 복음을 증언하는 일을 마치려 함에는 나의 생명조차 조금도 귀한 것으로 여기지 아니하노라.

3차 전도여행을 마치고 예루살렘으로 귀환하려 하는 바울 사도에게 그를 아끼는 모든 사람들이 위험하므로 가지 말기를 권했다.

그러나 성령에 매여 사는 바울은 예루살렘행을 자기 일신의 안일을 위하여 포기하거나 미룰 수 없었다. 성령께서 앞으로 그에게 결박과 환난이 기다린다고 했어도 가야 할 길을 그는 멈출 수 없었다.

이런 상황에서 그는 위대한 고백을 남겼다. "내가 달려갈 길과 주 예수께 받은 사명 곧 하나님의 은혜의 복음을 증언하는 일을 마치려 함에는 나의 생명조차 조금도 귀한 것으로 여기지 아니하노라."

그는 지금까지 달리는 인생을 살았다. 열심히 살았다. 무엇 때문이었는가? 명예나 돈이나 육신의 쾌락을 위해서가 아니었다. 사명 때문이었다.

그 사명은 주님으로부터 받았고 그 내용은 하나님의 은혜의 복음을 전하는 일이었다. 그 자신도 그 은혜의 복음으로 구원을 받았다. 그는 그 복음이 사람을 살리는 것이란 사실을 깨달았을 때 달릴 수밖에 없었다. 수많은 방해와 박해가 따랐지만 포기할 수가 없었다. 심지어 자기 생명조차 귀한 것으로 여기지 않고 달렸다.

예수님은 한 사람의 생명을 천하보다 귀하다고 하셨다. 생명을 천하와 바꿀 수 없다고 했다.

그런 귀한 생명을 귀한 것으로 여기지 않을 정도의 더 귀한 것이 바울에게는 무엇인가? 바울은 사명이라 했다. 그리고 그 사명이 하나님의 은혜의 복음을 전하는 것이라 했다.

생명이 천하보다 귀하기 때문에 생명을 살려야 한다. 구원받지 않은 생명은 건져내야 귀하다. 그 생명이 귀한 생명이 되게 하기 위하여 자기 생명을 바쳐도 좋다고 하는 정신. 그 정신이 예수 그리스도의 정신이다. 예수님도 생명을 살리기 위하여 자신을 버렸지 않은가.

우리는 생명 살리는 일에 소홀히 할 수 없다. 우리는 어떤 사명이 있는가. 그 사명이 생명보다 귀하다면 생명을 바쳐야 한다. 생명보다 귀한 사명은 은혜의 복음을 전하는 일이다.

# 사방으로 욱여쌈을 당하여도

고후 4:8-9

우리가 사방으로 욱여쌈을 당하여도 싸이지 아니하며 답답한 일을 당하여도 낙심하지 아니하며 박해를 받아도 버린 바 되지 아니하며 거꾸러뜨림을 당하여도 망하지 아니하고.

정의와 진리를 붙들고 살면 세상에서 대접을 받아야 마땅하고 존경의 대상이 되어야 한다. 지금 세상이 그런가? 그렇다면 이 세상은 불의가 없는 좋은 나라다.

그런데 그렇지 못하다. 그래서 불의한 나라다. 오히려 정의를 붙들고 살아도 고난과 억울한 일을 당하는 경우가 있다.

우리만 그런 것이 아니라 정의와 진리를 부르짖고 사랑을 실천한 예수 그리스도, 우리 주님도 박해를 받고 결국은 죽임을 당하였다.

그러나 주님은 죽은 지 3일 만에 부활하심으로 정의가 죽지 않고 진리가 죽지 않았음을 증언했다.

우리가 왜 예수를 믿고 그의 사상을 추종하는가. 그분이 곧 진리이고 정의이기 때문이요, 죽어도 사는 생명이기 때문이다. 우리가 항상 예수 그리스도의 죽음을 짊어지면 예수의 생명이 우리 몸에 나타난다.(고후 4:10)

사방으로 욱여쌈을 당하여도 싸이지 아니한다. 대적이 사방으로 욱여쌌을지라도 하늘은 열려 있기 때문이다. 답답한 일을 당하여도 낙심하지 아니한다. 죽어도 다시 사는 부활이 있기 때문이다. 사람에게 박해를 받아도 주님이 붙들어주시기 때문에 넉넉히 이길 수 있다. 거꾸러뜨림을 당해도 망하지 아니한다. 우리는 예수 안에서 영생을 얻었기 때문이다.

담대하자. 예수 믿기 때문에 당하는 고난은 예수께서 책임져주신다.

예수님이 말씀하셨다. "나로 말미암아 너희를 욕하고 박해하고 거짓으로 너희를 거슬러 모든 악한 말을 할 때에는 너희에게 복이 있나니 기뻐하고 즐거워하라, 하늘에서 너희의 상이 큼이라. 너희 전에 있던 선지자들도 이같이 박해하였느니라." (마 5:11-12)

예수 정신으로 사는 사람에게는 하나님의 위로가 있다. 예수 사랑을 실천하는 사람은 하나님의 보호가 있다. 예수 마음으로 사는 사람은 거꾸러뜨림을 당해도 하나님이 다시 일으켜주시고 세워주신다. 하나님만 의지했던 다윗의 고백을 들어보자.

"천만인이 나를 에워싸 진 친다 하여도 나는 두려워하지 아니하리이다."(시 3:6)

# 너를 잊지 아니할 것이라

사 49:15

여인이 어찌 그 젖 먹는 자식을 잊겠으며 자기 태에서 난 아들을 긍휼히 여기지 않겠느냐. 그들은 혹시 잊을지라도 나는 너를 잊지 아니할 것이라.

심한 고난에 빠지거나 슬픈 일을 만나면 하나님이 안 계시는가, 하나님이 나를 버리셨는가, 하는 생각이 들기도 한다.

물론 믿음이 없는 소치다. 이스라엘 백성들이 바벨론에 패망했을 때 가졌던 생각이다. 그들은 누대에 걸쳐 하나님을 섬겼고 하나님의 선민이라는 자존심을 가지고 살았다. 그런데 하나님을 알지도 못하는 이방민족에게 나라를 잃었다. 얼마나 허탈하고 답답하고 슬펐을까. 이럴 때에 하나님이 우리를 버리셨는가, 우리를 잊으셨는가, 하는 생각이 들었을 수 있다.

그런 이스라엘에게 하나님은 말씀하셨다. 나는 너를 잊지 않을 것이다. 설령 자기가 낳은 젖 먹는 자식을 버리는 여인이 있을지라도 나는 버리지 않는다고 말씀하셨다.

어떻게 자기 태에서 태어난 자식을 잊어버릴 수 있는가. 모성애를 가진 정상적인 어머니라면 자식을 남에게 주지도 못한다. 하물며 버리거나 잊어버릴 수 없다. 그러나 그들이 잊어버리거나 긍휼히 여기지 않을 수는 있어도 하나님은 너희를 버리지 않는다고 말씀하셨다.

그러면 왜 하나님은 그렇게 애지중지하는 이스라엘을 이방 나라에게 넘겼는가. 하나님이 무능해서인가. 사랑이 부족해서인가. 아니다. 하나님은 전능하시고 사랑이 풍성하시다.

그러면 왜 당신의 백성을 이방민족에게 넘겼는가. 징계다. 하나님의 백성은 하나님의 백성다워야 한다. 하나님을 바르게 섬기고 하나님의 가르침에 복종해야 한다. 그런데 그렇지 못했다. 하나님이 가장 싫어하는 우상도 숭배하고 도덕적이지도 못했다. 도무지 내버려둘 수 없는 상태가 되었다. 하나님의 징계요, 몽둥이다.

우리도 깨닫자. 하나님의 자녀라는 자존심만 내세우지 말고 하나님의 뜻을 거스르지 말아야 한다. 징계는 언제든지 있을 수 있다. 분명한 것은 징계도 사랑의 한 표현이다.

하나님은 당신의 백성을 사랑하신다. 어머니가 자식을 버릴 수는 있어도 하나님은 우리를 버리지 않으신다. 다윗의 노래다. "내 부모는 나를 버렸으나 여호와는 나를 영접하시리이다." (시 27:10)

하나님은 한번 택한 우리를 절대로 버리지 않으신다. 끝까지 사랑하신다. 믿자. 그리고 의지하며 순종하자.

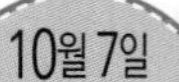


# 보라, 희어져 추수하게 되었도다

요 4:35

너희는 넉 달이 지나야 추수할 때가 이르겠다 하지 아니하느냐. 그러나 나는 너희에게 이르노니 너희 눈을 들어 밭을 보라. 희어져 추수하게 되었도다.

안목眼目이란 사물을 보고 분별하는 일이나 어떻게 보는가하는 관점을 말한다.

같은 사물을 보고도 달리 생각할 수 있다. 같은 상황에서 무엇을 보느냐 하는 것도 다를 수 있다. 그것이 곧 안목의 차이다.

예수께는 일반 사람들이 보지 못하고, 생각지도 못하는 안목이 있었다. 예수님은 사마리아 수가 성, 우물가에서 만난 여인과 대화를 나누는 중에 그 여자로 하여금 자신이 메시아임을 깨닫게 했다.

여인은 그 자리에서 주님을 영접하고 물동이를 버려둔 채로 마을에 들어갔다. 그리고 자기가 만난 예수님을 증언하기 시작했다.

여러 사람이 예수님을 찾아왔다. 그들을 보면서 주님은 말씀하셨다. "넉 달이 지나야 추수할 때가 이르겠다고 너희는 말하지 않느냐?"

그렇다. 사람들은 추수라 하면 곡식 추수만 생각한다. 그러나 주님은 곡식 거두는 밭을 생각하기보다 세상을 보았다. 거기가 밭이었다. 너희 눈을 들어 밭을 보라고 했다. 그 밭에는 곡식보다 귀한 사람들이 있다. 예수님은 남들이 보지 못하는 것을 보고 있는 것이다. 희어져 추수하게 된 죄인들을 보고 있는 것이다.

우리는 지금 무엇을 보고 있는가. 같은 사물을 보면서 얼마든지 다를 수 있다.

돈을 버는 사람은 남달리 돈을 보는 안목이 발달해 있다. 그들은 세상에 돈이 깔려 있다고 한다. 그들은 사람도 돈으로 보인다. 가룟 유다는 선생님도 돈으로 보여 팔아먹었지 않은가.

정치적인 사람은 사람들이 유권자로 보일 수 있다.

예술을 하는 사람들은 자기들의 특별한 감각으로 사람을 보며 글을 쓰고 그림을 그리고 작곡도 한다.

예수 믿는 사람들은 영적 감각이 예민해야 한다. 우리는 잃어버린 양으로 사람을 보아야 한다. 내가 돌봐주고 전도할 영적으로 불쌍한 사람으로 봐야 한다. 존귀하게 여겨 앞으로 함께 천국에서 영생에 참여하게 될 사람이라는 환상을 가져야 한다.

예수님은 세상을 밭으로 보고, 많은 사람을 추수하여 거두어들일 알곡으로 보셨다.

10월 8일

# 악을 악으로 갚지 말라

벧전 3:9

악을 악으로, 욕을 욕으로 갚지 말고 도리어 복을 빌라. 이를 위하여 너희가 부르심을 받았으니 이는 복을 이어받게 하려 하심이라.

잘못이 없는데 남으로부터 모욕을 당하고 악행을 당하면 우리의 마음은 어떻게 되는가. 억울하다, 되갚아주고 싶다, 이런 생각이 들 수 있다.

그런데 성경은 악을 악으로 갚지 말고 욕을 욕으로 갚지 말라고 한다. 우리들의 생각과 다르니 참 난감하다. 그런데 이를 실천하라고 한다. 그러면서 두 가지를 가르친다.

하나는 이를 위하여 우리가 부르심을 받았다는 것이다.

구체적으로 말하면 우리는 악을 악으로 갚지 않는 사람으로 부르심을 받았다는 것이요, 그렇기 때문에 남들은 못하지만 우리는 해야 한다는 것이다.

그렇다. 남들이 못하는 것을 할 때 그 행위가 위대한 것이다. 남들은 감히 생각도 할 수 없는 것을 할 수 있다면 자랑스러운 것이다.

일반 사람들은 욕을 당하면 욕을 해야 한다고 생각한다. 원수는 반드시 갚아야 한다고 가르치는 종교도 있다.

그러나 예수님은 오른빰을 치거든 왼빰도 돌려대라고 가르친다.(마 5:39) 악인에게 오히려 복을 빌라고 했다. 어떻게 그럴 수 있겠는가. 그러나 그렇게 하라고 부름을 받았기 때문에 실천하라는 것이다.

다른 하나는 보복하지 않고 오히려 복을 빌 때 하나님께서 복을 주시기 때문에 욕을 욕으로, 악을 악으로 갚지 말라고 가르친다.

사실 복 받기가 쉽다. 그러나 내 심령이 어렵게 만들어 간다. 하나님은 우리에게 복 받는 비결을 쉽게 만들어 놓았는데 실천하지 않고 어떻게 그럴 수 있느냐고 한다.

그러나 악을 악으로 갚고 욕을 욕으로 갚으면 그 악과 욕은 끝이 없다. 악을 이기는 방법은 악이 아니다. 오히려 선이다.

그래서 성경은 "악에게 지지 말고 선으로 악을 이기라."고 한다.(롬 12:21) "아무에게도 악을 악으로 갚지 말고 모든 사람 앞에서 선한 일을 도모하라."고 가르친다.(롬 12:17)

이를 실천하면 하나님은 거기에 상응하는 복을 주신다.

10월 9일

# 네 짐을 여호와께 맡기라

시 55:22

네 짐을 여호와께 맡기라. 그가 너를 붙드시고 의인의 요동함을 영원히 허락하지 아니하시리로다.

예수님은 우리 모든 사람을 "수고하고 무거운 짐 진 자들"이라고 했다.

여기서 짐이란 인간이 살아가면서 무겁게 느끼는 모든 일을 가리킨다.

사람은 태어나면서부터 짊어져야 할 짐이 얼마나 많은가.

먹고사는 문제가 누구에게나 짐이다. 가족관계, 이웃관계도 짐이다. 생활, 직장, 사업, 공부 등 모두가 짐이 될 수 있다.

예수님은 그 짐을 진 사람들에게 당신에게 오라고 하셨고 오늘 말씀은 여호와께 맡기라고 했다.

남에게 맡긴다는 것은 책임을 져준다는 뜻이기도 하다. 책임을 질 수 없는 사람에게 무엇을 맡길 수 있는가. 돈을 은행에 맡길 수는 있어도 낯모르는 사람에게 맡길 수는 없다. 믿을 수가 없기 때문이다.

예수께서 내게로 오라고 부르시는 것은 그만한 능력이 있으시기 때문이고, 여호와께 맡기라는 것은 하나님은 충분히 우리의 짐을 맡아서 관리하고 책임져 줄 능력이 있기 때문이다.

그럼에도 맡기지 않는 이유는 하나님께 맡기지 않고도 자기 스스로 할 수 있다고 생각하기 때문이다.

그러나 능력 차이는 있지만 사람이 스스로 할 수 있는 일이 얼마나 있는가. 결국은 하나님에 대한 믿음이 없기 때문에 맡기지 않는 것이다.

전능하신 하나님께 나의 모든 짐을 맡기자. 나의 생명과 재산과 사업과 가정을 맡기자. 그분에게 믿음으로 의탁하자. 하나님은 맡긴 만큼 책임져 주신다.

다 맡겨야 한다. 병원에 가면 의사에게 몸을 맡기듯이 맡겨야 한다. 그리고 하나님의 뜻에 따라서 살면 된다.

하나님이 책임져 주시고 의인의 요동함을 영원히 허락지 않으신다.

# 자손이 복을 받는다

시 37:25-26

**내가 어려서부터 늙기까지 의인이 버림을 당하거나 그의 자손이 걸식함을 보지 못하였도다. 그는 종일토록 은혜를 베풀고 꾸어 주니 그의 자손이 복을 받는도다.**

사실 의인에게는 고난이 많다.(시 34:19) 악한 세상이기 때문이다.

의롭게 살고자 하면 격려하고 협력하는 것이 아니라 악인들이 가만히 두지 않으려 든다.

오늘 말씀은 “내가 어려서부터 늙기까지 의인이 버림을 당하지 않는다.”고 했다.

사실이 그런가?

아니다. 의인이 버림받는 경우가 많다. 그러므로 의인이 버림받지 않는다는 말은 역설적인 의미이다.

바르게 해석하면 세상에서는 의인이 버림 받을 수 있지만 하나님 앞에서 버림을 받지 않는다는 것이다.

그렇다면 이 땅에서 악인이 버림을 받지 않았다면 어떻게 될까? 그는 하나님 앞에 가서 고초를 당하게 될 것이다.

또한 우리가 잊지 말아야 할 것은 자손의 문제다. 하나님은 의인의 자손에게 복을 주신다고 하셨다.

그러므로 우리가 우리의 자손들을 위하여 할 일은 많은 물질적 재산을 남겨주기보다는 영적 유산을 남겨 주어야 하는 것이다.

내가 나누며 살고 베풀며 살면 내 후손이 어렵지 않게 살게 된다. 심은 대로 거두는 것이다. 내가 악을 행한다면 내 자손들은 무엇을 배우겠는가. 하나님이 그런 자식들에게 무엇을 주시겠는가.

나누며 살자. 베풀며 살자. 남을 위하여 나누고 사랑의 정신으로 베풀며 살자. 그것이 예수 정신이다.

그 베풂과 나눔의 삶이 하늘에 보물을 쌓으면 좀과 동록이 해하지 않는 것처럼 하나님의 위로와 축복이 본인뿐 아니라 그의 후손에게까지 미친다.

베풀고 돌보아주는 사람에게 복이 있다. 그의 후손이 복을 받는다.

# 듣기는 속히 하고

약 1:19

내 사랑하는 형제들아, 너희가 알지니 사람마다 듣기는 속히 하고 말하기는 더디 하며 성내기도 더디 하라.

귀는 둘인데 입은 하나인 까닭은 말하기보다 듣는 것을 배로 하라는 뜻이고, 입엔 덮개가 있지만 귓구멍은 열려 있는 것은 말을 조심하라는 뜻이라고 한다.

또한 귀가 얼굴 양쪽에 붙어 있는 것은 양편 말을 다 듣고 송사를 하든지 평가를 하라는 뜻이라 한다.

이런 말들이 생긴 것을 보면, 세상에는 듣고 말하는 것에 삼가고 조심할 게 참으로 많다.

우리의 감각기관은 관리를 잘해야 제 구실을 할 수 있다. 잘 듣고, 잘 말하고, 잘 보고, 냄새를 잘 맡고, 잘 느껴야 한다. 아무 말이나 듣고, 아무것이나 보고, 아무렇게나 책임감도 없이 말하면 반드시 그 대가를 치르게 된다.

오늘 말씀도 대인관계에서 실수하지 않고 망신당하지 않는 길을 가르쳐주고 있다.

사람은 대개 듣기보다 말하기를 좋아하는 습성이 있다. 그러나 한 번 하고 나면 주워 담을 수 없는 말을 여과 없이, 책임도 느끼지 않으면서 하는 습관은 버려야 한다.

듣는 것도 그렇다. 남의 말을 잘 들어주는 사람이 곧 대화를 잘하는 사람이다. 그러나 듣는 것도 아무 말이나 다 듣는 것이 아니라 들을 말만 가려서 들어야 하고, 남에게 전달해야 한다면 정확하게 해야 한다.

인격자는 우선 말하고 듣기를 잘한다. 천 냥 빚을 갚을 수 있는 적당한 말을 쓸 줄 알아야 교양인이다. 그 말은 은쟁반에 금사과다.(잠 25:11)

성내는 것은 매우 조심해야 할 일이다. 쉽게 성내는 사람은 일단 조심해야 한다.

물론 의분이란 것이 있다. 성내는 것도 하나님께서 주신 감정 표현이다. 불의를 보고 분낼 줄 모르는 것은 무감각하거나 비겁한 사람이다. 예수님도 성전에서 기도하지 않고 장사하는 것을 보고 분노하지 않았는가.

그러므로 우리에게 주어진 감각기관을 바르게 사용할 줄 알아야 교양인이요, 인격자요, 하나님의 칭찬받는 성도가 된다.

특별히 하나님의 일을 할 때, 듣기는 속히 하여 순종하고 자기 발언은 남의 의견을 경청한 다음에 분석하여 하고 성내는 일은 없어야 한다.

듣기는 속히 하고 말하기는 더디 하고 성내는 일은 조심하자.

# 다윗의 유언

왕상 2:2-3

내가 이제 세상 모든 사람이 가는 길로 가게 되었노니 너는 힘써 대장부가 되고 네 하나님 여호와의 명령을 지켜 그 길로 행하여 그 법률과 계명과 율례와 증거를 모세의 율법에 기록된 대로 지키라. 그리하면 네가 무엇을 하든지 어디로 가든지 형통할지라.

서양 속담에 새는 죽을 때 가장 슬픈 소리를 내지만 사람은 가장 진실한 말을 한다는 말이 있다.

오늘 말씀은 다윗이 자신의 파란만장한 생애를 마치기 전에 아들 솔로몬에게 남긴 유언이다.

그는 자신의 죽음을 세상 모든 사람이 가는 길로 가게 되었다고 했다.

그렇다. 누가 이 길을 거부할 수 있는가. 임금의 자리에 앉아 최고의 권세를 누린 사람도 순응할 수밖에 없는 것이 죽음이다.

다윗은 죽음을 앞에 두고 후손이 형통하기를 바랐다. 무엇을 하든지 어디를 가든지 잘되기를 원했다. 세상의 모든 부모가 바라는 소원이다.

다윗도 자기 뒤를 이을 솔로몬이 형통하기를 바랐다. 그러므로 다윗은 솔모몬에게 두 가지를 권고했다.

하나는 힘써 대장부가 되라는 것이다. 대장부란 무엇을 뜻하는 말인가?

여러 가지로 해석할 수 있지만 여기서는 왕이 가져야 할 태도라고 생각한다. 마음의 폭을 넓히고, 소극적이지 말고 적극적이며, 부정적이 아닌 긍정적이고, 옳은 일에 용기를 가지라는 뜻일 것이다.

거짓되지 않고 정직한 것도 대장부가 가지는 태도다. 이 태도가 장차 왕이 되고 백성을 다스릴 때 인간관계에서 필요한 덕목이다.

그렇다면 하나님과의 관계에서 지켜야 할 덕목은 무엇인가.

다윗은 하나님의 명령을 지켜 그 길로 행하라고 했다. 그 방법은 모세의 율법에 기록한 대로, 즉 말씀 그대로 가감하지 말고 믿고 지키라는 것이다.

아무리 옳은 말씀도 순종하지 않고 지키지 않으면 무용지물이다. 이 유언에는 자식이 잘되기를 구하는 부모의 마음이 고스란히 담겨 있다.

우리는 지금 어떻게 살고 있는가.

나를 향하여 가졌던 부모님의 마음을 헤아리며 우리의 후손에게 무엇을 전해주고 어떤 말을 남길까를 생각해 보자.

# 염려를 주께 맡기라

벧전 5:7

너희 염려를 다 주께 맡기라. 이는 그가 너희를 돌보심이라.

염려 없이 사는 사람은 없다. 누구나 크고 작은 염려를 안고 산다. 그리고 그것 때문에 마음의 평화나 기쁨을 빼앗기고 있다. 참 불행한 일이다.

그러나 그 많은 염려 중에 염려한다고 해결되는 것은 없다. 만약 염려함으로 염려가 해결된다면 염려를 권장해야 한다. 그러나 다 쓸데없는 염려를 붙들고 있는 것이다.

우리가 하는 염려를 분석해 본 사람이 있다. 그의 지론에 의하면 염려의 40%는 절대로 현실에서 일어날 수 없는 것에 대한 것이고, 염려의 30%는 이미 일어난 일에 대한 것이고, 염려의 22%는 사소한 고민일 뿐이고, 염려의 4%는 우리 힘으로 어쩔 도리가 없는 것에 대한 것이라 했다.

결국 96%가 쓸데없는 염려인데 나머지 4%마저도 바꿀 수 있는 것은 걱정하지 말고 바꾸면 되는 일이라 했다. 이런 일을 두고 왜 염려를 해야 하는가.(어니 젤린스키, 〈모르고 사는 즐거움〉)

그러나 그보다 염려하지 말아야 할 것을 예수님이 말씀하셨다. 예수님은 무엇을 먹을까, 무엇을 마실까, 무엇을 입을까 하고 염려하는 것은 이방인이나 할 일이지 하나님의 백성이 할 일은 아니라고 하셨다. 공중의 새도 하나님께서 먹이고 들의 백합화도 하나님이 입히시는데 하물며 우리를 먹이고 입히지 않겠느냐고 하셨다. 염려한다고 키를 한 자나 키울 수 있느냐고 반문하시면서 하나님은 우리에게 있어야 할 것을 다 아시기 때문에 우리가 할 일은 먼저 그 나라와 그의 의를 구하는 것이라 하셨다.(마 6:25-33)

오늘 말씀도 염려를 하나님께 맡기라 하신다. 하나님께서 책임질 수 있기 때문에 당당히 말씀하시는 것이다.

하나님은 우리를 돌보신다. 하나님께 맡기고 우리가 하여야 할 일을 성실하게 감당하면 된다. 일하지 않는 사람이 염려만 한다. 순종하지 않는 사람이 염려로 많은 시간을 허비한다.

하나님을 믿고 의지하자. 365일을 염려하는 것보다 5분 동안 하나님께 기도하는 것이 낫다.

성경은 말씀한다.

"아무것도 염려하지 말고 다만 모든 일에 기도와 간구로, 너희 구할 것을 감사함으로 하나님께 아뢰라. 그리하면 모든 지각에 뛰어난 하나님의 평강이 그리스도 예수 안에서 너희 마음과 생각을 지키시리라."(빌 4:6-7)

# 다 하나님 앞에 있나이다

오늘 말씀

행 10:33

내가 곧 당신에게 사람을 보내었는데 오셨으니 잘하였나이다. 이제 우리는 주께서 당신에게 명하신 모든 것을 듣고자 하여 다 하나님 앞에 있나이다.

가이사랴에 거주하는 이방인 백부장 고넬료. 그는 보기 드물게 경건하여 온 집안과 더불어 하나님을 경외하는 사람이었다. 백성들을 구제하고 하나님께 항상 기도하는 사람이기도 했다.

어느 날, 하나님의 사자가 그를 찾아와 네 기도와 구제가 하나님 앞에 상달되어 기억하신 바 되었으니, 사람들을 욥바로 보내 베드로를 청하라고 분부했다. 그는 즉시 사람들을 파송했다. 욥바에서 기도하던 베드로는 찾아온 사람들을 따라가라는 성령의 지시에 따라 찾아온 사람들과 함께 가이사랴로 갔다.

고넬료는 그의 친척과 가까운 친구들을 모아놓고 베드로를 기다리고 있었다. 베드로가 도착하자 그는 그의 발 앞에 엎드려 절하였다. 그가 얼마나 정성스럽게 환대를 하는지 베드로는 그를 일으키며 “나도 사람이다.”라고 했다. 그는 베드로를 사람 이상으로 대우하고 있었음을 알 수 있다.

오늘 말씀은 베드로를 환영하면서 고넬료가 한 말이다. 그는 베드로가 전하는 말씀을 듣기 위해서 친척과 친구들을 모아 놓았고, 우리는 주께서 당신에게 명하신 모든 것을 듣고자 하여

다 하나님 앞에 있나이다,라고 말했다.

그는 지금 베드로 앞에 있다. 그런데 그가 하나님의 말씀을 가지고 왔고 또 그 말씀을 전하는 사람이기에 자신들이 하나님 앞에 있다고 했다. 고넬료가 얼마나 하나님의 말씀을 사모하고 있는가를 알 수 있다.

뿐만 아니라 하나님의 말씀을 전하는 사람에 대한 존경심도 대단하다는 것을 알게 한다. 그는 신분상 로마 군대의 백부장이다. 그러나 베드로는 피정복민의 한 사람일 뿐이다. 사회적인 신분으로 본다면 베드로에게 고넬료가 무릎을 꿇고 절하며 하나님처럼 대우할 수는 없다. 그러나 그는 자기의 사회적 신분을 고려하지 않고 오로지 하나님의 은혜만 사모했다. 어찌 이런 태도로 말씀을 받고자 하는 사람에게 은혜가 없으랴.

그날 베드로가 전하는 말씀을 듣는 중에 거기 모인 모든 사람에게 성령이 임했다. 사람들은 방언을 말하며 은혜가 충만하였다. 당시는 아직 이방인에 대한 유대인들의 차별의식이 가시지 않은 때였으므로 이렇듯 차별 없는 성령의 역사에 유대인들도 놀랄 수밖에 없었다. 베드로는 그들에게 세례를 베풀었다. 복음은 이렇게 사모하는 사람들을 통하여 널리 전파되었다.

지금도 하나님은 인종이나 나라나 민족의 구별 없이 사모하는 영혼들에게 충만한 은혜를 주시고 있다. 우리는 지금 얼마나 하나님의 말씀과 은혜를 사모하고 있는가.

10월 15일

# 예수를 바라보자

히 12:2

믿음의 주요 또 온전하게 하시는 이인 예수를 바라보자. 그는 그 앞에 있는 기쁨을 위하여 십자가를 참으사 부끄러움을 개의치 아니하시더니 하나님 보좌 우편에 앉으셨느니라.

우리가 무엇을 바라보느냐 하는 것은 매우 중요하다. 우리는 바라보는 쪽을 향하여 걸어가기 때문이다.

언젠가 저 산을 오르겠다는 생각을 가지고 그 산을 늘 바라보는 사람은 언젠가 그 산을 오를 수 있다. 어떤 유명한 사람을 바라보며 나도 그 사람과 같이 되겠다 하면 그 사람을 닮아가게 된다. 그러므로 우리는 위대한 인물을 바라볼 수 있어야 한다.

오늘 말씀은 우리에게 예수를 바라보자고 권한다.

우리는 왜 예수를 바라봐야 하는가. 오늘 말씀은 세 가지를 지적한다.

하나는 예수님은 믿음의 주가 되기 때문이라는 것이다.

그렇다. 예수님은 믿음의 주체요, 주인이시다. 우리는 그분을 주인으로 또는 왕으로 모신다. 당연히 예수님을 목표로 바라보며 그분의 장성한 분량에 이르기까지 자라야 한다.

둘째로 예수님은 우리를 온전하게 하시는 분이기 때문에 바라보아야 한다는 것이다.

온전하다는 것은 흠이 없고 부족하거나 부실하지 않다는 뜻이다.

사람은 온전치 못하다. 모두가 흠이 있는 죄인이다. 그런데 예수님은 우리를 구원하여 온전케 하시는 분이다. 우리는 계속해서 우리를 말씀과 은혜로 온전케 이끄시는 예수님을 바라보아야 한다.

마지막으로 우리는 예수님께서 십자가를 참고 부끄러움을 개의치 않았기 때문에 주님을 바라봐야 한다는 것이다.

주님은 기쁨을 얻기 위하여 고난을 견디셨다. 그리고 결국 하나님 보좌 우편에 앉으셨다. 오직 죄인 구원이라는 막중한 사명 때문에 부끄러움과 고초를 받으시고 보좌 우편에 앉으셨다. 승리의 자리다. 최고의 권세 자리다. 예수님의 이 정신은 우리가 영원히 본받아야 할 정신이다.

신앙과 인생의 승리를 위하여 기쁠 때나, 슬플 때나, 힘들 때나, 언제든지 예수님만 바라보자.

10월 16일

# 더 나은 본향을 사모하니

히 11:15-16

그들이 나온 바 본향을 생각하였더라면 돌아갈 기회가 있었으려니와 그들이 이제는 더 나은 본향을 사모하니 곧 하늘에 있는 것이라. 이러므로 하나님이 그들의 하나님이라 일컬음 받으심을 부끄러워하지 아니하시고 그들을 위하여 한 성을 예비하셨느니라.

고향은 그리운 곳이다. 고향을 떠나 사는 사람들은 외로울 때나 삶이 힘들 때면 고향을 생각한다. 그만큼 고향은 어머니 품 같은 곳이다.

그러나 이 땅의 고향이 진정한 우리의 고향인가? 여기 진정한 본향을 사모한 사람들의 이야기가 있다.

아브라함의 예를 들어 보자. 그는 75세 때 고향을 떠나야 했다. 그의 고향은 갈대아의 우르였다. 하나님께서 네 부모 친척을 두고 내가 지시할 땅으로 가라고 명하자 그는 순종했다. 물론 순종하면 땅과 자손을 주시겠다고 하나님은 약속을 하셨다.

아브라함은 그 말씀을 좇아서 어디로 가야 할지도 모르지만 믿음으로 고향을 떠나 가나안 땅에 이르렀다.

그러나 한동안 하나님의 약속은 지켜지지 않는 듯했다. 약속의 자식은 태어나지 않았고 그 땅을 차지할 힘도 없었다.

그러면 두고 온 고향이 생각날 수도 있다. 그러나 그는 고향을 찾아가지 않았다. 어차피 이 땅의 고향은 영원하지 않았기 때문이다. 그는 더 나은 본향을 사모했다. 그곳은 하늘에 있는 곳이었다.

이 아름다운 신앙을 보고 하나님은 그들을 위하여 한 성을 예비해 두셨다. 그곳이 영원한 천국이다. 예수를 구주로 믿고 섬기는 모든 사람이 가게 되는 영원히 행복한 곳이다.

그 나라를 사모하자. 이 땅은 언젠가 떠나야 할 곳이고 그러므로 우리는 이 땅에서 나그네일 뿐이다.

예수님은 “너희는 마음에 근심하지 말라. 하나님을 믿으니 또 나를 믿으라.”고 하시면서 내가 너희를 위하여 거처를 예비하러 가노니 가서 거처를 예비하면 다시 와서 너희를 내게로 영접하여 나 있는 곳에 너희도 있게 하리라고 하셨다.(요 14:1-3)

비록 우리가 지금은 이 땅에 살고 있지만 예수 이름으로 하늘나라 시민권이 있는 사람이다. 여기서 성실하게 하나님을 섬기면서 그 나라를 사모하자. 그 나라의 시민권자로 살자.

# 오네시보로의 집에 긍휼을 베푸소서

딤후 1:16-17

**원하건대 주께서 오네시보로의 집에 긍휼을 베푸시옵소서. 그가 나를 자주 격려해 주고 내가 사슬에 매인 것을 부끄러워하지 아니하고 로마에 있을 때에 나를 부지런히 찾아와 만났음이라.**

아무리 위대한 사람도 혼자서 위대해질 수는 없다. 바울 사도가 위대한 업적을 남길 수 있었던 것은 그의 믿음과 그가 감당한 사명감 때문이었고, 궁극적으로는 하나님의 도우심과 은혜 때문이었다.

그의 사역 중에 곁에서 도운 동역자들도 도외시할 수 없다. 실로 바울 사도에게는 선교를 위하여 가는 곳마다 생명을 아끼지 않고 도와준 동역자들이 있었다.

오네시보로는 에베소 교회에서 봉사하며 바울의 사역을 도운 사람이었다.

오늘 말씀은 그 사람을 위하여 바울 사도가 하나님께 기도한 내용이다. 주께서 오네시보로의 집에 긍휼을 베풀어 달라는 간구다. 그는 오네시보로가 자기에게 어떤 도움을 주었는가를 나열하고 있다.

첫째는 그가 자신을 자주 격려해 주었다는 것이다. 사람은 남이 격려해 줄 때 힘을 얻게 된다. 힘들 때 격려처럼 도움이 되는 게 어디 있는가. 좀 부족해도 "앞으로 잘할 겁니다." 또는

"잘하셨습니다." 하는 격려는 용기를 주는 것이다.

우리도 서로 격려하며 살자. 못한 것을 비난만 할 것이 아니라 앞으로 잘할 수 있도록 힘을 실어주자. 그것이 격려다. 잘했을 때는 칭찬으로 격려하자. 다음에 더욱 잘할 것이다.

둘째, 오네시보로는 바울이 옥에 갇힌 것을 부끄러워하지 않았다. 바울은 말년에 로마 감옥에 갇혔다. 물론 로마에서 복음 전하게 하기 위한 하나님의 섭리였다. 그럼에도 많은 사람들이 낙심하여 이제 바울의 시대는 끝났다고 등을 돌리기도 하고 떠나기도 했다. 그가 옥에 갇힌 것에 대하여 부끄러워했다. 그러나 오네시보로는 복음을 전하다 옥에 갇혔는데 그게 왜 부끄러운 일이냐고 끝까지 바울을 옹호했다. 정말 부끄러운 것은 박해를 피하여 떠나는 사람이 아니겠는가.

셋째로, 오네시보로는 옥에 갇힌 바울을 부지런히 찾아가 그를 만나 주었다. 바울을 아끼던 사람들은 옥에 갇힌 그를 찾아가 건강도 보살펴 주고 필요한 것도 제공해 주었다. 바울은 자신을 찾아준 사람들에게 복음도 전하고 주 안에서 교제도 했다. 오네시보로 또한 바울을 찾아가 그의 생애 마지막 사역에 도움을 주기도 했다.

그렇다. 외로울 때 친구가 진정한 친구다. 어려울 때 도움을 주는 친구가 참다운 친구다. 바울 사도는 그의 친절한 도움에 감사하며 하나님께 그 집안에 긍휼을 베풀어 달라고 기도했다. 하나님은 그 기도를 들어주셨을 것이다. 우리는 남의 어려움에 얼마나 동참하는 사람으로 살아가고 있는가.

# 아담아, 네가 어디 있느냐

창 3:9-10

여호와 하나님이 아담을 부르시며 그에게 이르시되 네가 어디 있느냐. 이르되 내가 동산에서 하나님의 소리를 듣고 내가 벗었으므로 두려워하여 숨었나이다.

최초의 사람 아담과 하와는 하나님께서 먹으면 정녕 죽는다고 경고한 선악과를 먹었다.

그러자 이상한 현상이 일어났다. 자신들이 벗은 것이 새삼 부끄럽게 느껴졌고, 하나님의 음성이 두려워졌다. 그래서 그들은 동산 나무 사이에 숨었다.

아담과 하와는 하나님의 말씀을 버리고 유혹하는 뱀의 말에 넘어가 선악과를 먹었다. 하와는 선악과를 먹어도 죽지 않을 뿐 아니라 눈이 밝아져 하나님같이 될 것이라는 뱀의 속임수에 넘어갔다. 그는 선악과를 자신이 먼저 먹고 남편인 아담에게도 주어 같이 먹었다.

그런 그들의 마음에 변화가 온 것이다. 자기들이 벗었다는 것을 알게 되어 무화과나무 잎을 엮어 치마를 삼았다. 또한 지난날엔 다정하게 들렸던 하나님의 음성이 두려웠다. 그래서 나무 뒤에 숨은 것이다.

그런 그들에게 하나님이 찾아오셨다. 그리고 물으셨다. 네가 어디 있느냐? 아담은 대답했다. 내가 동산에서 하나님의 소리를 듣고 두려워하여 숨었나이다.

여러분은 아담의 대답을 듣고 어떤 생각이 드는가. 아담은 지금 하나님께서 네가 어디 있느냐고 물은 이유를 모르고 있다. 하나님이 그가 어디 있는지 몰라서 그렇게 물었겠는가.

알고 계신다. 하나님께서는 아담이 죄인에게 찾아오는 두려움과 수치심 때문에 나무 사이에 숨은 것을 알고 계신다. 그럼에도 왜 네가 어디에 있느냐고 물으셨겠는가. 네 몸이 어디 있느냐고 물으신 게 아니다. 네 마음이 어디에 있느냐고 물으신 것이다.

그렇다면 아담에게서는 당연히 제가 잘못했습니다 하는 고백이 나왔어야 한다. 그러나 그는 그렇게 대답하지 못했다. 수치스럽고 두려운 생각에 매몰되어 있었던 것이다. 회개할 기회를 놓친 것이다.

우리는 하나님께서 수시로 우리에게 네가 어디 있느냐 하고 묻고 있음을 인식할 수 있어야 한다. 그리고 그 질문 앞에서 자신을 돌아봐야 한다.

지금 나의 마음 상태는 어떠한가. 만약 잘못이 있다면 반성하고 회개부터 해야 한다. 그게 내가 사는 길이다.

우리는 은혜로 산다. 죄는 숨길 수도 없고, 숨긴다고 사라지는 것도 아니다. 회개하고 하나님의 무한한 은혜 안으로 파고들어야 긍휼을 입는다. 그것으로 사는 것이다.

# 네 아우 아벨이 어디 있느냐?

창 4:9

여호와께서 가인에게 이르시되 네 아우 아벨이 어디 있느냐? 그가 이르되 내가 알지 못하나이다. 내가 내 아우를 지키는 자니이까.

범죄한 아담과 하와가 자식을 낳았다. 첫째가 가인이고 둘째가 아벨이다. 이들이 장성했다.

그리고 세월이 흘러 가인은 땅의 소산으로 제물을 삼아 여호와께 드렸고 아벨은 양의 첫 새끼와 그 기름으로 제물을 삼아 드렸다.

그런데 하나님은 아벨과 그의 제물은 받으셨지만 가인과 그의 제물은 받지 않으셨다. 그 결과에 가인이 몹시 분하여 들에서 아우 아벨을 쳐 죽였다.

오늘 말씀은 이때 살인자 가인을 찾아오신 하나님께서 가인에게 물으신 질문과 그에 대한 가인의 대답이다.

하나님은 가인에게 네 아우 아벨이 어디 있느냐고 물으셨다. 하나님이 그가 어떻게 되었는지 몰라서 물으셨겠는가. 그런데 가인의 대답이 매우 불성실하고 불쾌하다.

그는 두 마디로 대답했다.

한 마디는 내가 알지 못하나이다이다.

거짓말이며 퉁명스럽다. 죽여 놓고 모른다고 했다. 회개를 유도하는 하나님의 질문에 그는 거짓말로 대답했다. 매우 불성실한 태도가 아닐 수 없다.

두 번째 마디는 내가 내 아우를 지키는 자이니까였다.

이 얼마나 당돌하고 도전적인 대답인가. 형이 동생을 지키는 자가 아니라면 죽이는 자도 되지 말아야 하지 않는가. 그리고 힘이 있는 형이라면 당연히 약한 동생을 지켜줘야 하지 않겠는가.

가인은 시기와 질투의 화신이 되어서 인류 최초의 살인자가 된 것이다.

하나님이 그에게 "네가 밭을 갈아도 땅이 다시는 그 효력을 네게 주지 아니할 것이요, 너는 땅에서 피하여 유리하는 자가 되리라."고 저주를 내릴 때 가인은 "내 죄벌이 지기가 너무 무겁습니다." 하고 답했다. 자기의 행위에 대해서는 관대하고 자기가 받아야 할 벌에 대해서는 과도하다고 생각하는 인격이다.

회개는 없고 불평만 있는 인격에 어떻게 축복이 따르겠는가. 형은 동생을 지키는 것이 마땅하다. 강한 사람은 약한 사람을 도와야 한다. 뭔가 남보다 우월한 것을 가지고 있다면 그것은 그렇지 못한 사람을 도우라고 주신 것으로 알아야 한다.

그리고 하나님의 질문에는 언제나 공손하고 진실하게 대답해야 한다.

10월 20일

# 그 얼굴이 천사의 얼굴과 같더라

오늘 말씀

행 6:15

공회 중에 앉은 사람들이 다 스데반을 주목하여 보니 그 얼굴이 천사의 얼굴과 같더라.

스데반은 초대교회에서 처음 집사로 선출된 일곱 사람 중의 하나다. 성령과 지혜가 충만하고 칭찬받는 사람 일곱을 선택하여 봉사의 일을 하도록 했는데 거기에 뽑힌 사람이다.

그는 집사로 선출된 이후 은혜와 권능이 충만하여 큰 기사와 표적을 민간에 행했다. 그러면 모두가 경이로운 눈으로 그를 바라보고 그의 가르침을 따라야 맞다.

그러나 당시에는 그런 권능을 행하는 사람을 제어하려는 사람들이 있었다. 사람들을 매수하고 선동하여 이 사람이 모세와 하나님을 모독하는 것을 우리가 들었다고 거짓증거를 들어 잡아가지고 공회로 갔다. 예수님을 죽이자고 판결을 내린 바로 그곳이다.

그런 살벌하고 위험한 곳에 선 스데반을 모든 공회원들이 주목하여 보니 얼굴이 천사의 얼굴과 같았다는 것이다.

천사의 얼굴이 어떻게 생겼을까. 아무도 본 사람이 없을 것이다. 그런데 스데반의 얼굴이 천사의 얼굴과 같았다는 것이다.

이는 그들이 스데반을 억지로 누명을 씌워 죽이려 했지만 스데반은 당당했음을 보여준다.

그는 두려워하지 않았고 오히려 성령으로 충만하니 얼굴이 빛났을 것이다. 그들은 사악했지만 스데반은 의로웠기 때문에 의연하게 대처하고 있었을 것이다.

그는 자기를 해하려 하는 사람들이 불쌍했을 것이다. 그런 마음이 그의 얼굴을 빛나게 했을 것이다.

그렇다. 진리 안에서 살고 정의롭게 사는 사람은 불의와 불법을 행하는 자들을 두려워하지 않는다.

사랑을 가진 사람은 사악한 사람의 심령이 불쌍하다. 구원받은 사람은 어떤 상황에서도 떳떳하기 때문에 얼굴이 빛날 수 있다. 비겁하고 두려워하는 사람과 같을 수 없다.

그는 돌에 맞아 순교할 때 "보라, 하늘이 열리고 인자가 하나님 우편에 서신 것을 보노라."고 외쳤다.(행 7:56)

보좌에서 일어서신 주님을 바라볼 수 있는 사람의 얼굴은 천사처럼 빛날 수밖에 없었을 것이다.

# 주 예수여, 내 영혼을 받으시옵소서

행 7:59-60

그들이 돌로 스데반을 치니 스데반이 부르짖어 이르되 주 예수여, 내 영혼을 받으시옵소서, 하고 무릎을 꿇고 크게 불러 이르되 주여, 이 죄를 그들에게 돌리지 마옵소서, 이 말을 하고 자니라.

오늘 말씀은 스데반 집사님이 장엄하게 순교하는 모습을 보여주고 있다.

그는 믿음과 성령이 충만한 초대교회 일곱 집사 중 한 명이다. 그는 은혜와 권능이 충만하여 민간에 기사와 표적을 행하였다. 이런 행동은 당시 기득권자들에게 반발을 일으켜 거짓증인을 세워 모략하고 그를 죽이는 데까지 몰아갔다.

그는 공회에 잡혀와 그들 앞에서 역사적인 이스라엘을 들어서 하나님을 증거하고 하나님께서 구원주 되시는 그리스도를 보내신 것과 그러나 너희가 그리스도를 죽였다는 데까지로 설교를 마쳤다.

그러나 그의 설교를 들은 그들은 회개하지 않았고 오히려 반발하며 이를 갈았다.

스데반은 초연하게 하늘을 우러러 보았다. 거기서 그는 하나님의 영광과 예수께서 하나님 우편에 서신 것을 보았다. 그는 감격해서 외쳤다. "하늘이 열리고 인자가 하나님 우편에 서신 것을 보노라."

중히 여기시고 하나님을 멸시하면 하나님도 우리를 멸시하신다.(삼상 2:30)

사는 길이 앞에 있는데 왜 죽는 길을 택하는가. 예수 믿어서 구원받는 지식은 세상 지식에 없다. 예수님이 우리 죄를 대신 지시고 우리를 의롭게 하심으로 믿는 우리에게 구원과 생명이 있다는 지식은 성경에 있다.

세상을 태초에 하나님이 창조하셨다는 지식을 세상은 믿지 않으려 한다. 장차 세상을 심판하시기 위해서 주님의 재림이 있다는 것을 믿지 않으려 한다.

세상의 그런 현상은 비과학적이라고 한다. 그런 지식과 경험을 가지고 영원한 삶을 살 수는 없다.

이 백성이 왜 망하는가. 말씀이 없어서가 아니다. 도덕이나 법이 없어서가 아니다. 하나님을 아는 지식이 없어서이다.

하나님을 아는 지식만이 우리를 살린다.

10월 24일

# 묵은 땅을 기경하라

호 10:12

너희가 자기를 위하여 공의를 심고 인애를 거두라. 너희 묵은 땅을 기경하라. 지금이 곧 여호와를 찾을 때니 마침내 여호와께서 오사 공의를 비처럼 너희에게 내리시리라.

심은 대로 거둔다는 법칙이 있다.

자연 현상으로 보면, 콩을 심으면 콩이 나고 팥을 심으면 팥이 난다고 할 수 있다. 모든 사람이 이 사실을 경험적으로 이해한다.

그러나 사람들은 선을 심으면 선을 거두고 악을 심으면 악을 거둔다는 영적 현상의 법칙은 인정하지 않으려고 한다.

하지만 심은 대로 거두는 법칙은 자연 현상보다 영적 현상에서 더 정확하다.

오늘 말씀은 우리에게 공의를 심고 인애를 거두라 하신다.

불의나 불법을 심으면 악한 열매가 나오기 때문에 정의와 선을 심으라는 것이다.

그러면 인애를 거둔다. 인애는 사랑이다. 즉, 세상을 사랑이 넘치는 곳으로 만들기 위해서는 반드시 공의를 심어야 한다.

그러면 이 공의는 어디에 심어야 하는가.

모든 작물은 밭에 심듯이 공의는 마음의 밭에 심어야 한다. 새로 작물을 심으려면 땅을 갈아엎고 심어야 하는 것처럼 우리의 마음밭도 기경을 하라는 것이다.

그렇다면 오랫동안 묵혀둔 마음의 밭을 어떻게 갈아엎어야 하는가.

우선은 회개해야 한다. 은혜를 입고도 회개하지 않고 안일에 빠지면 그 밭은 묵은 밭이다. 이제 다시 회개하고 하나님의 은혜를 구하자. 거기에 공의를 심으면 풍성한 인애를 거두게 된다.

그 다음에는 묵혀둔 은사를 활용해야 한다. 아무리 좋은 은사라도 사용하지 않으면 녹이 슨다. 땅에 묻어둔 달란트는 책망거리밖에 되지 않는다. 은사는 봉사하라고 주시는 것이다.

내게 주신 재능은 모두 하나님의 영광을 위하여 사용할 목적이 있다.

묵은 땅을 기경하듯이 갈아엎고 하나님께서 주신 은사를 하나님과 이웃을 위하여 사용하자. 거기서 보람을 찾을 때 하나님의 축복이 임할 것이다.

# 정의를 물같이, 공의를 강같이

암 5:24

오직 정의를 물같이, 공의를 마르지 않는 강같이 흐르게 할지어다.

정의롭지 않은 사회는 무질서하다. 부패하고 타락하여 결국 망하게 된다. 인류 역사는 그것을 증언하고 있다. 그러므로 활기찬 나라가 되려면 정의가 물처럼 흐르는 사회가 되어야 한다.

물은 약한 듯하다. 그러나 그 모아진 힘은 무섭기까지 하다. 물은 서두르지 않는다. 그러나 꾸준하게 낮은 곳으로 흘러 강을 이루고 유유히 흘러간다. 이처럼 공의가 사회 구석구석에 흘러 넘칠 때 그 사회는 살맛나는 명랑한 사회가 된다.

그러나 인간이 부패했기 때문에 때로 불의한 자가 득세하고 의로운 자가 멸시를 당하기도 한다. 열심히 일한 사람은 굶고 일하지 않고 훔쳐 먹는 사람이 배부른 사회라면 누가 일하려고 할 것이며 일할 맛이 나겠는가.

선한 사람이 옥에 갇히고 악한 사람이 활개를 친다면 그런 사회에서 누가 평안을 누리며 행복할 수가 있는가. 불평과 불만의 소리가 높아질 것이다. 의인이 학대를 받고 뇌물로 재판을 굽게 한다면 어느 누구도 평안하지 않을 것이다.

그렇다면 어떻게 해야 정의로운 사회를 만들 수 있는가. 예수정신이 세상에 깔려야 한다. 예수정신은 희생과 헌신의 정신이다. 남을 살리기 위해서 자신이 죽는 정신이다. 그것이 최고의 사랑이다. 남을 죽여서 내가 살겠다고 하는 정신이 우리를 고통스럽게 한다.

또한 진실과 정직이 회복되어야 한다. 거짓이 득세하지 못하도록 해야 한다. 그리고 양심과 도덕성이 회복되어야 한다. 다윗은 나단 선지자의 책망을 듣고 나단 선지자를 죽인 것이 아니라 그 앞에서 내가 범죄했다고 고백했다. 그래서 살았다. 요나는 풍랑이 일어난 것이 자기 책임이라고 하며 자신을 바다에 던지라고 했다. 그래서 살았다.

나부터 예수정신으로 살자. 나부터 진실하고 정직하려고 애쓰자. 나부터 양심의 기능을 살리고 도덕성을 회복하자. 내가 우리가 되고 우리가 나라가 될 때 정의가 물같이 우리 사회에 흐르지 않을까.

부끄럽지 않으려고 애쓰자. 우리는 세상의 빛이요, 소금이다. 예수 그리스도의 향기요, 편지다.

# 꿈이 없는 백성은 망한다

잠 29:18

묵시가 없으면 백성이 방자히 행하거니와 율법을 지키는 자는 복이 있느니라.

위의 말씀은 꿈이 없는 백성은 망한다고 번역되기도 한다.

꿈이란 무엇인가? 소망이다. 환상이다. 기대다. 이런 기대나 소망이나 환상이 없는 사람이 어떻게 살아갈 수 있겠는가.

살아 있는 사람은 모두가 꿈을 가지고 있다. 나는 장차 무엇이 되겠다는 꿈, 어떻게 살겠다는 희망, 그것이 꿈이다.

학생들은 정치인이나 대통령이 되겠다는 꿈이 있어 공부하고, 구멍가게를 하는 사람이 큰 사업장을 가지겠다는 꿈이 있어 일한다. 그런 꿈들이 있기 때문에 우리가 열심을 내고 노력하는 게 아니겠는가.

기필코 그 꿈을 이루고자 하는 동안 그 꿈은 이루어질 수도 있다. 그 꿈이 그대로 이루어지지 않았을지라도 그 마음으로 사는 것이 바로 행복이다.

이런 꿈마저 없다면 그는 절망하는 사람이고 낙심하며 살아가는 사람일 것이다. 그런 사람이 행복할 수는 없다. 꿈이 없는 사람은 자신을 패망의 길로 인도하고 있는 것이다.

하나님은 계속해서 꿈을 주신다. 아브라함에게 젖과 꿀이 흐르는 가나안을 바라보게 하고, 하늘의 별처럼, 바닷가의 모래처럼 번성하는 자손의 꿈을 주었다. 장차 네 후손 중에서 메시아가 탄생하여 뭇 백성을 구원하게 될 것이라는 꿈을 주었다.

아브라함은 그 꿈을 간직하고 갈대아 우르를 떠나 가나안으로 들어왔고 대를 이어 이삭과 야곱과 요셉에게 계속해서 그 꿈을 꾸도록 인도했다.

모세에게 가나안의 꿈을 성취하는 꿈을 주고 다윗에게 하나님나라의 왕국을 꿈꾸게 하였다. 수많은 선지자들에게 이스라엘의 회복과 하나님나라를 전하도록 했다.

예수께서 하나님나라를 가지고 오셨다. 주님은 계속해서 천국의 꿈을 꾸도록 했다. 주님의 제자들이 순교하면서까지 복음을 전하고 바울 사도가 선교시역을 감당한 것도 영원한 꿈 때문이었다.

그렇다. 꿈을 꾸자. 환상을 보자. 성취된 하나님나라의 영광을 보자. 그 꿈이 없으면 망한다. 단테는 그의 〈신곡〉 지옥편에서 "이곳에 들어오는 모든 자는 소망을 포기하라."고 기록했다. 지옥은 소망이 끝나는 곳에서 시작하는 것이다.

지금 있는 그 자리에서 꿈과 소망을 붙들고 있으라. 바울 사도는 "소망의 하나님이 모든 기쁨과 평강을 믿음 안에서 너희에게 충만하게 하사 성령의 능력으로 소망이 넘치게 하시기를 원하노라."고 기도했다.(롬 15:13)

# 공의가 나라를 영화롭게 한다

잠 14:34

공의는 나라를 영화롭게 하고 죄는 백성을 욕되게 하느니라.

나라는 백성의 모임이다. 백성이 평안하고 자유롭게 자기 생업에 종사하며 평등한 기회로 꿈을 성취할 수 있다면 그곳은 좋은 나라다.

그러나 무질서하고 부자유로우며 어떤 잘못된 힘에 의해서 눌려 사는 사회라면 그곳은 잘못된 나라다.

하나님나라는 하나님의 법에 의하여 하나님이 다스리는 나라요, 그 법에 순종하는 백성이 하나님나라 백성이다.

그러나 세상나라는 사람이 자기에게 주어진 권세를 가지고 백성을 다스리고 있다. 그러므로 지도자가 어떤 사람이냐에 따라 다스리는 방법이 다르기 때문에 백성들이 평안하기도 하고 고통스럽기도 하다.

하나님의 간섭 안에 있는 나라라도 지도자가 하나님의 뜻을 어긴다면, 그래서 군림한다면 백성은 고통 속에 있어야 한다. 그러나 섬기고 헌신하는 자세로 다스린다면 그 나라의 백성은 행복하다.

오늘 말씀은 영광스러운 나라를 위해서 무엇이 필요한가를 말씀한다.

공의가 나라를 영화롭게 한다고 했다. 공의란 잘한 사람이 상과 칭찬과 존경을 받고 잘못한 사람이 벌을 받고 꾸중을 듣고 멸시를 당하는 것을 말한다. 이것이 허물어져서 잘못하는 사람이 칭찬과 상을 받고 잘한 사람이 벌을 받는다면 절대로 영화스럽지 않다. 벌 받을 사람이 존경받고 존경받을 사람이 벌을 받는 사회는 반드시 부끄러운 나라가 된다. 지도자뿐 아니라 모든 백성이 공의로워야 한다.

다음으로 죄가 백성을 욕되게 한다고 했다. 어느 사회나 도덕과 윤리가 있고 법이 있다. 그 법을 어기는 것이 죄다. 그런 사회는 부끄러운 사회다. 스스로 백성을 욕되게 하는 나라다. 그 나라는 불행한 나라다.

그러므로 나라가 굳건하게 서서 영화로운 나라가 되려면 공의가 지켜지고 백성들이 도덕적으로 바르게 살아야 한다. 나 한 사람이 정의롭다고 나라가 든든하겠느냐 하면서 포기한다면 기대할 수가 없다.

나 자신과 내 가정에서부터 정의롭고 도덕적이어야 한다. 하나님이 다스리도록 순종하는 나라가 된다면 더할 나위가 없다.

# 너는 내게 부르짖으라

렘 33:2-3

일을 행하시는 여호와, 그것을 만들며 성취하시는 여호와, 그의 이름을 여호와라 하는 이가 이와 같이 이르시도다. 너는 내게 부르짖으라. 내가 네게 응답하겠고 네가 알지 못하는 크고 은밀한 일을 네게 보이리라.

기도는 목소리를 크게 한다고 하나님이 들으시고 작게 말한다고 하나님이 못 들으시는 것이 아니다. 기도하기 전에 마음의 생각까지 아시는 분이 작은 소리로 소곤소곤 아뢰었다고 그 기도를 무시하겠는가.

예수님은 골방에 들어가서 문을 닫고 은밀한 중에 계신 네 아버지께 기도하라고 가르치셨다.(마 6:6) 조용히 기도해도 되는 것이다.

그러면 왜 부르짖어 기도하라 하시는가. 소리를 높여 기도하라는 것이 아니라 간절하고 절실한 마음으로 기도하라는 것이다.

우리는 반드시 필요하기 때문에 구하는 것이다. 있어도 그만, 없어도 그만인 것은 간절히 구할 필요가 없다. 그렇기 때문에 절실한 것을 구하는 사람은 목소리를 높여 기도할 수밖에 없을 것이다.

하나님은 간절한 기도를 들으시고 응답을 주실 뿐 아니라 내가 기도한 이상의 것을 보여주고, 은밀한 것도 보여주신다고 했다.

하나님은 일을 행하시는 하나님이시고 성취하시는 하나님이시다. 창조의 하나님이시고 불가능이 없으신 분이시다. 그러므로 의심치 말고 믿음으로 구하고, 정욕을 위하여 구하지 말고 하나님의 뜻을 구하고, 예수님의 이름으로 구하고, 간절히 구해야 한다.

예수님은 "지금까지는 너희가 내 이름으로 아무것도 구하지 아니하였으나 구하라 그리하면 받으리니 너희 기쁨이 충만하리라."고 하셨다.(요 16:24)

시급하면 더욱 뜨겁게 기도하자. 환난 중에는 더욱 간절하게 기도하라. 기도는 내가 하고 응답은 하나님이 하신다.

"환난 날에 나를 부르라. 내가 너를 건지리니 네가 나를 영화롭게 하리로다."(시 50:15)

# 삼가 모든 탐심을 물리치라

눅 12:15

그들에게 이르시되 삼가 모든 탐심을 물리치라. 사람의 생명이 그 소유의 넉넉한 데 있지 아니하니라.

어느 날, 한 사람이 예수께 찾아와서 "선생님, 내 형에게 명하여 유산을 나와 나누게 해 주세요."하고 주문했다.

유산 때문에 형제가 불화했던 모양으로, 예수님의 권능 있는 사역을 보면서 예수님이라면 재판관 노릇이나 물건 나누는 일을 능히 하실 수 있으리라고 생각한 모양이었다.

예수님은 그에게 삼가 모든 탐심을 물리치라고 하시면서 사람의 생명이 그 소유의 넉넉한 데 있지 않다고 일갈하셨다. 그러면서 하나의 비유로 깨닫게 해 주셨다.

어리석은 부자 비유다.

한 사람이 있었는데 밭의 소출이 많았다. 그는 심중에 말하기를 내가 곡식 쌓아둘 곳이 없으니 어찌할까. 행복한 고민에 빠진 것이다. 그는 계획했다. 곳간을 헐고 더 크게 지을 것이다. 그리고 거기에 많은 물건과 곡식을 쌓아 놓을 것이다.

생각만 해도 얼마나 흐뭇했겠는가. 그는 자신의 심중에 말했다. 내 영혼아, 여러 해 쓸 물건을 많이 쌓아두었으니 평안히 쉬고 먹고 마시고 즐거워하자.

그러나 세상 일이 어디 제 마음대로 되는 것인가. 하나님께서는, 어리석은 자여, 오늘 밤에 네 영혼을 도로 찾으리니 그러면 네 준비한 것이 뉘 것이 되겠느냐고 하셨다. 많은 재산에 흐뭇해했지만 그 재산이 그를 지켜주지 못한 것이다.

주님은 말씀하셨다. 자기를 위하여 재물을 쌓아두고 하나님께 대하여 부요치 못한 사람은 바로 이 사람과 같은 것이라고.

그렇다. 재물은 정함이 없다. 내가 없으면 모아놓은 재물이 내 것이 될 수 없다. 과도한 욕심은 인생을 어리석게 살도록 만든다. 욕심이 잉태하면 죄를 낳고 죄가 장성하면 사망을 가져온다.

현대에는 물질이 우상화되었다. 그래서 성경은 탐심이 우상숭배라 했다.(골 3:5) 그래서 땅에 있는 지체를 죽이라고 한다. 실로 생명보다 그 소유를 자랑하는 자들이여, 생명을 잃고 재물만 남았을 때 그것이 무슨 소용인가.

생명을 찾자. 그 생명은 소유의 넉넉한 데 있지 않다. 성경은 자족하는 마음이 있으면 경건은 큰 이익이 된다고 하고 우리가 먹을 것과 입을 것이 있으면 족한 줄로 알 것이라고 했다. 돈을 사랑함이 일만 악의 뿌리다.(딤전 6:6-10)

# 가난하게도 부하게도 마옵시고

잠 30:8

곧 헛된 것과 거짓말을 내게서 멀리하옵시며 나를 가난하게도 마옵시고 부하게도 마옵시고 오직 필요한 양식으로 나를 먹이시옵소서.

아굴의 잠언에 나오는 오늘 말씀은 참으로 하나님을 사랑하고 그 하나님께 순종하고자 하는 사람의 기도다.

그는 물질이 너무 많은 것도, 너무 부족한 것도 원하지 않았다. 그래서 가난하게도 말고 부하게도 말고 오직 필요한 양식으로 먹여달라고 기도하고 있다.

그가 그렇게 구하는 이유는 자신이 부하여서 배부르면 하나님을 모른다 할 것 같고 가난하면 도둑질하고 싶지 않겠느냐 해서이다. 그것은 곧 하나님의 이름을 욕되게 하는 것이라고 생각했다.

참으로 옳은 생각이다.

실제로 물질이 과다하게 많아서 하나님을 섬기는 데 게으른 사람이 많다.

물질이 너무 없어서 고통당하는 사람도 많다. 적당히 먹고 입을 수 있으면 되는데 과도한 부와 가난이 하나님을 섬기는 데 방해가 되는 것이다. 이런 생각으로 살 수 있다면 물질 때문에 시험 들 일은 없을 것이다.

그러나 사람의 욕심이 그걸 막고 있다.

사실 일용할 양식만 있으면 된다. 그래서 예수님도 일용할 양식을 위해서 기도하라고 가르치셨다.

다윗은 여호와를 목자로 모시면 부족함이 없다고 노래했다.(시 23:1) 이스라엘 백성들이 광야에 있을 때 하나님이 하늘에서 만나를 내려주셔서 먹을 수 있었다. 그러나 매일 그날의 양식만 거두도록 했다. 그 이상의 것을 거두면 썩어서 먹을 수가 없었다.

우리는 나 중심으로 생각하지 말고 하나님 중심의 삶을 살아야 한다. 이것이 하나님께 영광이 되느냐, 그렇지 않느냐를 생각하고 하나님의 영광을 가리는 일이라면 과감하게 버릴 수 있어야 한다.

부하게도 마옵시고 가난하게도 마옵소서.

탐욕에 눈이 어두워 자신을 잃어버리는 일이 없어야 한다. 생명이 있고 물질이 필요한 것이고, 하나님이 계시고 내가 존재하는 것이다.

# 우로나 좌로나 치우치지 말라

수 1:7

오직 강하고 극히 담대하여 나의 종 모세가 네게 명령한 그 율법을 다 지켜 행하고 우로나 좌로나 치우치지 말라. 그리하면 어디로 가든지 형통하리니.

"성경을 읽기 위하여 촛불을 훔치지 말라."는 서양 속담이 있다. 아무리 좋은 목적을 가지고 있더라도 그 목적을 이루기 위해서 잘못된 수단이나 방법을 동원해서는 안 된다는 의미의 말이다.

우리는 성공해야 한다. 승리의 인생을 살아야 한다. 왜냐하면 실패의 아픔과 패배자가 겪는 고통을 알고 있기 때문이다.

그러나 그 성공과 승리란 것이 무엇인가?

승리와 성공에 집착하다 보면 잘못된 유혹에 넘어갈 수가 있다. 성공이란 것이 어떤 수단을 써서라도 1등을 하고, 잘못된 방법을 강구해서라도 돈을 많이 벌고, 부도덕한 방법을 동원해서라도 우선 윗자리에 앉고 보는 것인가.

어떤 사람들은 "목적은 수단을 정당화한다."고 유식한 말을 하고 또 어떤 사람들은 "꿩 잡는 게 매 아니냐 ?"고 큰소리친다. "모로 가도 서울만 가면 되지 않느냐."고도 한다.

그러나 오해하지 말자. 그것은 성공도 승리도 아니다. 진정한 성공과 승리는 잘못된 수단을 동원해야만 성공할 수 있다고 믿는 풍토 속에서도 한눈팔지 않고 꾸준히 의로운 길을 걸은 사람이다. “진실하고 정직하면 잘살 수 없다.”는 굴절된 생각이 이 시대 저변에 팽배할지라도 “그게 아니다.” 하며 끝까지 진실을 붙잡는 사람이다. 설령 사람들 앞에서 꼴찌를 했더라도, 그리하여 뭇사람의 연민과 비웃음의 눈총을 받는 대상이 되었다 할지라도, 하나님 앞에서와 자신의 양심 앞에서 부끄럽지 않고 당당할 수만 있다면 그가 진정한 승리자요, 성공자다.

모세의 뒤를 이어 이스라엘의 지도자가 된 여호수아에게 하나님은 말씀하셨다. “오직 강하고 극히 담대하여 나의 종 모세가 네게 명령한 그 율법을 다 지켜 행하고 우로나 좌로나 치우치지 말라. 그리하면 어디로 가든지 형통하리니.”

이 말씀에서 형통을 위한 세 가지를 주문하고 있다.

하나는 강하고 담대하라는 마음가짐이다. 하나님이 함께해주시기 때문에 승리할 수 있다는 자신감이 필요했기 때문이다.

둘째는 율법을 표준으로 삼아야 한다는 것이다. 이것은 절대적이다. 말씀에 어긋나는 성공은 있을 수 없다.

셋째는 우로나 좌로나 치우치지 말라는 것이다. 이는 율법을 지키며 적응할 때 정도正道를 걸으라는 뜻이다.

좋은 목적을 위해서는 반드시 올바른 방법만 정당화될 수 있다. 그리고 올바른 방법으로만 성공할 수 있다는 확신을 가지고 부정과 거짓과 부패에 의연히 대처해 나가는 사람이 진정한 승리자다.

11월의 詩

# 11월이 되면

나무들이 잎사귀를 떨어뜨리고
11월이 되면
홀가분한 마음으로
가난한 자가 되어본다
지난날 온화했던 그 바람이
싸늘해지는 날
잔가지 사이로 공허한 하늘
올려다보는 가슴이 시리다

밤에 잠이 오지 않는 이들이여
지금은
조용한 시간이 더 필요한 때
깊은 사념 속에 묻혀
무릎 꿇고 두 손 모으라고
정적의 길이를 늘려 놓았으리

우리는 지금 어디를 바라보는가
11월에는 시선을 바꾸라 한다
남의 허물보다 자신의 심연
넉넉한 곳보다 어려운 곳
높은 곳보다 낮고, 외로운 곳으로
먼저 다가가라 한다

살아 있다는 것이 문득 고마워지고
새삼 혼자가 아니라는 사실로
눈시울이 뜨거워질 때면
찬양하자, 감사하자
11월에는

POEM

November

11월 1일

# 감사의 계절

시 107:1-3

여호와께 감사하라. 그는 선하시며 그 인자하심이 영원함이로다. 여호와의 속량을 받은 자들은 이같이 말할지어다. 여호와께서 대적의 손에서 그들을 속량하사 동서남북 각 지방에서부터 모으셨도다.

감사의 계절 11월이다. 11월에는 추수감사주일이 있다.

구약에는 장막절이라고도 하고 초막절이라고도 하는 수장절이 있었다. 구약의 3대 절기 중 하나로 한 해의 마지막 절기다. 곡식을 추수하여 곡간에 저장하고 드리는 절기였다.

영적으로는 하나님의 백성이 하나님나라의 곡간, 즉 천국으로 들어가는 것을 상징하기도 한다. 이스라엘이 광야 생활을 하는 동안 초막을 짓고 일주일 동안 지켰던 것을 기념하기도 했다.

아무튼 1년 농사를 마무리하고 하나님께 감사한다는 것은 얼마나 감사한 일인가! 넉넉하고 풍요로운 마음으로 살아가자.

이제 한 해도 두 달이 남았다.

나무들은 잎사귀들을 떨어뜨릴 것이고 단풍으로 수놓았던 아름다운 강산도 삭막한 겨울을 향하여 달려갈 것이다. 벌써 바람 끝이 차갑게 느껴진다. 겨울 준비를 해야 한다.

그럼에도 감사한 것은 우여곡절 많은 세상을 하나님의 도우심과 인도하심에 힘입어 여기까지 왔다는 것이다.

나라가 있고 가정과 직장이 있고 열심히 일할 수 있는 자유가 있어서 감사하고, 무엇보다 하나님을 섬기는 백성으로 살아온 게 감사하다.

성경은 범사에 감사하라고 가르친다.

하나님의 섭리지만 우리가 이해할 수 없는 변화무쌍한 세상이다. 괴롭고 슬픈 일이 기쁜 일로 바뀌고 기쁘고 즐거운 일이 고통으로 바뀔 수 있다.

그러나 우리가 믿는 것은 하나님은 당신의 백성에게 결코 불행을 주지 않는다는 사실이다. 이른바 합력하여 선을 이루신다.(롬 8:28)

결론을 잘 지어주신다는 뜻이다. 그 믿음 가지고 감사하며 한 달을 또 사는 것이다.

나와 가정과 교회와 이웃과 직장과 나라에 감사로 결론지어지는 일이 많아야겠다.

# 하나님을 찬양하자

엡 5:19

시와 찬송과 신령한 노래들로 서로 화답하며 너희의 마음으로 주께 노래하며 찬송하며.

찬양하자. 창조주 하나님을 찬양하자. 구속주 하나님을 찬양하자. 찬양은 하나님의 존재와 사역에 대한 최고의 찬사다. 찬양은 섭리하시는 하나님의 사역에 대한 우리의 반응이다. 하나님은 우리가 드린 찬양을 기뻐하신다.

찬양은 우리가 드리는 최고의 예물이다. 하나님은 우리의 찬양을 받으시기 위하여 우리를 지으셨다. "이 백성은 내가 나를 위하여 지었나니 나를 찬송하게 하려 함이니라."(사 43:21) 그러므로 호흡이 있는 자는 하나님을 찬양해야 한다.(시 150:6) 찬양은 지금부터 영원까지 우리가 해야 할 의무다.

찬양의 가치는 크다. "내가 노래로 하나님의 이름을 찬송하며 감사함으로 하나님을 위대하시다 하리니 이것이 소 곧 뿔과 굽이 있는 황소를 드림보다 여호와를 더욱 기쁘시게 함이 될 것이라."(시 69:30-31)

찬양은 우리의 신앙고백이다. 찬양은 곡조가 붙은 기도요, 하나님을 영화롭게 하는 것이다. 하나님은 이스라엘의 찬송 중에 계신다. "이스라엘의 찬송 중에 계시는 주여, 주는 거룩하시

니이다."(시 22:3)

우리는 찬송을 통하여 하나님께 나아간다. "온 땅이여, 여호와께 즐거이 부를지어다. 기쁨으로 여호와를 섬기며 노래하면서 그 앞에 나아갈지어다."(시 100:1,4)

찬양은 입술의 열매며 하나님께 드리는 제사다. "이러므로 우리가 예수로 말미암아 항상 찬송의 제사를 하나님께 드리자. 이는 그 이름을 증언하는 입술의 열매니라."(히 13:15)

하나님은 찬송하는 사람에게 기적을 베푸신다. 이스라엘 백성들은 홍해를 건넌 후 거국적으로 마음껏 감사의 찬양을 드렸다. 바울과 실라는 빌립보 감옥에 갇혀서도 찬양을 했다. 그랬더니 옥문이 열렸다. 다윗은 사울 왕이 악신이 들었을 때 수금을 탐으로써 악신이 물러가게 했다. 여호사밧 왕은 모압과 암몬과 세일산 사람들이 연합하여 쳐들어왔을 때 찬양대를 앞세우고 나가서 그들이 자중지란으로 패배하도록 했다.

찬양은 하나님을 기쁘시게 할 뿐만 아니라 찬양하는 우리 마음에도 평화를 주신다. 찬양은 만국인의 언어다. 찬양함으로 모두의 마음을 화합시킨다. 이 찬양은 하늘나라에서도 부르게 된다. 영원히 부르게 될 것이다.

박수치며 찬양하고 춤추며 찬양하고 온 마음을 바쳐 찬양하자. 모든 악기를 동원하여 연주하며 우리의 구원을 찬양하고 그 영광을 찬양하자.

찬양은 경배와 함께 성도들이 맨 우선으로 하나님께 드려야 할 것이다. 늘 새 마음으로, 새 노래로 찬양하자.

# 깊도다. 하나님의 지혜와 지식

오늘 말씀

롬 11:33

깊도다. 하나님의 지혜와 지식의 풍성함이여, 그의 판단은 헤아리지 못할 것이며 그의 길은 찾지 못할 것이로다.

사도 바울은 사도와 선교사 이전에 율법에 능통한 사람이요, 학자였다. 당시의 석학이었던 가말리엘에게서 배웠고 학문으로 그를 당할 사람이 없었다.

아덴에서 복음을 전할 때 당시의 기라성 같은 철학자들이 그와 논쟁을 했지만 그를 당해내지 못했다.

그가 당시 세계를 무대로 선교활동을 하는 데 언어를 비롯하여 모든 사상에 막힘이 없었다. 그는 여러 권의 성경을 썼다.

그런 그가 하나님의 경륜 앞에서 자기의 지식이 부족함을 깨닫고 손을 들어 항복하며 감탄의 소리를 높인 것이 오늘의 말씀이다.

“깊도다. 하나님의 지혜와 지식의 풍성함이여, 그의 판단은 헤아리지 못할 것이며 그의 길은 찾지 못할 것이로다.”

하나님의 지혜와 지식이 사람의 능력으로 헤아리기에는 너무 깊고, 높고, 넓어서 감당하지 못한다는 것이다.

그래서 그는 말했다. “하나님의 어리석음이 사람보다 지혜롭고 하나님의 약하심이 사람보다 강하니라.”(고전 1:25) 오죽 답답하면 이런 말을 했을까. 하나님 앞에서 아는 체하고 잘난 체하는 사람들이 가소로웠던 것이다.

겸손해야 한다. 하나님의 말씀을 자기 마음대로 해석하고 난도질하여 판단하는 것은 교만을 넘어서 완악한 것이다.

하나님의 경륜을 사람이 헤아리기 어렵다. 모르는 것을 아는 체하고 판단하는 것은 어리석은 일이요, 하나님의 일을 대적하는 행위다.

삼가고 조심하고 순종하라. 자기의 작은 그릇에 큰 그릇을 담으려 한다면 그 그릇은 깨질 수밖에 없다.

하나님의 말씀에 순종하는 것은 나약해서가 아니라 지혜로워서이다.

하나님은 당신의 말씀과 경륜에 순종하고 따르는 지혜로운 사람에게만 복을 내리신다.

# 깨끗한 자들에게는 모든 것이 깨끗하고

딛 1:15

깨끗한 자들에게는 모든 것이 깨끗하나 더럽고 믿지 아니하는 자들에게는 아무것도 깨끗한 것이 없고 오직 그들의 마음과 양심이 더러운지라.

성경은 모든 지킬 만한 것 중에 더욱 네 마음을 지키라고 했다.(잠 4:23) 사람은 자기의 마음에 가진 대로 남이나 사물을 판단하기 때문이다.

긍정적인 사람은 범사를 긍정적으로 보기 쉽지만 부정적인 사람은 범사를 부정적으로 보기 쉽다.

마음이 청결한 사람은 하나님을 본다고 했다.(마 5:8) 깨끗하기 때문에 깨끗하신 분을 보는 것이다. 그는 깨끗한 것을 깨끗하게 보는 것이다.

그러나 더러운 사람은 깨끗해도 더럽게 보는 것이다. 더구나 믿음이 없는 사람은 부정적으로 또는 불신의 눈으로 보기 때문에 진실이 믿어지지 않는 것이다.

세상을 깨끗하게 하려고 하지 말라. 나 자신이 깨끗해지기 위하여 노력하라. 내가 깨끗해지면 세상이 아름답고 깨끗하다.

그러면 내가 어떻게 깨끗해질 수 있는가. 목욕을 자주 한다고 깨끗해지는가? 옷을 단정히 입는다고 깨끗해지는가?

그런 것은 겉을 깨끗하게 보이기 위한 수단이지 속을 깨끗하게 하는 것은 아니다. 예수님 당시에 바리새인들이 그렇게 외식을 해서 책망을 들었지 않은가.

진정으로 마음을 깨끗하게 하려면 죄 사함을 받아야 한다. 그리고 믿는 자가 되어야 한다.

그 방법은 유일하다. 내 죄를 씻어주신 분을 인정하고 믿는 길밖에 없다. 그러면 새로운 피조물이 된다. 죄 없다는 인정을 받는다. 그때야 비로소 긍정적인 사람이 된다.

교육과 학문이 사람을 교양인으로 인도하는 일을 할 수 있지만 영혼의 문제는 생명의 주인이신 하나님만이 하실 수 있다. 영혼을 청결하게 하는 것은 하나님의 보배로운 피밖에 없다.

사람마다 양심이 있다. 그러나 양심은 변한다. 마음도 변한다. 세상의 인심이 자꾸 사악해지는 방향으로 가는 것은 사람들의 마음이 세상을 본받기 때문이다. 양심이 더러워지면 제 기능을 발휘하지 못하기 때문이다.

깨끗함과 더러움에 대한 판단은 자기 마음에 달려 있다. 깨끗한 자가 하나님을 보고 세상에서는 아름다움을 본다.

# 자기 백성이 되게 하려 하심

딛 2:14

그가 우리를 대신하여 자신을 주심은 모든 불법에서 우리를 속량하시고 우리를 깨끗하게 하사 선한 일을 열심히 하는 자기 백성이 되게 하려 하심이라.

하나님은 우리 모두가 당신의 백성이 되기를 원하신다.

여기서 말씀하는 자기 백성이란 주의 이름으로 선한 일을 열심히 하는 사람을 가리킨다.

선한 일은 하나님께서 주신 마음으로 하나님께서 하라 하신 일을 말한다.

세상에는 선한 일이 많다. 그 일들은 모두에게 좋은 일이다.

그러나 정말로 선한 일은 생명을 살리는 일이다. 생명을 살리기 위해서 하는 모든 일이 선하다.

우리는 예수님처럼 십자가에 못 박혀 죽을 수도 없고 그럴 필요도 없다. 그분이 가르쳐주신 일을 믿음으로 감당하면 그것이 선한 일이다.

주님이 명한 일들이 무엇인가. 물론 복음을 전하는 일이다. 복음을 전하기 위하여 하는 모든 일이다. 그런 의미에서 거리를 청소하는 일도 주님을 생각하며 한다면 그것은 성경이 말씀하는 선한 일이다.

성경은 그러므로 믿음을 따라 하지 않는 것은 죄라고 했다.(롬 14:23) 우리가 지향해야 할 점은 모든 것을 믿음으로 하자는 것이고 그렇게 함으로만 우리가 선을 행하는 하나님의 백성이라는 뜻이 된다.

이러한 사람을 만들기 위해서 주님은 우리를 불법에서 속량하시고 깨끗하게 하셨다.

속량이란 대가를 지불했다는 뜻이다. 우리는 거저 구원받고 깨끗함을 얻었지만 주님은 당신의 몸을 십자가에 내놓으셨다.

거기에서 흘린 피가 우리의 죄를 씻는 대속의 피요, 속량의 피다.

하나님의 백성이 되어 선한 일을 하도록 하신 하나님의 사랑과 열정에 감사드리자.

우리 모두 불법에서 속량을 받은 하나님의 백성답게 주님을 전하는 선한 사역자가 되자.

# 그것을 내 앞으로 계산하라

몬 1:18

그가 만일 네게 불의를 하였거나 네게 빚진 것이 있으면 그것을 내 앞으로 계산하라.

빌레몬은 골로새 교회의 평신도 지도자였다. 그는 노예를 소유할 정도로 부유한 사람이었다.

빌레몬의 노예 중에 오네시모가 있었다. 그는 주인인 빌레몬의 집에서 재물을 훔쳐 도망갔다.

당시 노예는 주인의 집에서 도망갔다가 잡히면 주인의 마음대로 죽일 수도 있었다.

도망친 오네시모는 로마로 가서 당시 옥에 갇혀 있던 바울 사도를 만나 회개하고 바울의 사역을 돕는 동역자가 되었다.

바울 사도가 오네시모를 사역자로 쓰려면 주인인 빌레몬의 허락을 받아야 했기에 그를 빌레몬에게 돌려보내야 했다.

바울은 오네시모를 보내면서 그를 변호하는 말을 했다. 즉, 지난날에는 그가 무익했지만 이제는 나와 네게 유익한 자가 되었다고 했다. 그러므로 바울은 오네시모를 용서하라고 간절히 구했다.

오늘 말씀은 바울 사도가 오네시모를 빌레몬에게 보내면서 그가 네게 빚진 것이 있으면 자신이 책임지겠다고 하는 내용이다.

남의 빚을 내가 대신 진다는 것은 예수정신이다. 남의 짐을 대신 지신 예수님, 남의 죄를 대신 지고 십자가에 못 박히신 예수 그리스도의 정신이다. 지난날의 잘못을 회개하는 오네시모를 용서하고 사역자로 쓰는 것도 예수정신이다.

지난날의 자신의 잘못을 뉘우치고 바울의 동역자가 된 오네시모, 바울 사도의 간절한 기대를 저버리지 않고 지난날의 종이었던 오네시모를 용서한 빌레몬, 그들 사이에 바울 사도가 있었다.

우리는 어떤 사람이 되어야 하는가.

잘못을 회개하는 자가 되자.

회개할 때 용서하는 자가 되자.

사람을 살리는 자가 되자.

화목케 하는 자가 되자.

화평케 하는 자는 하나님의 아들이라는 일컬음을 받는다.(마 5:9)

예수정신의 실천자가 되자.

# 내가 거룩하니 너희도 거룩하라

레 11:45

나는 너희의 하나님이 되려고 너희를 애굽 땅에서 인도하여 낸 여호와라. 내가 거룩하니 너희도 거룩할지어다.

하나님은 만물을 정한 것과 부정한 것, 속된 것과 거룩한 것으로 구별하셨다. 그러므로 동물도 부정한 것은 먹지 못하게 했다.

예를 들면 돼지는 부정하기 때문에 하나님께 제물로 드릴 수 없을 뿐 아니라 그 고기를 사람이 먹지도 못하게 했다. 그러나 소나 양은 정한 동물이기 때문에 하나님께 제물로 드릴 수 있을 뿐 아니라 사람도 그 고기를 먹을 수 있게 했다. 물론 정하고 부정한 것을 구별하는 일은 하나님의 주권이었다.

짐승은 굽이 갈라져 쪽발이 되고 새김질을 하면 정한 동물이지만 쪽발이 아니거나 새김질을 하지 않으면 부정한 동물이다. 돼지는 새김질을 하지 않기 때문에 부정한 동물인 것이다.(레 11:1-8)

하나님은 거룩하신 분이다. 그러므로 사람이나 그 어떤 피조물로부터 속되게 여김을 받는 것을 원치 않는 것이다.(레 22:32)

제3 계명에 하나님 여호와의 이름을 망령되게 부르지 말라는 뜻도 거기에 있는 것이다. 거룩하다는 말은 본래 구별한다는 뜻을 가지고 있다. 그러므로 하나님이 거룩하시다는 것은 일반 세속적인 것과 구별됨을 의미한다. 우리를 거룩한 백성이라 부른다면 우리가 일반 믿지 않는 사람들과 구별되어야 한다는 뜻이다.

주일을 성일이라 함은 주일이 다른 날과 달라야 한다는 것이고, 성직이라 함은 다른 세속적 직분과 달라야 한다는 것이며, 성물이라 하면 같은 물건이라도 그 쓰임이 달라질 때 부르는 것이다. 주님의 영광을 위해서 쓰이면 성물이지만 세속적으로 쓰이면 성물이 아니다.

그러므로 예수 믿는 사람을 성도라고 부르는 의미를 깊이 생각하여야 한다. 우리는 거룩한 무리다. 일반 사람들과 다른 신앙인격과 교양을 갖추고 살아야 한다. 세상에서 빛과 소금의 역할을 하고 그리스도를 나타내는 삶을 살아야 한다. 무늬만 그리스도인이 아니라, 겉모습만 그리스도인이 아니라 그리스도의 향기가 나는 그리스도인이 되어야 하는 것이다.

성경은 말세의 고통 하는 때가 되면 경건의 모양은 있으나 경건의 능력은 부인하는 자들이 있을 것을 말씀하고 그런 사람에게서 돌아서라고 권한다.(딤후 3:5)

하나님께서 이스라엘을 애굽에서 건져낸 것은 구별된 백성이요, 하나님만 섬기는 백성이 되게 하기 위함이었다. 비록 여러 사람이 섞여 살고 있지만 하나님은 우리가 구별된 삶을 살기를 원하시는 것이다.

11월 8일

# 천국기업을 얻게 하리라

오늘 말씀

행 26:18

그 눈을 뜨게 하여 어둠에서 빛으로, 사탄의 권세에서 하나님께로 돌아오게 하고 죄 사함과 나를 믿어 거룩하게 된 무리 가운데서 기업을 얻게 하리라 하더이다.

바울이 다메섹 도상에서 부활하신 주님을 만난 체험을 사도행전에만 세 번이나 기록하고 있다. 오늘의 말씀도 그중의 하나로 바울 사도가 아그립바 왕에게 진술하는 내용이다.

당시 사울은 믿는 사람들을 잔해하기 위하여 대제사장의 권한과 위임을 가지고 다메섹으로 가던 중, 정오에 해보다 더 밝은 빛에 땅에 엎드러지고 말았다.

소리가 들리는데 "사울아, 사울아 네가 어찌하여 나를 박해하느냐."는 것이었다. 사울이 "주님, 누구시니이까." 하고 물었더니 "나는 네가 박해하는 예수라." 했고 그 자리에서 사울은 사명을 받았다고 했다.

그 내용은, "내가 네게 나타난 것은 곧 네가 나를 본 일과 장차 내가 네게 나타날 일에 너로 종과 증인으로 삼으려 함이니 이스라엘과 이방인들에게서 내가 너를 구원하여 그들을 보내어 구원을 이루겠다."는 것이었다. 그리고 이어서 오늘 말씀을 해주었다. 이 말씀이 곧 구원이 무엇인가를 밝혀주는 것이다.

구원이란 무엇인가?

첫째는 눈을 뜨게 하여 어둠에서 빛으로 돌아오게 하는 것이다. 죄악세상은 어둠의 세상이다. 이 어둠에서 벗어나는 것이 구원이다. 어둠에서 벗어나야 빛으로 들어온다. 즉 빛으로 들어와야 어둠을 벗어나는 것이다.

둘째는 사탄의 권세에서 하나님께로 돌아오는 것이다. 죄인은 사탄의 권세에 눌려 사는 사람이다. 여기서 해방되고 자유를 얻는 것이요, 하나님께 돌아오는 것이 구원이다. 즉 하나님께로 돌아와야 죄의 속박에서 벗어나는 것이다. 그렇다. 아직도 하나님께로 돌아오지 않은 사람은 사탄의 권세에 묶여 있는 사람이다.

셋째로 구원은 죄 사함을 얻는 것이다. 죄 사함을 받기 위해서는 예수 믿는 길밖에 없다.

넷째로 구원은 거룩하게 되는 것이다. 거룩은 죄에서 벗어나 죄인들과 구별된 삶을 사는 것이다.

다섯째로 구원은 천국기업을 얻는 것이다. 천국에 이르는 것은 구원의 완성이다. 이 일을 위해서 주님은 빛으로 오셔서 복음을 전파하고 십자가에서 대속의 죽음을 죽으셨다. 이 사실을 전하는 것이 사도들에게 맡겨진 일이었고 주님은 또한 죽은 자 가운데서 부활하셔서 바울을 당신의 종과 증인으로 삼으셨다. 그 복음 전파에 의해서 우리는 또한 복음 전파자가 된 것을 명심해야 한다.

오직 예수 그리스도를 통해서만 구원을 받는다. 그리고 그 구원의 완성은 천국에 이르는 것이다.

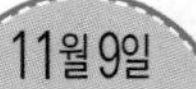

# 너는 내 앞에서 행하여 완전하라

창 17:1

**아브람이 구십구 세 때에 여호와께서 아브람에게 나타나서 그에게 이르시되 나는 전능한 하나님이라. 너는 내 앞에서 행하여 완전하라.**

많은 현인들이 말하기를, 아무도 보지 않는 장소에서도 바른 행동을 하는 사람이 참 인격자라고 했다.

아무래도 사람들이 보는 앞에서 불의한 행동을 하기는 어렵다. 체면도 있고 인격과 교양도 지켜야 하니 사람들이 보는 앞에서 부도덕하거나 양심에 어긋나는 행동을 하기는 어려운 것이다.

그러나 혼자 있을 때나 누가 보지 않는 상황에서는 부정한 행동, 양심에 어긋나는 일, 예의에 벗어나는 일을 곧잘 할 수가 있다.

이러한 현상은 남을 의식하며 살기 때문에 일어난다. 그러므로 참 인격자는 남이 보든지 말든지, 어떤 곳에서든지 정직하고 도덕적인 삶을 사는 사람이다. 오늘의 말씀도 이러한 사실과 맥을 같이 한다.

하나님은 아브람이 99세 때 그를 찾아오셔서 너는 내 앞에서 행하여 완전하라고 하셨다. 즉 네가 완전하려면 내 앞에서 행하라는 것이다. 내 앞에서란 하나님 앞에서라는 뜻이요 곧

"코람 데오"(Coram Deo)이다. 이는 내 앞에 계시는 하나님을 두려워하며 늘 나와 함께함을 신뢰하고 하나님 앞에서만 아니라 사람들 앞에서도 동일한 믿음을 지켜 나가는 것을 말한다.

하나님은 예리하시다. 성경은 하나님의 눈을 불꽃 같은 눈이라고 표현한다. 그 눈은 우리의 모든 행위를 낱낱이 보고 계신다. 그러므로 우리의 착한 행동도, 그릇된 행동도 하나님은 다 알고 계신다.

그런데 어리석은 사람들은 자기 눈에 하나님이 보이지 않으면 하나님이 자신을 보지 않으실 거라고 생각한다. 도둑이 주인이 보고 있는 줄 알면 어떻게 도둑질을 하겠는가. 보지 않는 줄 알거나 아예 없는 줄 알기 때문에 악한 일이나 부도덕한 일을 하는 것이다. 적어도 자기 행위에 상응하는 상이나 벌을 받게 된다는 것을 아는 사람은 악한 일을 할 수 없을 것이다.

하나님 앞에서 살자. 아니, 하나님이 보고 계심을 인식하며 행동하자. 우리는 하나님 앞에서 벌거벗은 것처럼 다 드러난다. 이를 인식하며 사는 사람은 진실한 하나님의 사람이다. 완전한 사람이 되어 갈 것이다.

우리는 얼마나 많은 위선을 행하며 사는가. 남들이 보는 앞에서는 선하고 의로운 체하고 보지 않는 곳에서는 불의도, 부도덕한 일도 서슴없이 행한다.

하나님은 우리의 행위 이전의 의도까지도 알고 계시는 분이다. 하나님 앞에서 말하고 행동하자. 그렇게 온전한 사람이 되자. 하나님의 은혜가 없었더라면 모두가 망할 존재들이다.

11월 10일

# 무슨 무익한 말을 하든지

마 12:36-37

**내가 너희에게 이르노니 사람이 무슨 무익한 말을 하든지 심판 날에 이에 대하여 심문을 받으리니 네 말로 의롭다 함을 받고 네 말로 정죄함을 받으리라.**

어느 날 예수님은 귀신 들려 눈멀고 말 못하는 사람을 고쳐 주셨다.

이 광경을 목도한 대다수 사람이 "이는 다윗의 자손이 아니냐!" 하고 놀랐다.

다윗의 후손으로 오신다고 예언된 메시아가 아니냐 하는 뜻이다.

그런데 바리새인들이 같은 현장을 보고도 "이가 귀신의 왕 바알세불을 힘입지 않고는 귀신을 쫓아내지 못하느니라." 하고 매도했다. 극과 극의 반응이었다.

예수님은 자신의 행위를 귀신의 힘을 빌렸다고 매도하는 자들에게 독사의 자식들이라 하면서 "너희는 악하니 어떻게 선한 말을 할 수 있느냐. 이는 마음에 가득한 것을 입으로 말하는 것이라."고 했다.

그리고 결론적으로 "사람이 무슨 무익한 말을 하든지 심판 날에 이에 대하여 심문을 받으리니 네 말로 의롭다 함을 받고 네 말로 정죄함을 받으리라."고 하셨다.

말을 조심하라는 경고는 성경뿐 아니라 동서고금의 많은 현인들이 발언함으로써 널리 알려진 금언이다. 말에 죽고 사는 게 달려 있다고 했다.

우리 속담에도 말 한마디로 천 냥 빚을 갚는다는 말이 있다. 입이 열려 있다고 아무 말이나 하는 것이 아니다. 돈 안 든다고 마구 하는 것은 교양인이 아니다.

말의 위력을 알자. "나는 예수 믿습니다." 하고 마음으로 믿고 입으로 시인하면 구원을 얻는다. 그 입으로 기도하고 축복하면 하나님이 들으신다.

말로써 남을 기분 나쁘게 하는 것은 좋지 않은 행동이라 비난받는 것으로 그치지 않는다. 심판 날에 그 말 때문에 정죄받는다는 것을 알면 어찌 무섭지 않은가.

무서워서 함부로 말하지 않기보다는 신앙인격자로서 자연스럽게 진실을 말하고 교양 있게 말하고 덕스럽게 말한다면 얼마나 품위가 있어 보이는가.

그 말이 심판 날에 나를 옹호해 줄 것이다.

# 내 속에 정한 마음을 창조하시고

시 51:10

**하나님이여, 내 속에 정한 마음을 창조하시고 내 안에 정직한 영을 새롭게 하소서.**

다윗은 정욕에 눈이 어두워 어느 날 부하 장수 우리아의 아내를 범했다. 그리고 그 죄를 은폐하기 위하여 전쟁터에 나가 있는 우리아를 죽이도록 했다.

다윗은 그 일을 은밀하게 진행했다. 그러므로 그 일을 아무도 모르리라고 생각했다. 하나님께 신실했던 다윗이 다윗답지 않은 행동을 한 것이다.

그러나 하나님은 아셨다. 하나님은 나단 선지자를 보내 다윗을 책망토록 했다. 그는 비로소 잘못을 뉘우쳤다. 내가 범죄했노라고 고백했다. 그리고 다윗은 시인답게 시를 써서 자신의 잘못을 남겨 놓았다.

오늘 말씀은 그의 시 중에 나오는 내용으로 간절한 소원을 아뢰고 있다.

"하나님이여, 내 속에 정한 마음을 창조하시고 내 안에 정직한 영을 새롭게 하소서."

그가 믿고 우리가 믿는 하나님은 창조주 하나님이시고 새롭게 하시는 분이다.

다윗은 그 하나님께 자신의 속에 정한 마음을 창조해 달라고 하였다. 더러운 마음을 개조하거나 고치는 것이 아니라 새로 만들어 달라는 것이다.

그리고 본래의 정직한 영을 새롭게 해 달라고 했다. 새롭게 변화시켜 달라는 고백이다.

스스로 고칠 수 없고 만들어낼 수 없는 죄인이기에 하나님께 부탁을 하는 것이다.

이러한 다윗의 소원은 곧 우리의 기도가 되어야 하지 않겠는가. 우리는 얼마나 부정하고 부도덕한가. 그런 우리의 마음과 영혼을 창조하시고 새롭게 하실 분은 하나님밖에 없다. 하나님이 새롭게 해 주셔야 우리는 새로운 사람이 된다.

주여, 나를 불쌍히 여기셔서 죄악으로 달려가는 내 마음을 붙들어 주소서. 정한 마음으로 창조하시고 새롭게 하소서.

오늘도 내 영혼을 위해서 기도하며 흔들리지 않도록 마음을 챙기도록 하자.

# 여러분이여, 안심하라

행 27:25

그러므로 여러분이여, 안심하라. 나는 내게 말씀하신 그대로 되리라고 하나님을 믿노라.

바울이 자신에 대한 재판이 지지부진하며 세월만 보내고 있게 되자, 로마시민권자의 권한으로 로마 황제에게 상소를 했다. 그리하여 바울 사도는 죄인 아닌 죄수의 몸으로 로마로 압송되었다.

바울 사도를 태운 배의 인솔자는 백부장 율리오였다. 그들은 배를 바꾸어 타 가며 미항에 도착했다. 여기서 바울은 더 이상의 항해는 위험하니 이곳에서 겨울을 나자고 했지만 선장과 선주는 이 항구가 겨울을 나기에 불편하므로 뵈닉스로 가서 겨울을 나자고 했다.

율리오는 바울의 의견보다 항해의 경험이 많은 선장과 선주의 말을 신임하여 뵈닉스를 향한 항해를 시작했다.

처음에 출항할 때는 남풍이 순하게 불었다. 그래서 모두 항해가 순조로울 것으로 여겼지만 얼마 지나지 않아 풍랑이 일기 시작했다. 이 풍랑이 그 유명한 유라굴로이다.

상황이 위태로워지자 사공들은 자구책을 쓰기 시작했다. 배의 짐을 버리기 시작한 것이다. 사흘째 되는 날엔 배의 기구까지 버렸다. 그럼에도 구원될 가능성이 없었다.

모두가 낙심할 수밖에 없는 상황에서 바울 사도가 일어나 말했다. "여러분이여, 내 말을 듣고 그레데에서 떠나지 아니하여 이 타격과 손상을 면하였더라면 좋을 뻔하였느니라. 내가 너희를 권하노니 이제는 안심하라. 너희 중 아무도 생명에는 손상이 없겠고 오직 배뿐이리라." 바울이 이렇게 자신있게 말할 수 있었던 것은 그가 항상 하나님과 함께하기 때문이었다.

이어서 그는 말했다. "내가 속한 바 곧 내가 섬기는 하나님의 사자가 어젯밤에 내 곁에 서서 말하되 바울아, 두려워하지 말라. 네가 가이사 앞에 서야 하겠고 또 하나님께서 너와 함께 항해하는 자를 다 네게 주셨다 하였으니 그러므로 여러분이여 안심하라. 나는 내게 말씀하신 그대로 되리라고 하나님을 믿노라."(22-25)

풍랑 속에서 어느새 바울은 죄수가 아닌 지도자와 위로자로 바뀌어 있었다. 생명이 위태로운 상황에서 바울은 어떻게 그리 담대할 수 있었을까? 첫째는 그가 늘 하나님과 교통하는 사람이었기 때문이었다. 그는 태풍 속에서도 자기 곁에 계시는 하나님을 의식하고 있었다. 둘째로 그는 가이사 앞에 가서 복음을 전해야 하는 사명이 남아 있었기 때문에 죽지 않는다는 것을 알고 있었다.

어떤 환난이 갑자기 밀어닥친다 해도 주님과 함께하는 사람은 안심하고 담대할 수 있다. 사명이 남아 있는 사람은 그 사명을 감당할 때까지 하나님께서 보호해 주실 것을 믿어야 한다.

# 간구하는 모든 자에게 가까이하신다

시 145:18

여호와께서는 자기에게 간구하는 모든 자, 곧 진실하게 간구하는 모든 자에게 가까이하시는도다.

하나님께 가까이함이 복이다.(시 73:28) 하나님이 곧 복이요, 복의 근원이시기 때문이다.

그러므로 복되게 살고자 하면 우리는 늘 하나님께 가까이하려고 노력해야 한다.

물론 여기서 가까이한다는 것은 거리상의 개념이 아니다. 하나님은 항상 우리 곁에 계시고, 안 계시는 곳이 없다. 관계상의 개념이다.

우리는 하나님과의 관계가 가까우려면 하나님이 원하시는 사람이 되어야 한다. 하나님의 마음을 흡족하게 해드리는 사람에게 하나님은 가까이해 주실 것이다.

그렇다. 오늘 말씀은 하나님께 간구하는 모든 사람, 즉 진실하게 간구하는 사람에게 하나님이 가까이하신다고 했다. 다시 말하면 내가 기도하는 사람이 되었을 때 하나님이 가까이해 주신다는 것이다.

기도하는 사람을 하나님이 얼마나 기뻐하시는가를 알게 한다. 결국 하나님으로 하여금 내게 가까이하시도록 하는 것이 하나님께 기도하는 것임을 알게 한다.

나는 기도로 하나님께 가까이하고 하나님은 그 기도를 들으시면서 우리와 함께하시는 것이다.

기도는 하나님과 나누는 대화이면서 하나님께 구하는 것이다. 사람도 사랑하는 사람이 가까이하면서 사랑을 요구할 때 기쁘다.

하물며 우리가 하나님께 나아가 기도한다는 것은 신뢰가 없으면 불가능한 일이다.

간구하는 것도 마찬가지다. 신뢰가 없고 확신이 없는 사람이 간구할 수는 없다.

위대한 신앙인은 모두가 기도를 많이 하시는 분이요, 신실하게 기도하시는 분이었다. 그것은 곧 하나님과 깊은 교제가 있었다는 뜻이다.

기도로 하나님께 나아가고 기도하는 사람에게 다가오시는 하나님께 진실하게 간구하며 화평을 누리자.

11월 14일

# 돕는 자도, 도움을 받는 자도 멸망하리라

사 31:3

애굽은 사람이요 신이 아니며 그들의 말들은 육체요 영이 아니라. 여호와께서 그의 손을 펴시면 돕는 자도 넘어지며 도움을 받는 자도 엎드러져서 다 함께 멸망하리라.

사람은 위기를 만나면 무엇인가를 의지하려 하고 도움을 받고자 한다. 물에 빠진 사람이 지푸라기 하나라도 잡고자 하는 심정이 그것이다.

이스라엘이 연약할 때는 애굽을 의지하기도 했다.

애굽은 큰 나라요, 힘이 있었다. 그러므로 우선 생각하면 그들이 도와주면 안전할 것 같기도 했다.

그러나 오늘 말씀을 보면 하나님께서는, 애굽은 사람이요 신이 아니라고 말씀한다.

그들이 자랑하는 무기도 하나님 앞에서는 지푸라기 같은 것이다.

그래서 하나님이 손을 펴시면 돕는 자도 넘어지고 도움을 받는 자도 엎드러져 다 같이 망한다고 했다.

그렇다. 이스라엘이 하나님을 두고 세상의 강한 나라를 의지하고 도움을 청하는 것은 하나님에 대한 믿음이 없기 때문이다.

하나님으로서는 매우 기분 나쁘고 자존심이 상하는 일이다.

그러므로 하나님은 그들에게 도움을 청하는 이스라엘에게도 벌을 내리고 이스라엘을 도우려 하는 애굽에게도 벌을 내리는 것이다.

하나님을 욕되게 하지 말자.

믿음 없는 행동은 하나님을 욕되게 한다.

하나님만 의지하자.

세상을 의지하지 말고, 사람을 의지하지 말고 하나님만 의지하자.

하나님께 굴복하고 하나님께만 도움을 요청하자.

하나님은 우리의 힘이요, 능력이요, 우리를 일으키시는 분이시다.

하나님은 우리가 믿는 만큼 우리를 신뢰해 주시고 의지한 만큼 책임져 주실 것이다.

# 아멘, 하여 하나님께 영광을!

고후 1:20

하나님의 약속은 얼마든지 그리스도 안에서 예가 되니 그런즉 그로 말미암아 우리가 아멘, 하여 하나님께 영광을 돌리게 되느니라.

성경은 약속의 책이다. 하나님은 우리에게 수많은 약속을 주셨다.

그 약속 중에는 우리의 이성이나 경험으로 이해가 되는 것도 있지만 현대의 과학이나 이성의 잣대로 이해되지 않는 것도 많다. 그렇기 때문에 이성으로 이해되고 경험으로 인정되는 것만 믿고 그렇지 않은 것은 신화나 전설로 취급한다면 어리석은 일이다.

성경은 우리 이성으로 이해되는 것만 진리라 하지 않는다. 이해되지 않는 부분까지 모두 약속대로 성취시켜서 하나님의 전능하심과 지혜로우신 경륜을 나타내시고 있다.

가령 처녀가 아이를 낳는다든지, 죽은 자가 부활한다는 것은 상식으로 이해가 되지 않는 것이다.

그러나 우리의 지혜가 얼마나 무능한 것인가를 아는 것이 신앙이다.

믿음이라는 위대한 능력은 보지 못하는 것을 믿게 하고 믿으면 역사가 일어나도록 하신다.

오늘 말씀도 하나님의 약속은 얼마든지 그리스도 안에서 예가 된다고 했다.

그렇다. 하나님의 약속은 무슨 약속이든지 그리스도 안에서 성취되었고 또한 성취될 것이다.

말씀이 기록되기 전부터 메시아가 오실 것을 약속했는데 정말 지금부터 2천 년 전에 유대 베들레헴으로 오셨다.

그 예수님이 사역을 마치고 떠나시면서 다시 오실 것을 약속하셨다. 그러므로 우리는 예수님이 떠나실 때 가신 그대로 오실 것을 믿는 것이다.

하나님의 약속은 얼마든지, 또는 언제든지 예가 된다. 그러므로 우리는 하나님의 말씀 앞에서 아멘, 하여야 한다. 아니오가 있어서는 안 된다.

아멘, 할 때마다 우리는 하나님께 영광을 돌리고 하나님은 영광을 받으신다.

아멘의 신앙인이 되자.

## 11월 16일

# 내 손이 나를 구원하였다 할까 함이라

삿 7:2

**여호와께서 기드온에게 이르시되 너를 따르는 백성이 너무 많은즉 내가 그들의 손에 미디안 사람을 넘겨주지 아니하리니 이는 이스라엘이 나를 거슬러 스스로 자랑하기를 내 손이 나를 구원하였다 할까 함이니라.**

이스라엘 자손이 여호와의 목전에서 악을 행하므로 하나님은 7년 동안 그들을 미디안의 손에 넘겨주었다. 그 후로 이스라엘은 미디안의 괴롭힘에 의하여 궁핍과 고통을 심하게 당해야 했다.

이스라엘은 견딜 수 없어 하나님께 부르짖었고 하나님은 그들의 부르짖음에 응답하여 한 명의 지도자를 세웠다. 그가 기드온이다. 하나님은 그를 이스라엘을 미디안으로부터 구원하는 도구로 사용하시기로 작정하셨다.

이스라엘을 미디안으로부터 구원하는 데 자신을 지도자로 삼겠다는 계획을 들은 기드온은 "주여, 내가 무엇으로 이스라엘을 구원하리이까 ? 보소서, 나의 집은 므낫세 중에 극히 약하고 나는 내 아버지 집에서 가장 작은 자니이다." 하고 자신의 부족과 무능을 말씀드렸다.

그러나 하나님께서는 "내가 반드시 너와 함께하리니 네가 미디안 사람 치기를 한 사람 치듯 하리라."고 격려해 주셨다.

기드온이 미디안과 싸울 백성을 모았다. 3만 2천 명이 모였다. 미디안에 비하면 미약했지만 그럼에도 하나님은 너무 수효가 많다면서 두려워 떠는 자들을 돌려보내라 했으니 돌아간 자가 2만 2천이요, 남은 사람이 만 명이었다.

그러나 하나님은 그도 많다고 했다. 그래서 물 먹는 것으로 시험하여 3백 명만 남기고 나머지를 돌려보냈다. 물가로 내려가 물을 마실 때 무릎을 꿇고 먹지 않고 혀로 개처럼 핥아먹는 자들만 남겼다.

하나님은 많은 군사를 요구하는 것이 아니라 믿음으로 무장한 정예부대를 원했다. 자기들의 손으로 이겼다고 자긍하는 것을 원치 않았다.

그렇다. 하나님은 하나님을 전적으로 의지하는 사람으로 대적을 이기게 하신다. 약한 자를 들어서 강한 자를 부끄럽게 하신다. 어리석은 자와 미천한 자를 들어서 지혜 있다고 하는 자들이나 지체 높은 자들을 이기게 하신다.

우리는 무엇으로 대적을 이길 것인가. 하나님의 이름을 들고 나갔던 다윗을 보자. 하나님을 의지하는 믿음으로 골리앗을 이기게 하신다. 결국 승리는 하나님께 있다. 주님을 얼마나 신뢰하고 의지하는가. 승리는 거기에 달려 있다.

# 그 아들과 함께 모든 것을 주시리라

롬 8:32

자기 아들을 아끼지 아니하시고 우리 모든 사람을 위하여 내주신 이가 어찌 그 아들과 함께 모든 것을 우리에게 주시지 아니하겠느냐.

가장 아끼는 것을 남에게 줄 수 있다면 그 다음 것은 무엇이든지 줄 수 있다.

하나님은 사랑이 많으시고 풍성하신 분이시다. 인색한 분이 아니시다. 하나님께 있어서 가장 아끼는 것은 독생자 예수 그리스도다.

이 아들을 죄인들을 위하여 내주셨다면 그 외에 무엇을 아끼시겠는가. 아들보다 귀한 것은 없는 것이다.

우리는 그 아들을 주신 하나님의 사랑을 최고의 사랑이라고 한다. 그 사랑을 우리에게 베푸신 하나님이 무엇을 아까워하실까.

그런데다 하나님에게는 불가능이 없으며 은혜가 풍성하신 분이시기 때문에 우리에게 필요한 것을 주시기를 기뻐하신다.

그래서 주님은 자신 있게 말씀하신다. 구하라, 주실 것이요, 찾으라, 그리하면 찾을 것이요, 두드리라, 그리하면 열릴 것이라고.

그러나 우리는 오늘 말씀에서 가장 중요한 단서가 있음을 알아야 한다.

"어찌 그 아들과 함께 모든 것을 우리에게 주시지 아니하겠느냐."는 말씀이 그렇다. 무조건 모든 것을 우리에게 주시는 것이 아니라 그 아들과 함께 주신다는 것이다.

하나님은 세속가치로 무엇이 귀중한가, 덜 귀중한가를 따지지 않는다. 예수정신에 부합하는 것은 귀중한 것이다. 어떤 것이 세속가치로 무의미한 것 같아도 예수정신에 합당하면 귀중하지만 아무리 세속가치가 대단해도 예수정신과 거리가 있다면 귀중하게 여기지 않는 것이다.

그러므로 하나님은 우리에게 모든 것을 주실 수 있지만 모든 것을 주시지 않는다. 하나님의 뜻이 아닌 것, 예수정신에 부합하지 않는 것은 구하지 않는 것이 옳다.

예수 그리스도를 주시고 또한 모든 것을 주시고자 하시는 하나님께 감사하자.

그러나 무엇보다 그 모든 것을 예수와 함께 주시는 하나님께 영광을 돌리자.

# 보좌 우편에서 간구하시는 예수님

롬 8:34

누가 정죄하리요, 죽으실 뿐 아니라 다시 살아나신 이는 그리스도 예수시니 그는 하나님 우편에 계신 자요, 우리를 위하여 간구하시는 자시니라.

우리는 죄인이다. 누구라도 우리를 정죄할 수 있다.

그러나 누구도 우리를 정죄할 수 없다. 죄가 없기 때문이다.

우리는 현실적으로 죄인일 수밖에 없지만 예수 그리스도 안에서는 법정적으로 의인이다. 우리의 죄를 가져가신 분이 있기 때문이다. 우리는 그것을 전가라 한다.

하나님께서 죄인을 구원하시기 위해서 예수님을 이 땅으로 보내셨다.

우리가 회개하고 그 예수님을 구주로 영접하는 순간 우리의 죄는 주님에게로 전가되고 주님의 의가 우리에게로 전가된다.

그 내용을 말씀드리면 이렇다. 예수님은 죄가 없기 때문에 우리의 죄를 대신 질 수 있었다.

그리고 그 죄를 짊어졌기에 죗값을 치러야 했고 그것이 십자가의 죽음이다. 이 사건으로 하나님은 법정적으로 우리에게 무죄를 선포한 것이다.

이를 누가 아니라고 할 수 있는가. 예수님은 우리 죄를 대신 지고 그 죗값으로 돌아가신 분이다.

그러나 3일 만에 부활하셨다. 그리고 승천하셔서 지금은 하나님 보좌 우편에 계신다. 거기는 최고의 영광과 권세의 자리다.

성경을 보시라. 그곳에서도 주님은 우리를 위하여 기도하고 계신다는 게 아닌가.

우리의 신앙과 삶을 위해서 기도하시는  것이다. 악한 세력에 넘어지지 않고 굳건하게 믿음을 지켜나가기를 기도하시는 것이다.

이 얼마나 황송하고 감사한 일인가. 그러므로 어느 누구도 주님의 그 보살핌 안에 있는 우리를 정죄하지 못한다.

하늘에서 대제사장으로 우리를 위하여 중재대언사역을 감당하시는 예수 그리스도 우리 주님께 영광과 찬송을 올려드리자.

할렐루야!

11월 19일

# 하나님의 사랑에서 끊을 수 없다

롬 8:38-39

내가 확신하노니 사망이나 생명이나 천사들이나 권세자들이나 현재 일이나 장래 일이나 능력이나 높음이나 깊음이나 다른 어떤 피조물이라도 우리를 우리 주 그리스도 예수 안에 있는 하나님의 사랑에서 끊을 수 없느니라.

인간은 하나님의 피조물이기에 하나님께 순종하며 평화를 누리고 행복하게 살아야 했다. 그러나 첫사람 아담의 범죄로 하나님과의 관계가 끊어졌다.

하나님과의 관계가 끊어지는 것은 영적 죽음을 뜻한다. 이로 인해서 아담에게는 수치심과 두려움이 찾아왔다.

그래서 동산 나무 뒤에 숨어야 했다. 다정했던 하나님과의 관계가 원수관계로 변한 것이다.

아담은 모든 인류의 대표로 죄를 지었기 때문에 이후에 태어나는 모든 아담의 후손은 아담의 죄를 받게 된다. 그것이 원죄다. 이 원죄 때문에 자범죄를 짓게 된다.

이러한 원수관계를 청산하고 옛 사랑의 관계를 회복시키기 위하여 하나님은 예수 그리스도를 이 땅에 보내셨다. 그는 우리의 죄를 대신 지고 우리의 죗값으로 십자가에 못 박혀 죽었다.

하나님은 이 사실을 믿는 모든 사람들에게 죄 없다 인정하시고 구원을 주신다. 원수관계가 청산되고 사랑의 관계가 복원된 것이다.

그러므로 이제 우리는 하나님을 아빠 아버지라 부르게 되었다. 원수관계가 부자관계가 되었고 천국기업을 상속받게 되었다. 이 끈끈하고 뜨거운 하나님의 사랑에서 우리를 끊을 자가 누구인가.

우리가 하나님을 붙들었다면 혹시 끊어질 수 있을지도 모르지만 하나님이 우리를 붙들고 계시기 때문에 절대로 끊을 수 없다.

그럼에도 불구하고 세상에는 하나님의 사랑에서 우리를 끊어놓으려는 세력이 많다. 악한 세력들이다.

그러나 끊을 수 없다. 사망도, 생명도, 권세도, 어떤 위협도, 어떤 유혹도 하나님의 사랑에서 우리를 끊을 수 없다.

그러므로 우리는 하나님의 영원한 백성으로 산다는 것을 감사하며 충성해야 한다.

그 은혜 안에서 당당하게 살자, 겸손하게 살자. 하나님의 백성답게 살자.

# 모든 것이 가하나

고전 10:23-24

모든 것이 가하나 모든 것이 유익한 것은 아니요, 모든 것이 가하나 모든 것이 덕을 세우는 것은 아니니 누구든지 자기의 유익을 구하지 말고 남의 유익을 구하라.

하고 싶지만 할 줄 몰라서 못하는 것은 안타까운 일이나 할 줄 안다고 다 하는 것은 아니다.

할 줄 알아도 해서는 안 되는 일도 많다. 부도덕하고 불법적인 일을 해서는 안 된다.

오늘 말씀은 그런 불법적인 일이 아니라도 삼가야 할 것이 있음을 말씀하고 있다.

모든 것이 가하나 모든 것이 유익한 것은 아니라고 했다. 모든 것을 할 수 있지만 유익한 것이 아니면 하지 말라는 뜻이다.

세상에 무익한 일이 얼마나 많은가.

그 무익한 것을 할 수 있다고 하여 정말로 하는 사람도 많다. 어리석은 사람들이다.

유익하더라도 자기에게는 유익하지만 남에게 해로운 것은 삼가야 한다. 나 좋다고 남에게 피해를 주는 일이 장려할 일이겠는가. 결코 아니다.

또 하나, 모든 것이 가하나 모든 것이 덕을 세우는 것은 아니라 했다. 할 수 있어도 덕스럽지 않으면 하지 말라는 뜻이다.

세상에는 내가 잘할 수는 있지만 덕스럽지 않은 일들도 있다. 그런 일은 조심해야 한다.

같은 말과 행동이라도 장소와 상황에 따라서 덕스럽지 않은 경우도 있다.

성경에는 믿음에는 덕을 세우라고 권한다.(벧후 1:5) 믿음은 좋다고 칭찬받는 사람이 대인관계에서 덕을 세우지 못해 오히려 비난을 받는 경우도 허다하다.

예를 들면 남의 경사에 가서 장례 얘기를 한다면 덕스럽겠는가. 남의 장례에 가서 웃는 것도 마찬가지다.

모든 것을 할 수 있다 해도 다른 사람과의 관계를 고려하고, 때와 장소와 상황을 고려하여 삼갈 수 있다면 참 인격자요, 존경받는 신앙인이 될 것이다.

# 추수 감사

시 50:23

감사로 제사를 드리는 자가 나를 영화롭게 하나니 그의 행위를 옳게 하는 자에게 내가 하나님의 구원을 보이리라.

씨를 심으면 싹이 나고 자라서 꽃을 피우고 열매를 맺는 현상은 신비하다. 늘 주변에서 보고 느끼는 현상이기에 그러려니 하고 지나치지만 조금만 생각을 깊이하면 하나님의 섭리는 참으로 놀랍고 거기에 따르는 교훈도 많다.

나는 농사꾼 아들로 태어나서 씨 뿌리고 가꾸고 수확하는 과정을 보면서 자랐다. 그래서 누구보다도 농민들의 고생을 잘 안다. 그러나 그 많은 고생도 결실의 계절이 되면 다 잊는 듯싶다. 그만큼 추수는 보람이요, 기쁨이요, 감사였다.

오늘은 추수에 관련해서 두 가지만 생각해 보려고 한다.

하나는 추수란 기쁜 보람이지만 심고 뿌리는 시작이 없으면 느낄 수 없다는 사실이다. 어쩌면 평범한 이야기다. 그럼에도 심지 않는 사람이 있다. 그는 거두는 시기에 후회하게 된다.

모든 것은 때가 있는 법이다. 전도서 기자도 심을 때가 있고 거둘 때가 있다고 했지 않은가. 이러한 얘기는 꼭 작물에 관해 적용되는 것만은 아니다. 공부할 때, 선한 일을 해야 할 때, 결혼하여 가정 이루고 자녀를 둘 때가 있다. 힘들고 귀찮다고 하지 않으면 당장은 편할지 모르지만, 그때에 하지 않은 것에 대한 후회가 평생 따를 수도 있다.

다음으로는 감사하는 일이다. 세상에 우연히 되거나 하나님의 허락 없이 되는 일은 없다. 하나님은 우리의 머리카락까지도 세시는 세밀하고 정확하신 분이시며, 새 한 마리 떨어트리는 것도 허락하시는 분이다. 그분 앞에서 태어나고, 살고, 수고하고, 얻으면서 감사를 모르면 배은망덕한 일이다.

소도 임자를 알고 나귀도 주인의 구유를 안다.(사 1:3) 특별히 우리는 주님의 은혜로 생명의 구원을 받은 사람이 아닌가. 성경은 네게 있는 것 중에 받지 않은 것이 무엇이냐고 했고(고전 4:7) 시인은 이 은혜를 무엇으로 보답할 것인가 하고 노래했다.(시 116:12)

감사하며 살아야 감사할 일이 찾아온다. 내가 받아서 소유한 것, 내가 노력해서 얻은 것 모두 하나님께서 허락하여 주신 것이다. 그러니 어찌 감사하지 않을 수 있으랴! 그 감사가 행복을 가져다준다.

흔히 사람들은 행복하면 감사할 수 있다고 생각한다. 그건 매우 소극적인 생각이다. 먼저 감사하라. 그러면 행복이 찾아온다. 우리는 좀 더 창의적이고 적극적인 행복한 사람이 되자.

"이스라엘이여, 너는 행복한 사람이로다!"(신 33:29)

# 상을 받도록 달음질하라

고전 9:24

운동장에서 달음질하는 자들이 다 달릴지라도 오직 상을 받는 사람은 한 사람인 줄을 너희가 알지 못하느냐. 너희도 상을 받도록 이와 같이 달음질하라.

무슨 일에 열심을 내는 것을 달음질로 비유하는 경우가 많다. 달리기 시합이 있을 때 선수들은 출발선에서 똑같이 출발한다.

그러나 도착선에는 같이 들어올 수가 없다. 서로 경쟁하기 때문에 실력 차이가 나는 것이다.

빨리 들어오기 위해서는 여러 가지 노력이 필요하다. 그중에 가장 중요한 노력은 역시 열심히 달리는 것이다.

1등은 한 명이다. 선수들은 모두가 1등 하기를 위하여 달린다. 성경도 우리에게 1등을 하기 위하여 열심을 낼 것을 요구한다.

1등을 하려면 일단 달리기 외의 다른 생각을 할 수 없다. 오직 1등에 온 정신을 집중해야 한다. 힘을 아낄 수도 없다. 지금 이 경기에 전력투구해야 한다.

그래도 어렵다. 다른 사람도 열심히 달리기 때문이다. 그런데 지금 힘을 아껴두었다가 다음 시합에서 사용하겠다고 생각할 수 있겠는가. 이렇게 노력을 해도 1등 하기 어려우니 다른 생각을 할 여유는 없다.

성경은 우리의 신앙생활뿐 아니라 모든 사회생활에 열심을 내라고 권한다.

열심을 내면 꼭 1등을 하는 것은 아닐지라도 열심히 하는 그 자체가 보람 있게 하기 때문이다.

그렇다. 열심을 낸 사람이 모두 1등을 하는 것은 아니지만 성공한 사람은 모두가 열심을 낸 사람들이다.

우리의 인생은 내가 지금까지 해온 것에 조금만 더 힘을 보태면 더 좋은 결과가 나오게 되어 있다.

그러기 위해서는 마음 자세가 중요하다. 자기가 맡은 일에 어떤 자세로 임하느냐가 결승전에서 영광이 되든지, 부끄러움을 당하게 되든지 할 것이다.

결승점에서 환영하는 분의 영광을 위하여 오늘도, 내일도, 생을 마감하는 순간까지 달리자.

노력하자. 달리는 인생을 살자.

# 이기기를 다투는 자마다 절제한다

고전 9:25

이기기를 다투는 자마다 모든 일에 절제하나니 그들은 썩을 승리자의 관을 얻고자 하되 우리는 썩지 아니할 것을 얻고자 하노라.

바울 사도가 성경을 기록하던 시대에는 운동경기가 성행했다. 그리고 경기에서 승리하는 자에게는 월계관이 주어졌다. 그것을 얻기 위하여 사람들은 열심을 냈다.

그렇다면 우리가 신앙생활 중에 얻고자 하는 것은 무엇인가. 그런 썩을 면류관이 아니다.

성경엔 승리한 신앙인에게 주어지는 여러 면류관이 소개되고 있다.

의의 면류관, 생명의 면류관, 영광의 면류관 등이다. 이 면류관의 가치는 영원하다는 데 있다. 영원히 영광스런 면류관인 것이다.

그렇다면 썩을 면류관을 얻기 위해서도 그렇게 열심을 내는데 하나님께서 주시는 영원한 면류관을 얻는 일에 우리가 소홀해서 되겠는가.

오늘 말씀은 이기기를 다투는 자마다 모든 일에 절제할 것을 요구한다.

열심히 달리는 것이 선수가 경기장 안에서 가져야 할 태도라면 절제 또한 경기장에서는 물론, 경기에 들어가기 전인 준비 단계에서부터 필요한 것이다.

절제란 하고 싶은 것을 자기 의지로 제어하는 것이다. 그렇다. 운동선수들을 보라. 그들이 자기들의 근본적인 욕구들을 다 채우면서 연습을 하고 있는가. 먹고 싶다고 마음대로 먹는 것이 아니다. 가고 싶다고 아무데나 갈 수도 없다. 졸립다고 마음대로 잘 수도 없다. 진정으로 금메달을 목에 두르고 싶다면 수많은 절제사항을 지켜야 한다.

우리는 지금 이 세상에서 보이지 않는 경기를 하고 있다. 마귀와의 전쟁도 하고 있다. 이기지 않으면 패배자가 된다. 그러므로 열심히 싸우면서 열심히 신앙생활을 해야 한다.

그러한 중에서 지켜야 할 것 중의 하나가 절제다. 내가 하고 싶은 것 다하면서 승리를 꿈꾸지 말자. 사람에게만 주어진 절제능력, 그것을 활용하지 못하고 본능에 의지해 살면서 신실한 신앙생활을 할 수 있겠는가.

말이나 행동이나 음식이나 명예나 욕심이나 모든 것이 절제의 대상이다. 우리는 충동으로 사는 사람도 아니고 정욕에 매여 사는 사람도 아니다. 그 모든 것을 절제라는 도구로 제어하는 사람이다.

절제는 성령의 열매 중 하나다.

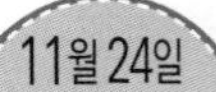


# 도피성

민 35:11

너희를 위하여 성읍을 도피성으로 정하여 부지중에 살인한 자가 그리로 피하게 하라.

살인한 자는 반드시 죽이도록 한 것이 율법이다. 이는 생명을 귀하게 여기시는 하나님 뜻의 반영이다.

그러나 살인에도 두 종류가 있다. 죽이고 싶어서 고의적으로 죽인 살인과 살인 의사는 없었지만 실수로 죽인 살인이 있다.

고의적으로 죽인 살인은 그렇다 치더라도 살인 의사 없이 실수에 의한 살인은 어떻게 해야 하는가. 이 둘을 똑같이 취급을 한다면 실수로 죽인 살인자에게 억울한 점이 있지 않겠는가.

그러므로 하나님은 도피성 제도를 두어서 과실로 인한 살인자를 보호하도록 했다. 요단 동쪽에 세 개의 성읍, 요단 서쪽에 세 개의 성읍, 도합 여섯 개의 성읍을 정하여 과실로 살인한 자가 도피하여 살도록 했다.

물론 엄격한 규정이 있었다. 일단 과실로 살인한 자는 피의 복수자에게 잡히기 전에 신속히 도피성으로 들어가야 했다. 도피성에 들어가면 과실 살인인가 아닌가를 엄격하게 심사받아야 했다.

그래서 오살자로 확인이 되면 그 안에서만 살고 밖으로 나가지 못했다. 만약에 밖으로 나갔다가 피의 복수자에게 잡혀 죽어도 할 말이 없다. 단 당시의 대제사장이 죽을 때까지다.

대제사장이 죽으면 밖으로 나가 자유스럽게 살 수 있었다. 이때는 누구도 그를 상해할 수가 없었다. 만약 누가 그를 해롭게 하면 그 가해자가 처벌을 받게 되었다.

하나님은 왜 이런 도피성 제도를 두도록 했을까. 생명을 보호한다는 차원이고 인권을 보호하고자 하는 차원이다. 고의가 아닌 살인을 했을 경우 그 억울함을 이해해 준 것이다.

그렇다면 이 도피성 제도를 오늘날의 의미로 해석하면 어떤 의미가 있을까. 범죄자라 할지라도 도피성 안에 들어가면 살아남을 수 있다는 것은 어떤 의미일까.

도피성은 오늘날의 교회요, 예수 그리스도를 예표한다. 우리는 모두 죄인이다. 그러나 예수 안에서 새 생명을 얻었고 교회의 일원으로 보호를 받고 있다.

하나님은 죽은 자도 살리시지만 억울한 자도 보호하신다. 우리는 지금 그 혜택을 받고 있는 것이다. 예수만이 우리가 피할 도피성이다.

"여호와여, 내가 주께 피하오니 나를 영원히 부끄럽게 하지 마시고 주의 공의로 나를 건지소서."(시 31:1)

11월 25일

# 가죽옷

창 3:21

여호와 하나님이 아담과 그의 아내를 위하여 가죽옷을 지어 입히시니라.

아담과 하와는 선악을 알게 하는 나무의 열매를 먹었다. 먹으면 정녕 죽으리라는 하나님의 말씀을 어기고 뱀의 꾐에 빠져 먹고 만 것이다.

우리가 여기서 기억해야 할 것은 하나님의 말씀을 어기고 대적하는 것은 모두 사탄의 말이라는 사실이다. 그 말은 귀에 달콤할 수 있다. 뱀은 선악과를 먹어도 죽지 않을 뿐 아니라 너희도 눈이 밝아 하나님같이 될 것이라 했다.

그런데 아담과 하와가 선악과를 먹은 이후에 어떤 현상이 나타났는가. 두려움과 수치심이 찾아왔다. 눈이 밝아져서 자기들이 벗은 줄을 알았다. 그래서 무화과나무 잎으로 치마를 해 입었다. 그리고 동산의 나무 뒤로 숨었다. 그렇게 다정했던 하나님이 두렵고 그 음성이 무서웠던 것이다.

하나님은 그들에게 가죽옷을 지어 입혀주었다. 수치를 가리어주기 위함이었다.

무화과나무 잎으로 만든 치마가 얼마 동안이나 제 구실을 할 수 있었겠는가. 그래서 하나님은 짐승을 잡아서 그 가죽으로 옷을 만들어 그들에게 입힌 것이다.

오늘날 우리는 왜 옷을 입는가. 멋을 내기 위해서도 입고 몸을 보호하기 위해서도 입는다.

그러나 옷을 입게 된 근원은 수치를 가리기 위해서였다. 그러므로 지금도 옷을 아무데서나 벗고 수치를 드러내는 것은 좋은 일이 아니다.

그렇다면 이 수치를 가리어주는 일은 영적으로 어떤 의미가 있는가.

죄인은 죄를 감추려 든다. 수치를 덮으려 한다. 그러나 그것은 인위적으로 불가능하다. 순간적으로 가능할지 모르지만 항구적일 수는 없다.

그러면 어떻게 해야 하는가. 하나님께서 개입하셔야 한다. 그것이 예수 그리스도를 통한 죄의 도말이다. 예수님의 피가 죄인들의 수치를 가리어주는 것이다. 그것이 죄 없이함이요, 구원이다.

그래서 성경은 "허물의 사함을 받고 자신의 죄가 가려진 자는 복이 있도다."라고 했다.(시 32:1)

예수님이 우리의 가죽옷이다.

11월 26일

# 언제까지 둘 사이에서 머뭇머뭇하려느냐

왕상 18:21

엘리야가 모든 백성에게 가까이 나아가 이르되 너희가 어느 때까지 둘 사이에서 머뭇머뭇하려느냐. 여호와가 만일 하나님이면 그를 따르고 바알이 만일 하나님이면 그를 따를지니라 하니 백성이 말 한마디도 대답하지 아니하는지라.

북이스라엘의 제7대 왕 아합은 시돈 왕 엣바알의 딸 이세벨을 아내로 삼았다.

이세벨은 이스라엘로 시집오면서 자기가 섬기는 우상 바알을 가지고 들어왔다.

그러자 문제가 심각해졌다. 이스라엘은 전통적으로 여호와 하나님을 섬기는 민족인데 한나라의 왕과 왕비가 바알과 아세라를 섬기는 것이다.

그들은 하나님의 선지자들을 박해하고 바알 선지자들을 우대하였다.

이렇게 되니 백성들은 곤욕스러울 수밖에 없었다. 하나님을 섬기며 박해를 받아야 하는가, 바알을 섬기며 편안한 삶을 사느냐 사이에서 갈등했다. 이 얼마나 연약한 백성의 모습인가.

이러한 때에 불의 선지자 엘리야가 분연히 일어났다. 그는 바알과의 영적 전투를 위하여 백성을 갈멜산으로 모았다. 그리고 과연 여호와가 하나님인가, 바알이 하나님인가 가려내자고 했다.

엘리야는 나약한 백성에게 신앙의 결단을 촉구했다. 어느 때까지 여호와와 바알 사이에서 머뭇머뭇하려느냐며 참 하나님이신 여호와를 따르라고 촉구한 것이다.

엘리야는 바알 선지자와 약속을 했다. 너희는 너희의 신을 부르고 나는 여호와 이름을 불러서 하늘에서 불로 응답하는 신이 참 하나님임을 증거로 하자고 합의를 했다.

먼저 바알 선지자들이 바알을 불렀지만 아무 응답이 없었다. 이제 엘리야 차례였다.

엘리야는 제단을 쌓고 하나님께 기도를 했다. "여호와여, 내게 응답하옵소서. 내게 응답하옵소서! 이 백성에게 주 여호와는 하나님이신 것과 주는 그들의 마음을 되돌이키심을 알게 하옵소서."(37)

기도가 끝나자 하늘에서 불이 내렸다. 이로써 여호와가 하나님이심이 명백하게 드러났다. 엘리야는 바알 선지자들을 기손 시내로 끌고 가서 척결하였다.

여호와가 천지를 창조하신 하나님이시다. 우리에게는 하나님 외에 다른 신이 없다. 한 발은 세상에 두고 다른 발은 하나님께 두면서 왔다갔다하는 것은 신앙이 아니다.

여호와 하나님께만 경배하며 순종하자. 그 하나님이 우리를 구원하시고 축복하신다.

# 이 산지를 내게 주소서

수 14:12

그날에 여호와께서 말씀하신 이 산지를 지금 내게 주소서. 당신도 그날에 들으셨거니와 그곳에는 아낙 사람이 있고 그 성읍들은 크고 견고할지라도 여호와께서 나와 함께하시면 내가 여호와께서 말씀하신 대로 그들을 쫓아내리이다 하니.

모세의 인도로 애굽을 나온 이스라엘은 하나님께 범죄하여 광야에서 40년을 방황해야 했다.

열두 명으로 구성된 가나안 정탐꾼이 가데스를 떠나 가나안에 들어가 40일 동안 정탐을 하고 돌아와 보고를 했다. 공통적으로 그 땅은 그야말로 젖과 꿀이 흐르는 비옥한 땅이라 했다.

그러나 그 땅을 차지하기 위하여 들어가자는 데는 의견이 통일되지 않았다. 열 명은 불가를 주장했다. 그들은 강하고 성읍은 견고해서 그들에 비하면 우리는 메뚜기 같다고 했다.

하지만 여호수아와 갈렙은 하나님이 함께하시기 때문에 들어가야 한다고 했다. 그들은 우리의 먹이라고 했다.

그런데 백성들은 열 명의 의견을 들어 통곡을 했고 애굽으로 돌아가려 했다.

이 일로 하나님은 분노하셔서 이스라엘이 광야에서 40년을 방황하도록 했고, 그동안 20세 이상 된 사람들은 여호수아와 갈렙 외에는 광야에서 죽고 가나안에 들어가지 못하도록 했다.

이후 여호수아의 인도로 가나안에 들어간 이스라엘은 그 땅을 정복하며 지파별로 기업을 분배받았다.

그때 갈렙은 85세로 이스라엘 중에서 가장 나이가 많았다. 그럼에도 그는 여호수아에게 헤브론 산지를 기업으로 달라고 요구했다.

그는 지난날 모세로부터 공로를 인정받아 어떤 땅이든지 원하는 대로 차지할 수 있는 특권이 있었다. 그럼에도 그는 평지가 아닌 산지를 요구했고, 성읍들이 크고 견고하며 사나운 민족인 아낙 자손들이 사는 곳을 일부러 요구한 것이다.

그는 안일하고 편안한 것을 찾지 않았다. 나이가 들었어도 하나님의 약속과 능력을 믿는 신앙으로 도전을 한 것이다.

오늘 우리의 정신은 어떤가. 하나님을 믿는다 하면서도 갈렙과 같은 용기가 없지 않은가. 믿음으로 도전하기보다는 편하고 안일한 것만 찾지는 않은가.

갈렙은 개척정신이 있었다. 하나님을 온전히 믿고 의지했다. 하나님은 그에게 원하는 것을 모두 허락하시어 꿈을 이루게 하셨다. 우리가 본받아야 할 믿음이요, 정신이다.

# 네가 개척하라

수 17:18

**그 산지도 네 것이 되리니 비록 삼림이라도 네가 개척하라. 그 끝까지 네 것이 되리라. 가나안 족속이 비록 철병거를 가졌고 강할지라도 네가 능히 그를 쫓아내리라 하였더라.**

이스라엘이 요단을 건너 가나안에 들어와 여리고 성을 무너트리고 점차 가나안의 원주민을 쫓아내며 정복하여 들어가면서 각 지파별로 기업을 나누어줄 때였다.

요셉 지파, 즉 에브라임과 므낫세 지파 사람들이 여호수아에게 땅을 더 요구했다. 그들은 우리가 지금 큰 민족이 되었는데 왜 한 분깃만 주느냐고 항의했다.

이에 여호수아는 에브라임 산지가 좁으면 브리스 족속과 르바임 족속의 땅 삼림에 가서 개척하라고 권했다.

그러자 요셉 지파는 그 땅은 넉넉지도 못할 뿐 아니라 이미 철병거를 가지고 있으므로 불가하다고 말했다. 싸워서 이길 자신이 없다는 것이었다.

이에 여호수아는 오늘 말씀을 통하여 요셉 지파를 격려했다. 삼림이라도 개척하면 네 것이 되는 것이다. 가나안 족속이 비록 철병거를 가졌다 해도 네가 능히 그들을 쫓아낼 것이라 했다.

그렇다. 하나님이 이미 이스라엘 조상들에게 약속한 땅이요,

하나님이 싸워주시는 전쟁이요, 하나님이 함께하시는데 왜 그렇게 나약하고 비겁할까.

안일하게 대처하며, 싸우지 않고도 비옥하고 평평한 땅을 차지하려는 그 정신은 얼마나 부끄러운가.

땅이 산지이고, 그곳 족속이 사납다고 해서 미리 주눅이 드는 요셉 지파의 나약성 앞에서 여호수아와 갈렙의 믿음과 개척정신은 얼마나 위대한가.

언제부터 우리가 나약해졌는지 모르겠다. 무엇 때문에 용기를 잃고 있는지 모르겠다.

일하거나 싸우지 않고 편하게 좋은 곳을 차지할 수 있는가만 생각하는 정신으로 어떻게 큰 꿈을 이룰 수 있겠는가.

개척정신이 필요하다. 하나님을 의지하는 믿음으로 땀 흘리고 싸우고 개발하여 새로운 영토를 만들어야 한다.

험한 곳도 개척하면 옥토가 된다.

지금은 개인도, 가정도, 교회도, 이 사회도 안일에 빠지지 않는 개척정신이 필요한 때이다.

# 노아의 방주

창 8:13-14

**육백일 년 첫째 달 곧 그 달 초하룻날에 땅 위에서 물이 걷힌지라. 노아가 방주 뚜껑을 제치고 본즉 지면에서 물이 걷혔더니 둘째 달 스무이렛날에 땅이 말랐더라.**

노아가 살던 시대에는 사람들이 완악하고 포악했다.

성경은 당시의 패역상을 이렇게 말씀해 놓고 있다. "여호와께서 사람의 죄악이 세상에 가득함과 그의 마음으로 생각하는 모든 계획이 항상 악할 뿐임을 보시고 땅 위에 사람 지으셨음을 한탄하사 마음에 근심하시고 이르시되 내가 창조한 사람을 내가 지면에서 쓸어버리되 사람으로부터 가축과 기는 것과 공중의 새까지 그리하리니 이는 내가 그것들을 지었음을 한탄함이니라 하시니라."(창 6:5-7)

이런 시대에 노아는 하나님의 은혜를 입었다. 그는 의인이요, 당대의 완전한 자라, 하나님과 동행했다.

하나님은 노아에게 모든 혈육 있는 자의 포악함이 땅에 가득하므로 그 끝 날이 내 앞에 이르렀으니 내가 그들을 땅과 함께 멸하리라고 말씀하시며 방주를 예비하도록 하셨다.(창 6:13)

그리고 방주가 이루어지자 노아의 여덟 식구와 땅에 사는 정결한 짐승 암수 일곱씩, 부정한 것 암수 둘씩을 방주 안에 들이도록 했다.

그리고 드디어 비를 내리기 시작했다. 그래서 이 땅에 기식이 있는 사람과 모든 생물은 모조리 죽었다. 다시 말하면 더러운 세상을 하나님은 청소하신 것이다.

이 심판은 지구 전체에 미친 홍수였다. 그리고 노아를 제2의 시조로 새롭게 출발할 수 있도록 하였다.

우리가 하나님의 사랑만 아는 것으로 그쳐서 되겠는가. 하나님의 공의로우신 심판도 알아야 한다.

지금 세상은 어디로 가고 있는가.

성경이 말씀하는 종말의 징후가 또렷하게 나타나고 있다. 도덕적 타락, 그중에도 성적 타락, 이단사설의 난무, 거짓 선지자의 다량 출현, 천재지변, 역병 등이 위협하고 있다.

성경은 경건한 자들에게 깨어 기도하라고 심각하게 권한다. 사랑을 실천하라고 한다.

그러나 노아시대와 같이 물로 심판하는 일은 없을 것이다. 무지개 약속이 있기 때문이다.(창 9:11-13)

그렇다면 불 심판이 남아 있다. 하나님의 진노가 차근차근 진행되고 있을 것이다.

11월 30일

# 정해진 시간은 온다

엡 5:16

세월을 아끼라. 때가 악하니라.

나는 지금 현역에서 은퇴하고 나서 이 글을 쓴다. 30여 년 동안 부지런히 일할 때는 정년을 심각하게 생각지 않았다. 때가 되면 오겠지 하고 심드렁하게 생각했는데 과연 정해진 시간이라, 그날이 찾아와서 은퇴의 영광을 차지했다.

옛 어른들은 이런 정해진 시간을 "받아놓은 시간"이니 "받아놓은 밥상"이라고 했다. 아무리 멀리 잡혀 있어도 정해져 있으면 다가오게 되어 있다.

생각해 보라. 1년을 시작하면서 한 해를 계산하면 결코 짧은 시간이 아니다. 그런데 벌써 12월이 아닌가. 10년 만기 정기적금을 들어보아라. 언제 10년이 지날까 하는 생각이 드는데 정해져 있기에 만기가 찾아온다. 군에 입대하면서 그 기간이 언제 지나가나 하는데 제대할 날이 온다. 학교도 그렇고 인생도 그렇다. 입학하면 졸업할 날도 받아놓은 시간이고 태어났으면 죽을 날도 받아놓은 밥상이다.

성경의 예언도 그렇다. 메시아가 올 것이라고 선지자들이 수없이 예언하더니 예수 그리스도가 처녀의 몸을 통해서 오셨다.

과학적인 관점에서 이해가 안 되어도 때가 되니 이루어졌다. 정해져 있기에 이루어지는 것이다. 그러므로 어떤 면에서 보면 정해진 것은 서두를 것도, 조급해할 것도 없다. 그렇다고 무시하거나 게을러서도 안 된다.

문제는 정해지지 않은 시간이다. 즉 영원이다. 거기는 한번 들어가면 끝이 없다. 그래서 천국과 지옥의 문제가 심각한 것이다. 아픈 것은 고치면 되고 하기 싫은 것은 끝내면 되지만 천국, 지옥은 인위적으로나 제도적으로 끝낼 수 없다. 끝없이 행복하든지 끝없이 고생해야 한다.

문제가 또 하나 있다. 정해진 시간이 있는 여러 사건 중에 세상 종말이 있다. 언제인지는 모르지만 시간적으로 정해져 있기 때문에 반드시 올 것이다.

성경은 종말이 가까워오면 이런 징조가 있을 것이라고 명시까지 해 놓았는데 그런 징조가 지금 선명하게 드러나고 있지 않은가. 천재지변, 역병, 도덕적 타락, 영적세계의 무질서 등.

예수님은 슬기로운 다섯 처녀처럼 기름과 등불을 준비하고 있으라 했다.(마 25:1-13) 그날과 그때는 아무도 모르지만(마 24:36) 도적처럼 생각지 않은 때에, 임신한 여인에게 해산의 고통이 이름같이 오신다고 했다.(살전 5:1-3) 바울은 이 시기를 자다가 깰 때라 했고, 구원의 날이 처음 믿을 때보다 가까워졌으니 단정히 행하라고 했다.(롬 13:11-14) 그날에 주의 나타나심을 사모하는 사람에게 의의 면류관이 주어질 것이다.(딤후 4:8) 주님 재림도 정해진 시간이다.

# 12월

까닭 없이 마음이 조급해지면
보라, 12월이다
불현듯 얼마 남지 않았다는 생각에
서둘러지는 계절
날씨 차갑다고 마음까지 얼리지 말고
세월이 빠르다고
아쉬워하지도, 허둥대지도 말자
무엇을 할 것인가
할 일이 많은 것 같으면서
딱히 손에 잡히는 게 없으면
눈을 감자
그리고 먼저 손을 내밀자
해가 저물기 전에
용서하고, 용서를 빌자
손꼽아 셈해 보면
아, 우주에 충만한 은혜
나를 두른 이웃의 사랑
오롯이 잡히는 감사
그래, 한 장 남은 달력 떼어내는 날
새 날은 소망을 이고 달려오리니
지금은 감사로 커튼을 내리자

POEM

December

# 여기까지 도우신 하나님

삼상 7:12

**사무엘이 돌을 취하여 미스바와 센 사이에 세워 이르되 여호와께서 여기까지 우리를 도우셨다 하고 그 이름을 에벤에셀이라 하니라.**

한 해의 마지막 달로 접어들었다. 여기까지 우리를 도우시며 인도하신 하나님께 영광과 감사를 드린다.

항상 이맘때가 되면 오돌오돌 떨면서 세월이 빠르다고 군소리를 하게 된다. 그러나 세월은 언제나 일정하게 흐르고 있었던 것이고 여기까지 오는 동안 아쉬운 점이 많이 있었으니 빠른 세월로 인식하게 되는 것이 아닐지 모르겠다.

금년에도 세상에서 일어나는 일들이 심상치 않았고 국가적으로도 어려움이 많았으니 개인 생활도 편안하지만은 않았을 것이다.

12월은 한 해를 마무리하고 새해를 준비하며, 또 겸하여 성탄절이 끼어 있으니 마음부터 바빠질 수 있다. 어떤 사람은 지금부터 내년을 계획하느라 조바심을 내기도 하려니와, 그렇다면 좋은 계획 세워 내년에 대박을 터트리기 바란다.

그러나 아직도 한 달이 남았으니 계획은 계획대로 하되 차분히 이 한 달도 보람 있게 보내도록 하자.

예수 안에 사는 사람들은 언제 어디서나 행복해야 한다. 세상이 갈수록 사악해져 가기 때문인지, 예수 믿는 사람들이 제 구실을 못해서 그런지, 세상이 교회를 곱게 보지 않으려는 눈치가 보인다. 그래도 하나님은 계시고, 세상을 주관하시고, 우리는 그 은총 안에서 산다. 찬양하며 12월을 보내자. 천천히 주어지는 일 잘 감당하며 가면 복된 걸음 아니겠는가.

피곤하면 눈 내리는 길을 바라보며, 하얀 세상에서 순결한 주님과 주님의 나라를 그리워하자. 바람 싸늘하게 부는 날, 외투 깃 세우고 사랑하는 사람과 잠시 찻집에 들어가 눈빛만 마주쳐도 한결 우리 심령이 부드러워질 것이다.

그렇다. 겨울은 춥기 때문에 사람이 더욱 그리워질 수 있다. 서로의 마음을 끌어당겨 품어 보자. 세상은 그래도 살 만한 곳이다. 보라, 아름답지 않은가. 내 마음을 가꾸면 세상은 고울 수밖에 없다.

자, 12월을 시작하자. 그윽한 사랑의 마음으로 출발하면서 눈이 와도, 바람이 불어도, 추워도 불평하지 말고 주님이 가져다주는 평화 붙들고 콧노래라도 부르며 가자. 그리고 한 해를 보람으로 마무리하자.

우리 주님은 우리를 끝까지 사랑하고 끝까지 인도하신다. 셸리는 겨울이 오면 봄도 머지않다고 노래했다.

12월 2일

# 태초에 말씀이 계시니라

요 1:1

태초에 말씀이 계시니라. 이 말씀이 하나님과 함께 계셨으니 이 말씀은 곧 하나님이시니라.

예수 그리스도는 어떤 분이신가. 오늘 말씀에서는 말씀(로고스)이란 명칭을 취하였다. 말씀이란 이름을 취한 것은 예수님의 신성神性을 나타내기 위함이요, 그가 하나님 아버지의 계시자啓示者라는 의미에서였다.

사실 예수님 자신이 계시 아닌가. 제자인 빌립이 예수님께 하나님 아버지를 보여주기를 원하자 예수님께서 나를 본 자는 아버지를 보았거늘 어찌하여 아버지를 보이라 하느냐고 하셨지 않은가.(요 14:8-9)

그 말씀이 태초에 계셨다고 했다. 여기서 태초는 천지 창조가 있기 전 영원의 때를 가리킨다. 물론 그때는 시간이 없었다. 그러므로 하나님은 영원 전부터 계셨다. 예수님의 선재성先在性을 말한다. 그때부터 예수님은 하나님과 함께 계셨고 그래서 말씀이신 예수님은 곧 하나님이라 했다. 이는 3위 1체 하나님이심을 증거하는 것이다.

예수님은 영원 전부터 성부, 성자, 성령의 3 인격이 1 주체가 된 3위 1체 하나님으로 태초에 천지를 창조하신 것이다.

그러므로 제2위이신 예수님은 성부 하나님과 동등하시지만 죄인을 구원하는 사랑을 실천하기 위해서 낮고 천한 이 땅에 사람의 몸을 입고 오셨다. 동정녀 마리아의 몸을 통하여 성령으로 잉태되어 오셨다. 죄인인 우리와 함께하시기 위하여 임마누엘이란 이름으로 오셨다.(사 7:14, 마 1:23)

예수라는 이름은 그가 태어나기 전에 천사가 계시해준 이름이다. 예수란 이름의 뜻은 "자기 백성을 그들의 죄에서 구원할 자"이고 임마누엘은 "우리와 함께하신다"는 뜻이다.

그 외에도 예수님의 칭호는 많다. 기름부음 받은 자라는 뜻의 그리스도는 구약의 메시아란 의미이다. 예수님은 제사장, 왕, 선지자의 세 가지 직분을 감당하기 위한 기름부음을 받은 것이다. 그 외에도 하나님의 아들, 주主, 인자人子와 같은 이름으로 불렸다.

중요한 것은 하나님이신 그분이 우리의 죄를 대속하시기 위하여 죄인의 모습으로 오셔서 고난을 당하시고 십자가에서 구원을 성취해 주셨다는 사실이다.

이 어찌 그냥 넘길 수 있는 일인가! 감사하자. 찬양하자. 영광을 올려드리자!

12월 3일

# 놋뱀을 쳐다본즉 모두 살더라

민 21:9

모세가 놋뱀을 만들어 장대 위에 다니 뱀에게 물린 자가 놋뱀을 쳐다본즉 모두 살더라.

광야 길을 걸어야 하는 이스라엘에게 때로는 길로 인한 어려움이 많았다. 호르산에서 출발하여 홍해 길을 따라 에돔 땅을 우회하려 하였다가 백성들의 마음을 상하게 하는 일이 벌어졌다.

백성은 하나님과 모세를 원망했다. "어찌하여 우리를 애굽에서 인도해내어 이 광야에서 죽게 하는가. 이곳에는 먹을 것도 없고 물도 없도다. 우리 마음이 이 하찮은 음식을 싫어하노라."

길 때문에 하나님과 모세를 원망하는데 음식을 가지고 타박을 했다. 처음 만나가 내릴 때 기뻐했던 저들이 이제는 하찮은 음식이라고 하며 불평했다.

그와 동시에 불뱀들이 나와서 백성들을 물었다. 하나님이 보낸 것이었다. 그리고 불뱀에 물린 사람은 죽었다.

이렇게 되니 백성들이, 우리가 당신을 향하여 원망한 것이 잘못이니 여호와께 기도하여 이 뱀들이 떠나게 해 달라고 요구했다. 이에 모세가 기도했고 하나님은 불뱀을 만들어 장대 위에 매달아 놓고 그것을 바라보라고 했다. 모세는 놋뱀을 만들어 장대 위에 달았다. 신기했다. 뱀에 물린 자들이 놋뱀을 쳐다 본즉 모두 살았다. 불순종에 대한 하나님의 징계와 회개하는 백성에게 징계를 풀어주는 수순이었다.

그렇다면 놋뱀이 무엇이며 왜 그것을 쳐다보면 사는가를 알아보자. 예수님은 밤중에 찾아온 니고데모와 거듭남에 대한 대화를 나누시다가 "모세가 광야에서 뱀을 든 것같이 인자도 들려야 하리니 이는 그를 믿는 자마다 영생을 얻게 하려 하심이니라."고 말씀하신 바 있다.(요 3:14-15)

그러므로 광야에서 모세가 만들어 장대에 단 놋뱀을 쳐다보면 불뱀에 물린 자들이 죽지 않은 사건이 예수님의 구원을 미리 보여준 예표적 사건이었던 것이다.

우리가 영생을 얻는 길. 그것은 간단하다. 십자가에 달린 예수님을 믿고 바라보는 일이다. 불뱀에 물려 죽어가면서 놋뱀을 바라본 사람은 산 것처럼, 죄로 죽어가는 사람이 예수님을 바라보면 영원히 산다.

그때도 놋뱀을 바라보지 않아 죽은 사람이 있었을 터. 지금도 주님 바라보지 않는 사람이 있다는 것은 안타까운 일이 아닐 수 없다.

믿음의 주요, 온전케 하시는 예수를 바라보자.(히 12:2)

12월 4일

# 나아만의 나병 치료

왕하 5:14

나아만이 이에 내려가서 하나님의 사람의 말대로 요단 강에 일곱 번 몸을 잠그니 그의 살이 어린아이의 살같이 회복되어 깨끗하게 되었더라.

나아만은 아람 나라의 군대장관이었다. 그는 나병이 들었다. 아무리 높은 관직에 있더라도 나병이 들었으면 어떻게 되는가. 당시에 나병은 불치의 병이었다.

그러던 어느 날, 그는 아내의 시중을 드는 이스라엘 출신의 소녀에게서 사마리아에 가면 병 고치는 선지자가 있다는 소식을 들었다. 이런 기쁜 소식이 또 어디 있겠는가.

나아만은 말들과 병거들을 거느리고 선지자 엘리사의 집에 도착했다. 그런데 엘리사는 아람의 군대장관이라는 고위급 관리가 찾아왔는데도 문 밖에 나와 영접하지 않았다. 대신 종을 내보내 요단 강에 몸을 일곱 번 씻으면 깨끗하게 될 것이라는 처방만 내렸다.

이에 나아만은 분노했다. 적어도 병을 고치는 의원이라면 자기들이 섬기는 하나님의 이름을 부르고 손을 들어 아픈 부위에 대어 병을 고칠까 했는데 나와 보지도 않고 요단 강에 가서 일곱 번 씻으라니, 그는 처방이 맘에 들지 않았다. 나아만은 자기 고향의 다메섹 강은 이스라엘의 모든 강보다 깨끗하니 거기 가서 씻는 것이 낫겠다고 생각하며 그 자리를 떴다.

그런데 나아만의 종들이 말렸다. 병을 낫고자 한다면 더 어려운 일을 시켜도 해야 할 터인데 강물에 일곱 번 씻는 것이 무엇이 어려워서 하지 않으려 하느냐고 설득했다.

결국 나아만은 엘리사의 처방을 따라 요단 강으로 가서 일곱 번 몸을 씻었다. 그런데 신기하게도 어린아이 살처럼 깨끗하게 나았다.

어떻게 불치의 병이라고 하는 나병이 고쳐졌을까. 요단 강물에 약효가 있었을까? 일곱 번이라는 숫자에 있었을까?

모두가 아니다. 하나님의 능력은 약효가 아니고 숫자에도 달려 있지 않다. 순종에 달려 있다. 그것이 합리적이 아니더라도 하나님의 말씀에 순종해야 한다. 기적은 합리적이다, 과학적이다, 경험적이다, 하는 이론을 떠나 먼저 하나님의 말씀에 순종하기를 요구한다.

순종은 제사보다 낫다. 불합리해도 하나님의 말씀이라면 우선 순종하고 보자.

믿음에 따른 순종. 거기에 치유함도, 기적도 따른다.

12월 5일

# 행함이 없는 믿음은 죽은 것

약 2:26

영혼 없는 몸이 죽은 것같이 행함이 없는 믿음은 죽은 것이니라.

바울 사도는 특별히 로마서에서 줄곧 죄인은 믿음으로만 의롭다 함을 받는다고 강조하고 있다. 맞는 말이다.

그런데 야고보는 행함이 없는 믿음은 그 자체가 죽은 것이라며 행함을 강조하고 있다.

야고보서는 "사람이 행함으로 의롭다 하심을 받고 믿음으로만은 아니라."고 했다.(약 2:24)

그리고 아브라함과 기생 라합의 예를 들고 있다. 아브라함이 아들 이삭을 제단에 바칠 때 행함으로 의롭다 함을 받은 것이 아니냐(약 2:21)고 강변한다.

그렇다면 바울과 야고보가 모순을 드러내고 있는가. 그럴 리는 없다.

우리는 분명히 믿음으로 의롭다 여김을 받는다. 행함으로 구원받는 것은 아니다.

그러나 믿음을 무엇으로 증명할 수 있는가. 믿음이 있노라 하면서 행동하지 않는 것은 믿음이 없다는 뜻이다.

그러므로 믿음과 행함은 동전의 양면이다. 믿음은 없으면서 선하게 행동할 수 있다.

그것은 물론 권장할 수는 있어도 그 선한 행동과 구원은 별개의 문제다.

행함으로 구원받는 것은 아니다. 믿음이 있다 하면서 행동으로 옮기지 않는다면 그 믿음이 진실한 것인가. 아니다. 죽은 믿음이다. 영혼 없는 몸과 같다.

성경 자체가 이를 해결해 준다. “네가 보거니와 믿음이 그의 행함과 함께 일하고 행함으로 믿음이 온전하게 되었느니라.”(약 2:22)

믿으면 행동하자.

믿는 바를 실천하지 않는 것은 믿음이 없다는 뜻의 다른 말일 뿐이다.

# 의인은 다시 일어난다

잠 24:16

대저 의인은 일곱 번 넘어질지라도 다시 일어나려니와 악인은 재앙으로 말미암아 엎드러지느니라.

넌센스 퀴즈 중에 "왜 넘어지느냐?" 하는 질문에 "일어나려고 넘어진다."는 답이 있다. 그러나 그것은 넌센스 퀴즈가 아니다. 올바른 답이다.

사실 넘어지지 않는 게 좋다. 그러나 넘어진 것이 부끄러운 것은 아니다. 일어나면 된다. 정말 부끄러운 것은 넘어지고 일어나지 않는 것이다.

어린 아기는 그냥 서는 것이 아니다. 수천 번 일어서기 위하여 넘어져야 한다. 그런 훈련을 거쳐 나중에 일어나고 또 걷게 되는 것이다.

아직 넘어지지 않았다고 자랑하지 말라. 앞으로 넘어질 것이고 그때는 일어서기 힘들 수도 있다.

성공했다 하는 사람은 대체로 젊었을 때 넘어진 경험이 있는 사람이다. 그들은 일어서면서 왜 넘어졌는가를 골똘히 생각한 사람들이었다.

그리고 그 후에는 똑같은 이유나 방법으로 넘어지지는 않았다. 그것이 그들을 성공으로 이끌었다고 본다. 넘어질 때마다 그들은 이렇게 하면 안 된다는 것을 배우고 그 지식을 습득했던 것이다.

우리는 일어서기 위해서 넘어진다. 그래서 실패는 성공의 어머니라는 금언이 생겨났을 것이다.

사실 넘어지는 것을 실패라 할 수 없다. 실패를 막는 훈련일 뿐이다.

오늘 말씀은 의인은 일곱 번 넘어질지라도 다시 일어난다고 했다. 의인이기 때문에 일곱 번 넘어질지라도 다시 일어나는 것이라기보다 일곱 번 넘어져도 다시 일어날 수 있기 때문에 의인이 되는 게 아닐까.

이 세상에는 훈련되지 않고 숙련되는 일은 없다.

억지로 넘어질 필요는 없지만 넘어지는 것을 두려워할 필요도 없다. 부끄러워할 필요도 없다. 다시 일어나면 된다. 웃으면서 일어나자.

# 마침내 네게 복을 주려 하심이라

신 8:16

네 조상들도 알지 못하던 만나를 광야에서 네게 먹이셨나니 이는 다 너를 낮추시며 너를 시험하사 마침내 네게 복을 주려 하심이었느니라.

우리 속담에 "초년고생은 사서도 해야 한다."는 말이 있다. 고난이라는 훈련과 연단을 받아서 후에 성공하기를 바라는 마음에서 나온 말이다.

형편이 넉넉하다가 어려워지면 살아가기가 팍팍하지만 형편이 어렵다가 넉넉해지면 부드럽게 살아갈 수 있는 것이다.

하나님은 이스라엘 백성을 광야에서 40년간 유리방황하도록 했다. 물론 저들의 범죄에 대한 징계 차원이기도 했지만 위험한 곳도 지나고, 불뱀도 만나고, 협착한 길을 가게도 하고, 전쟁도 하게 만들고, 식량이 떨어지고, 마실 물이 없는 등 고생을 시켰다.

하늘에서 만나를 내려주시기도 하고 반석에서 물을 내어 마시게도 했지만 결국 모든 생활이 힘들었다. 오죽 고통스러웠으면 모세와 아론을 원망하고 심지어 하나님까지 원망했겠는가. 그들은 너무 힘들면 차라리 애굽으로 돌아가자는 생각도 했었다. 왜 그들에게 이런 가혹한 훈련이 필요했을까.

오늘 말씀을 보면 그런 고난의 행군을 하나님은 이스라엘에게 일부러 시켰다고 했다. 목적은 너를 낮추시며 너를 시험하사 마침내 네게 복을 주려고 했다는 것이다.

기초가 튼튼하지 않은 건물은 웬만한 충격에도 쉽게 무너진다. 뿌리가 튼튼하지 않은 나무는 태풍에 쓰러진다. 인간도 그렇다. 기본적인 단련이 없으면 든든히 설 수가 없는 것이다.

그래서 인간다운 면모를 갖추게 하기 위하여 낮아지고 겸손해지기를 원했다. 교만하지 않도록 시험하고 훈련시켰다. 하나님께서 재물 얻을 능력을 주셨음에도 그 은혜를 잊어버리고 내 능력과 내 손의 힘으로 내가 이 재물을 얻었다 할까 두렵다고 하셨다.

그렇다. 하나님은 당신의 백성을 만들어 사용하시는 분이다. 훈련시켜서 견고히 서게 하시는 분이다.

고난을 당할 때 낙심하지 말자. 이 고난을 통하여 무엇을 주시렵니까 하고 오히려 기대하자.

하나님은 지금도 나를 하나님나라의 백성으로 만들어 가고 있는 것이다. 마침내 복을 주시려는 의도이시다.

# 그 반석은 곧 그리스도시라

오늘 말씀

고전 10:4

**다 같은 신령한 음료를 마셨으니 이는 그들을 따르는 신령한 반석으로부터 마셨으매 그 반석은 곧 그리스도시라.**

이스라엘 백성이 광야에서 물이 없어 목이 마를 때 반석에서 물을 내도록 하여 물을 마신 일이 두 번 있었다.

그런데 오늘 말씀을 보면 그 반석은 신령한 반석이고 그 반석은 그리스도시라고 해석해 놓고 있다. 즉, 이스라엘이 광야의 반석에서 나오는 물을 마신 것은 장차 예수 그리스도를 통해서 마시게 될 생명수를 상징 또는 예표했다는 뜻이다.

두 차례에 걸쳐서 있었던 반석에서 물을 내어 마셨던 내용을 간략하게 살펴보자.

첫 번째 사건(출 17:1-7)은 르비딤에서 있었다. 장막을 쳤으나 마실 물이 없으므로 백성이 모세와 다투었다. 백성은 모세에게, 우리에게 물을 주어 마시게 하라, 당신이 어찌하여 우리를 애굽에서 인도해 내어서 우리와 자녀들과 가축이 목말라 죽게 하느냐고 대들었다. 모세가 하나님께 하소연하자 하나님은 지팡이로 반석을 쳐서 물이 나오면 마시게 하라고 했다.

두 번째 사건(민 20:2-13)은 가데스에서 있었다. 여기서도 역시 물이 없어 백성은 모세와 다투었다. 그런데 이번에는 하나님께서 모세에게 반석에 명하여 물을 내라고 하셨다. 모세는 회중을 모아놓고 흥분하여 "반역한 너희여, 들으라. 우리가 너희를 위하여 이 반석에서 물을 내랴." 하고 지팡이로 반석을 두 번이나 쳐서 물이 나오게 하여 백성들로 하여금 마시게 했다.

그러나 모세는 이 사건으로 가나안 땅을 밟지 못하게 되었다. 반석에 명하여 물을 내지 않고 반석을 쳐서 물을 낸 것이 하나님의 거룩함을 나타내지 않았기 때문이라 했다.

이 부분을 김희보 박사는 해석하기를, 처음 반석은 예수님의 낮아진 반석이기에 매 맞아서 물을 낸 것이고 둘째 반석은 예수님의 높아진 반석이기에 승귀의 신분으로 매를 맞아서 안 되고 명하여 물을 냈어야 한다고 했다. 이를 모세는 어겼다는 것이다.

아무튼 광야에서 목마를 때 반석에서 물을 내어 마신 것은 장차 예수님이 주시는 생명수로 구원받을 것을 예언한 것이었다.

예수님은 말씀하셨다. "누구든지 목마르거든 내게로 와서 마시라."(요 7:37) "내가 주는 물을 마시는 자는 영원히 목마르지 아니하리니 내가 주는 물은 그 속에서 영생하도록 솟아나는 샘물이 되리라."(요 4:14)

# 예수께서 하신 일

마 9:35

**예수께서 모든 도시와 마을에 두루 다니사 그들의 회당에서 가르치시며 천국 복음을 전파하시며 모든 병과 모든 약한 것을 고치시니라.**

교회가 할 일이 무엇인가? 예수님이 가르치시고 행하신 일을 하여야 할 것이다.

오늘 말씀을 보면 예수께서 모든 도시와 마을을 두루 다니시며 하신 일이 세 가지로 요약된다.

첫째는 가르치는 일이었다. 즉 교육이다.

둘째는 천국 복음을 전파하는 일이었다. 즉 전도였다.

셋째는 모든 병과 약한 것을 고치는 일이었다. 즉 치유였다.

그러므로 교회가 할 일이 많지만 그중에서 교육과 전도와 치유사역을 잘 감당해야 할 것이다.

선교사들은 처음 우리나라에 들어와서 예배당 짓고, 학교 짓고, 병원을 지었다. 예수님의 가르침을 본받은 것이다.

오늘날 교회가 할 일은 참 많다. 아니, 우리가 할 일이 많다.

무엇보다 복음 전파다.

땅끝까지 주님의 증인이 되어야 한다. 지금의 땅끝은 바로 이웃이다. 복음이 전파되지 않은 지역 사람이 땅끝이다.

다음은 교육이다.

돈 잘 버는 교육도 중요하지만 사람이 어떻게 떡으로만 살 수 있는가. 생명을 살리는 교육이 필요하다. 도덕과 윤리가 무너지고 예수 정신인 헌신과 희생은 없고 그래서 이기적이고 부도덕한 세상이 되어간다. 신앙인격을 가르치는 교육이 이루어져야 한다.

다음으로 치유사역이다.

육신의 질병뿐 아니라 오늘날에는 영적이고 정신적인 치유를 받아야 할 사람이 많다. 걸핏하면 스트레스로 인한 병이라 한다. 수명은 길어지는데 사회가 건전하지 못하다. 예절과 질서가 무너져 내리고 있다.

또한 상처 입은 사람이 얼마나 많은가. 그 상처를 싸매고 치료하는 것은 역시 예수 그리스도의 사랑과 복음밖에 없다.

"내 이름을 경외하는 너희에게는 공의로운 해가 떠올라서 치료하는 광선을 비추리니 너희가 나가서 외양간에서 나온 송아지같이 뛰리라."(말 4:2)

12월 10일

# 에녹

창 5:24

에녹이 하나님과 동행하더니 하나님이 그를 데려가시므로 세상에 있지 아니하였더라.

성경에 나오는 아담의 족보를 보면 에녹은 그의 아버지 야렛이 162세에 낳은 아들이고 야렛은 962세를 살고 죽었다.(창 5:18-20)

에녹은 65세에 므두셀라를 낳았고 므두셀라는 969세를 살고 죽었다.(창 5:27)

그러니까 에녹의 아버지 야렛은 962세, 에녹의 아들 므두셀라는 969세를 살았다.

그들은 당시 나이로 최장수를 한 사람들이고 아마 일반 기록상에도 최장수가 아닐까 한다.

그에 비하면 에녹은 365세를 살았다. 특이한 것은 다른 모든 사람들의 끝은 "죽었더라."로 맺고 있는데 에녹만은 그게 없다.

"에녹이 하나님과 동행하더니 하나님이 그를 데려가시므로 세상에 있지 아니했다."고 기록하고 있다. 죽음이라는 관문을 통과하지 않고 하늘나라로 간 것이다.

에녹은 어떻게 살았기에 다른 사람들과 달리 죽음을 보지 않았을까.

기록 사항으로 보면 별로 다른 게 없다. 자식을 낳고 살았으니 가정생활을 한 것이고 사회생활도 같이 했을 것이다.

다른 사람과 다른 것은 그의 짧은 생애를 소개할 때 하나님과 동행했다는 말이 두 번이나 나오고 있다.

동행이라 하면 같이 걸었다는 뜻이니 그가 하나님의 뜻에 맞춰서 살았다는 의미가 된다.

그는 하나님께 순종했을 것이다. 하나님의 뜻에 거스르는 삶을 살지 않았을 것이다.

무엇인가 특별해서가 아니라 평범하게 살면서 순종했을 때 하나님은 그에게 죽음을 주지 않고 데려간 것이다.

우리는 지금 하나님과 동행하고 있는가?

12월 11일

# 바벨탑

창 11:9

그러므로 그 이름을 바벨이라 하니 이는 여호와께서 거기서 온 땅의 언어를 혼잡하게 하셨음이니라. 여호와께서 거기서 그들을 온 지면에 흩으셨더라.

노아의 홍수 이후 자손들이 다시 번성하였다. 그들은 모두 노아의 후손이지만 결국 아담의 후손들이다. 그들 속에는 원죄가 흐르고 있었다. 다시 말하면 노아의 후손 속에도 하나님을 대적하는 정신이 있었던 것이다.

그들은 시날 평지에 정착하면서 하나님을 대적하는 행동을 시작하였다. 그것은 벽돌을 만들어 성읍과 탑을 건설하는 것이었다.

그러나 그들의 계획은 하나님의 뜻에 의해서 무산되었다. 하나님은 지금도, 앞으로도 하나님의 뜻을 대적하는 행위를 끝내 무산시킬 것이다.

그렇다면 이들이 하나님의 뜻을 거스른 내용은 무엇인가.

첫째는 하나님의 동의 없이 자기들, 사람의 구상을 실행했다는 것이다. 하나님을 의지하지 않고 하나님의 뜻을 따르지 않는 것은 죄다.

둘째로 자기들 이름을 내고자 하는 공명심이다. 탑 꼭대기를 하늘에 닿게 하여 우리의 이름을 내자고 했다. 탑 꼭대기를 하늘에 닿게 하자는 데는 당시의 어리석은 생각이 게재되었겠지만 거기에 두 가지 의미가 담겨 있었을 수 있다.

하나는 홍수 이후라서 물의 두려움 때문에 물이 아무리 범람해도 물에 빠져 죽지 않을 정도로 올라가고자 하는 것이었을 것이고, 또 하나는 높이 쌓은 탑을 자기들의 위업으로 자랑하고자 했을 것이다.

그러나 하나님의 영광을 위한 것이 아니라 자기들의 이름 과시를 위한 것은 언제나 무산될 것이다. 사람들은 지금도 얼마나 많이 헛된 명예 때문에 죽어가고 있는가.

셋째로 그들은 성읍을 건설하여 사람들이 흩어짐을 면하고자 했는데 그것은 하나님의 뜻에 반하는 생각이었다. 하나님의 뜻은 온 인류가 온 땅에 편만하기를 원하는 것이다. 결국 그들은 하나님의 뜻을 정면으로 대적했다. 이런 계획이 성공할 리가 없다. 하나님은 그들의 언어를 혼잡시켜 그들의 계획을 이룰 수 없도록 만들었다.

그렇다. 인간이 추구하는 그 어떤 원대한 일도 하나님의 뜻에 반하면 결국 무너진다. 그럼에도 사악한 인간들의 자기 과시와 공명심은 오늘날 더욱 하나님을 대적하고 있다.

하나님의 영역인 생명에 대해서는 제발 도전하지 말라. 현대판 바벨탑을 쌓지 말라. 그것은 멸망으로 가는 지름길이다. 하나님의 뜻을 따라 순종하고자 하는 정신이 우리를 축복으로 인도한다.

# 구원에 이르는 지혜가 있는 성경

딤후 3:15

또 어려서부터 성경을 알았나니 성경은 능히 너로 하여금 그리스도 예수 안에 있는 믿음으로 말미암아 구원에 이르는 지혜가 있게 하느니라.

성경은 우리가 믿는 기독교의 경전이다.

성경이 기록된 제일 목적은 그리스도 예수 안에 있는 믿음으로 말미암아 구원에 이르는 지혜가 있게 하는 것이다.

또한 그리스도인은 말할 것 없지만 그 외의 모든 사람에게 교훈과 책망과 바르게 함과 의로 교육하기에 유익한 책이다.

얼마나 많은 사람이 이 책에 의해서 변화되고 새로워졌는가. 헤아릴 수가 없다. 세상에서 가장 많이 박해를 받으면서도 가장 많이 읽히는 책이다.

성경을 통해서 그렇게 많은 사람들이 변화를 입는 이유는, 이 책은 단순히 사람이 쓴 것이 아니라 성령의 감동을 받은 사람이 기록한 하나님의 말씀이기 때문이다.

구약성경은 영감을 받은 선지자들이, 신약성경도 역시 영감을 받은 사도들이 기록했다.

성경이 모두 기록된 기간이 약 1,500년이고 인간 저자는 30여 명에 이른다. 그들은 다양한 환경에서 다양한 직업을 가지고 있었다.

그럼에도 그 많은 사건과 교훈이 일사불란하다. 즉 내용이 서로 충돌하지 않고 서로 보완한다. 주제 내용은 한 인격 예수 그리스도라는 주인공을 통하여 인류를 죄에서 구원할 목적으로 씌어졌다.

성경은 그 어느 종교나 사상보다 윤리적으로나 도덕적 가치에서 우월하고 고상하며 포괄적인 진리이기 때문에 영원히 변함이 없다. 그러므로 이 말씀을 읽고 듣고 행하는 사람은 복을 받는다.(계 1:3)

다윗은 말씀에 대해서 이렇게 기록했다.

"여호와의 율법은 완전하여 영혼을 소성시키며 여호와의 증거는 확실하여 우둔한 자를 지혜롭게 하며 여호와의 교훈은 정직하여 마음을 기쁘게 하고 여호와의 계명은 순결하여 눈을 밝게 하시도다. 여호와를 경외하는 도는 정결하여 영원까지 이르고 여호와의 법도 진실하여 다 의로우니 금 곧 많은 순금보다 더 사모할 것이며 꿀과 송이꿀보다 더 달도다."(시 19:7-10)

성경을 순금보다 더 사모하며 송이꿀보다 더 달게 느끼는 사람은 이미 복을 받은 사람이다.

우리는 우리뿐 아니라 자자손손 이 성경을 사랑해야 한다.

# 간곡한 말로 위로하였더라

창 50:21

당신들은 두려워하지 마소서. 내가 당신들과 당신들의 자녀를 기르리이다 하고 그들을 간곡한 말로 위로하였더라.

야곱은 147세에 파란만장했던 인생을 마감했다. 애굽에서였다. 그동안 죽은 줄 알았던 아들 요셉이 애굽에 살아 있었고 그것도 애굽의 국무총리가 되어 있었다.

그 덕으로 야곱의 일족 70여 명이 애굽으로 이주해서 대접을 받으며 살 수 있었다. 그런데 야곱이 수명을 다하여 죽은 것이다. 요셉과 형제들은 아버지의 유언에 따라 가나안의 가족묘인 막벨라 굴에 성대하게 장례를 치렀다.

문제는 야곱의 장례를 마친 이후 요셉의 형들이었다. 야곱이 살아 있을 때는 요셉이 차마 아버지 앞에서 자기를 애굽 상인에게 팔아넘겼던 형들에게 보복을 할 수 없었지만 지금은 아버지가 돌아가셨으니 보복을 하면 어떻게 하느냐는 불안에 시달렸다.

형들은 아버지가 돌아가시기 전에 우리에게 하신 말씀이라면서 요셉에게 전해 주었다. 그것은 네 형들이 네게 악을 행하였을지라도 이제 바라건대 그들의 허물과 죄를 용서하라고 했다는 것이었다. 그러면서 정식으로 우리 죄를 용서해 달라고 빌었고 그 앞에 엎드려 우리는 당신의 종들입니다 하고 고백을 했다. 형들의 이 고백을 들으면서 요셉은 울었다.(창 50:17-18)

그리고 요셉은 불안에 떠는 형들에게 말했다. "두려워하지 마소서. 내가 하나님을 대신하리이까. 당신들은 나를 해하려 하였으나 하나님은 그것을 선으로 바꾸사 오늘과 같이 많은 백성의 생명을 구원하게 하시려 하셨나니 당신들은 두려워하지 마소서. 내가 당신들과 당신들의 자녀를 기르리이다 하고 간곡한 말로 위로하였더라."(창 50:19-21) 이 말씀에서 우리는 요셉의 신앙과 위대한 인격을 보게 된다.

첫째, 그는 보복은 사람이 하는 것이 아니라고 믿고 있다. 내가 하나님을 대신하리이까 하고 말하지 않는가. 그들은 자기를 괴롭혔지만 자신은 보복하지 않겠다는 것이다. 그는 형들뿐 아니라 자신에게 누명을 씌워 감옥에 가게 했던 보디발의 처에게도 보복하지 않았다.

둘째, 그는 범사가 하나님의 섭리 안에 있음을 믿었다. 형들이 자신을 해하려 했지만 그것은 결국 자기들 가족, 나아가서는 이스라엘을 살리고자 하는 섭리였다는 것이다. 그렇다. 그리스도 안에서는 모든 것이 합력하여 선을 이룬다.

셋째, 그는 위로자였다. 그는 형들에게 보복하지 않을 뿐 아니라 형들과 그 가족을 기르겠다고 했다. 돕겠다는 것이다.

얼마나 멋있는 사람인가! 그는 진정으로 하나님께 붙잡혀 산 신앙인격자였다.

12월 14일

# 너는 행복한 사람이로다

신 33:29

이스라엘이여, 너는 행복한 사람이로다. 여호와의 구원을 너같이 얻은 백성이 누구냐. 그는 너를 돕는 방패시요, 네 영광의 칼이시로다. 네 대적이 네게 복종하리니 네가 그들의 높은 곳을 밟으리로다.

오늘 말씀은 모세가 죽기 전에 각 지파를 위하여 축복의 예언을 하고 마치면서 이스라엘 전체의 행복을 노래한 부분이다.

모세는 진실로 이스라엘은 복을 받은 민족이라고 노래했다. 이는 전능하신 하나님이 많은 민족 중에 이스라엘을 택하시고 그들을 구원하셨을 뿐 아니라 그들을 지키심으로 이스라엘이 대적을 이기고 복종케 했다는 것이다.

그는 특별히 하나님이 이스라엘로 하여금 승리케 하기 위하여 돕는 방패가 되시고 영광의 칼이 될 것이라 했다.

방패는 방어 무기고 칼은 공격 무기다. 하나님은 이스라엘에게 칼과 방패가 되셔서 지켜도 주시고 보호도 해 주시니 안전한 것이다.

그렇다. 하나님이 이스라엘을 선택한 것은 그들이 다른 민족보다 우수하거나 뛰어난 것도 아니고 수효가 많아서도 아니었다. 하나님의 주권적인 선택이었다.

많은 민족 중에 하나님의 백성으로 택함을 받아 구원받은 것은 큰 축복이 아닌가.

그들이 우상을 섬기지 않고 하나님의 말씀에 순종만 한다면 영원히 하나님은 그들을 지키고 보호하시며 모든 민족 중에 뛰어난 민족이 되게 할 것이다.

우리는 어떤가. 우리가 하나님을 택한 것이 아니라 하나님이 주권적으로 우리를 택하셨다. 예수 그리스도 우리 주님을 보내셔서 우리의 허물과 죄를 용서하셨다.

그리하여 우리는 천국 시민권을 가지고 천국을 기업으로 받았다. 하늘의 신령한 복을 받았다.

이 땅의 기름진 복도 받았다. 가족과 건강과 재물과 일터와 명예와 나라를 주셨다.

순종하고 기도하면 필요한 것을 채워 주신다. 그리고 우리를 그의 의로운 손으로 보호하시며 인도하시고 책임져 주신다.

그렇다. 우리는 복 받은 사람들이다.

할렐루야! 하나님께만 영광을 돌리자.

# 센 머리 앞에서 일어서라

레 19:32

너는 센 머리 앞에서 일어서고 노인의 얼굴을 공경하며 네 하나님을 경외하라. 나는 여호와이니라.

하나님은 질서의 하나님이시다. 세상이 무질서한 것 같지만 큰 틀에서 보면 질서가 유지되고 있다. 하나님의 창조가 질서 정연하다. 하나님이 천지를 다스리는 질서가 정연하다. 그러므로 우리들 사람도 질서를 파괴하는 일을 하지 말아야 한다. 그것은 고통과 패망으로 가는 지름길이기 때문이다.

법질서, 교통질서 어겨보라. 당장 자기에게 피해가 오고 위험하다. 상행위의 질서를 어기면 경제적 타격을 입는다. 알고 보면 세상과 우리 사회는 질서로 유지되고 있다.

그런데 왜 우리는 위계질서, 도덕질서를 인권을 앞세워 무너트리고 있는가. 인권이 중요하지만 도덕이나 윤리나 위계를 무시할 수는 없는 것이다.

오늘 말씀은 센 머리 앞에서 일어서라고 가르친다. 머리가 센 분이라면 연세가 드신 분이다. 그 앞에서 일어서고 노인의 얼굴을 공경하라는 것은 노인에게 경의를 표하라는 뜻이다. 물리적 힘으로 맞선다면 노인이 이길 방법은 없다. 노인이 무슨 힘이 있겠는가. 그렇다고 해서 함부로 해도 되는가. 그런 사회라면 무질서한 사회고 약육강식의 동물사회다. 그러나 동물들도 질서가 있다. 짐승 이하의 사회다.

요즈음은 가정윤리도 무너져 부모가 자녀를, 자녀가 부모를 학대하는 경우도 있는데 나이 많은 남을 존경한다는 게 쉽겠는가. 그러나 어른을 존경할 줄 모르는 사회는 소망이 없다. 그런 사회는 장차 제 부모도 공경하지 않는 사회가 될 수 있다. 그런 사회는 하나님을 경외하지 않는 무신론적 사회가 될 수 있다.

사람을 인격적이고 천부인권을 가진 존재로 보지 않고 노동의 효율성으로 판단한다면 그것은 이미 사람이기를 포기한 사람들의 사회다. 가치도 소망도 없다.

오늘 말씀을 다시 한 번 보자.

노인 공경과 하나님 경외를 나란히 놓고 있다. 이것이 기독교 정신에만 있다. 하나님을 경외한다면서 어른을 무시하는 것은 잘못된 것이다. 어른을 공경한다면서 하나님을 경외하지 않는 것도 잘못된 것이다.

노인은 그냥 되는 것이 아니다. 아기가 노인 되기 위하여 많은 세월을 보내야 했고, 그러면서 수많은 지식과 경험을 쌓았다. 그 주름살 하나하나가 경륜이고 가정과 사회와 나라를 위해서 땀 흘리며 수많은 기여를 한 표지다. 이것을 무시하는 사람들의 사회가 질서 반듯한 사회는 될 수 없다.

성경은 말씀한다. "백발은 영화의 면류관이라. 공의로운 길에서 얻으리라."(잠 16:31) 센 머리 앞에서 일어서자.

# 사르밧 과부의 삶의 방법

왕상 17:16

여호와께서 엘리야를 통하여 하신 말씀같이 통의 가루가 떨어지지 아니하고 병의 기름이 없어지지 아니하니라.

엘리야 시대에 하나님은 엘리야에게 시돈에 속한 사르밧으로 가서 그곳의 한 과부에게 대접을 받으라는 명을 받았다.

엘리야가 하나님의 명을 받아 사르밧에 이르렀을 때 한 과부가 나뭇가지를 줍고 있었다. 엘리야는 그 여인에게 다가가 물을 좀 달라고 했다.

당시는 3년 6개월 동안 비가 내리지 않던 때였다. 물이 귀한 때였다. 그럼에도 그 여인은 자기 일을 멈추고 물을 가지러 갔다. 엘리야는 물을 가지러 가는 여인에게 떡 한 조각을 달라고 주문했다. 여인은 기가 막혔으리라.

이 과부는 당신의 사정을 엘리야에게 말했다. 그 내용은 이렇다.

자신은 지금 떡이 없다. 있는 것이라곤 다만 통에 가루 한 움큼과 병에 기름 조금이 남아 있을 뿐이다. 그래서 나뭇가지를 주워다가 음식을 만들어 자신과 아들이 마지막으로 나누어 먹고 죽으려 한다는 것이었다. 이 얼마나 비참한 현실인가. 이런 여자에게서 더 무엇을 기대하랴.

그러나 그런 상황에서도 엘리야는 두려워하지 말고 떡을 만들어 먼저 자기를 대접하라고 했다. 그러면 비를 내릴 때까지 통의 가루가 떨어지지 않고 병에 기름이 마르지 않을 것이라고 했다.

여러분은 이런 상황에서 엘리야의 이 말이 믿어지겠는가. 그러나 사르밧 과부는 그의 말을 듣고 떡을 만들어 엘리야를 먼저 대접했다. 그런데 진실로 비가 다시 내릴 때까지 가루통의 가루나 기름병의 기름이 떨어지지 않는 기적을 보게 되었다.

우리는 이 사르밧 과부에게서 무엇을 배워야 할 것인가.

하나는 최후의 순간까지 삶을 포기하지 않는 정신이요, 다른 하나는 아무리 곤고한 상황에서도 이웃과 나누고 공궤하는 정신이다.

후에 예수님은 이렇게 말씀하셨다.

"내가 참으로 너희에게 이르노니 엘리야 시대에 하늘이 삼 년 육 개월간 닫히어 온 땅에 큰 흉년이 들었을 때에 이스라엘에 많은 과부가 있었으되 엘리야가 그중 한 사람에게도 보내심을 받지 않고 오직 시돈 땅에 있는 사렙다의 한 과부에게뿐이었으며."(눅 4:25-26)

그렇다. 복을 받을 사람이 따로 있다는 뜻이다. 그는 정신적으로 복을 받을 만한 그릇이 준비된 사람이 아니겠는가.

# 이스라엘아, 들으라!

신 6:4-5

**이스라엘아, 들으라! 우리 하나님 여호와는 오직 유일한 여호와이시니 너는 마음을 다하고 뜻을 다하고 힘을 다하여 네 하나님 여호와를 사랑하라.**

이스라엘 민족이 자녀가 태어나면 맨 먼저 가르치는 것이 바로 이 말씀이다. 그들은 하나님을 가르친다. 하나님은 유일하신 분이라는 것이다.

다시 말하면 신이 많이 있는 것이 아니라 한 분밖에 없다는 것이며 그분이 여호와 하나님이라는 것이다.

세상에는 여러 신관이 있는데 다신론, 범신론도 그런 신관 중의 하나다. 그들의 이론에 의하면 신이 많다, 또는 모든 것이 신이라는 것이다. 그 여러 신 중에 하나가 여호와라는 것이다. 그러나 틀렸다. 신은 여호와 한 분밖에 없다.

그러면 사람들이 신이라 부르는 것들은 무엇인가. 사람들이 만들어낸 것이다. 그래서 그것들은 신이 아니라 우상이다.

그렇다. 우리는 엄격히 말해서 많은 신 중에 한 분인 하나님을 믿는 게 아니라 스스로 계시는 유일하신 하나님을 믿는 것이다.

그렇다면 그 하나님을 어떻게 섬겨야 하는가.

사랑하라고 성경은 가르친다.

어느 정도로 사랑해야 하는가. 마음과 뜻과 힘을 다해서 사랑하라고 가르친다. 우리의 인격이나 능력이나 나의 모든 것을 아끼지 말고 모두 쏟아서 사랑하라는 것이다.

사람은 무엇을 사랑하느냐가 그 사람이 어떤 사람인가를 결정하는 것이다.

돈을 사랑하면 돈의 노예가 된다. 세상을 사랑하면 세상의 종이 되고 명예나 권세를 사랑하면 명예나 권세의 종이 된다. 우상이나 마귀를 사랑하면 그것들의 종으로 살다가 결국은 망한다. 그래서 하나님을 사랑해야 하는 것이다.

하나님은 창조주 되시고 우리를 구속하신 분이고 복의 근원이 되시는 분이다.

다시 말하면 하나님은 우리가 전 인격과 생명과 물질과 시간과 재능 모든 것을 바쳐 사랑할 가치를 충분히 가지신 분이다.

그 하나님을 어떻게 사랑할 것인가. 첫째는 마음에 새겨야 한다. 그리고 자손들에게 뚜렷하게 그리고 부지런히 하나님 사랑을 가르쳐야 한다.

하나님은 그런 사람과 그런 가정과 나라에 복을 주신다.

# 소망을 이룬다

롬 5:3-4

다만 이뿐 아니라 우리가 환난 중에도 즐거워하나니 이는 환난은 인내를, 인내는 연단을, 연단은 소망을 이루는 줄 앎이로다.

우리는 소망으로 산다. 세상적으로는 어떤 어려움 속에서도 장래의 꿈의 성취를 바라보며 살고 영적으로는 하늘나라의 영광을 바라보며 산다.

그러므로 그런 꿈을 가진 사람은 현실에서 일어나는 고난이나 역경을 견디며 살고 이기며 산다.

영적으로는 더욱 말할 것도 없다. 구원을 얻고 천국에 이른다는 소망이 없으면 인생이 무슨 의미가 있는가. 열심히 노력하다가 어느 날 흔적도 없이 없어지는 인생이라면 무슨 가치가 있는가.

우리의 위대한 신앙의 선배요 위인들은 무엇이 부족해서 예수 때문에 고난 받고 예수 때문에 순교했는가. 고난을 받고 순교를 해도 가치가 있기 때문이었다.

바울 사도는 "생각하건대 현재의 고난은 장차 우리에게 나타날 영광과 비교할 수 없도다." 하고 고백했다.(롬 8:18)

그 영광을 무엇과 비교할 수 있겠는가.

고난을 겪어야 그 영광을 차지할 수 있다면 기꺼이 고난도 감수해야 하지 않겠는가.

우리는 일부러 고난을 받을 필요는 없지만 현실에서 일어나는 그 어떤 고난도 결국은 소망을 이루기 위함이라는 사실은 알고 가야 할 것 같다.

그러면 환난도 즐거움이다. 환난이 인내를 가져다주고 그 인내는 곧 연단이다. 뜨거운 불 속에서 고귀한 보석이 탄생한다.

우리는 나를 보석 만들어 쓰기 위해서 고난을 허락하고 그것을 잘 견디면서 연단 받아서 결국은 하늘나라 영광을 차지하도록 하시는 하나님의 인도에 감사해야 한다.

요셉이라는 인물이 고난 속에서 태어났고 다윗이 고난 속에서 만들어졌다. 야곱이 고난에서 깨닫고 사도들이 고난을 받으며 복음을 전했다. 그런 역사는 그들만으로 끝나지 않고 오고 오는 모든 세대에 진행되어 왔다.

분명한 것은 우리의 갈 길이 고통스럽다 해도 그 길을 인도하시는 분이 하나님이시고 그 고난을 마치고 소망을 이루게 하시는 분도 하나님이시라는 것, 그래서 우리는 환난도 기쁘게 여길 수 있다.

# 물 가운데서도, 불 가운데서도

사 43:2

네가 물 가운데로 지날 때에 내가 너와 함께할 것이라. 강을 건널 때에 물이 너를 침몰하지 못할 것이며 네가 불 가운데로 지날 때에 타지도 아니할 것이요, 불꽃이 너를 사르지도 못하리니.

여러 종교들의 구원은 자기들이 자기들의 절대자를 찾아가는 것이지만 우리 기독교는 그렇지 않다.

하나님이 스스로 계셔서 만물을 창조하시고 우리를 죄에서 구속해 주신다. 그러므로 예수님도 우리를 찾아오셨다.

무엇보다 중요한 것은 하나님의 선택이다. 하나님을 우리가 선택하여 믿는 것이 아니라 하나님의 선택에 우리가 응하는 것이다.

하나님은 우리들 한 사람 한 사람을 지명하여 불러내어 구속해 주셨다. 이는 하나님께서 우리를 끝까지 책임져 주시겠다는 의미가 된다.

그렇다. 하나님은 우리를 지켜주시는 보호자로 한번 택하셨기 때문에 어떤 상황에서도 지켜주신다. 우리가 이를 믿을진대 무슨 일을 만나도 두려워할 필요는 없다.

오늘 말씀에서 하나님은 우리의 보호자로서 말씀하신다. 물 가운데로 지날 때에 하나님이 우리와 함께하실 것이라고 하셨다.

하나님은 이스라엘이 홍해나 요단 강을 건널 때 함께해 주셨다. 침몰하지 못하게 하셨다.

노아시대에는 방주를 예비토록 하셔서 노아의 가족을 물 가운데서 지켜 주셨다.

하나님은 우리의 보호자로서 불 가운데로 지날 때에 타지도 않게 보호하신다.

소돔과 고모라가 불로 멸망할 때 롯은 건져주셨다. 사드락과 메삭과 아벳느고가 느부갓네살 왕이 만든 금 신상에 절하지 않는다고 그들을 풀무불 속에 던져 넣었다. 그러나 그들은 머리카락 하나 상하지 않고 나왔다. 하나님이 불 가운데서도 지켜 주시고 보호해 주신 것이다.

지금 이 말씀은 옛날의 우리의 신앙 선배들을 지키고 보호해 주신 것만을 말씀하는 것이 아니다. 지금도, 미래에도 우리를 위험에서 보호해 주실 것을 약속하시는 말씀인 것이다.

그러므로 우리는 두려움도, 염려도, 근심도 하나님께 맡기고 살아야 한다. 하나님의 넓은 품 안에서 우리는 보호받고 있는 것이다.

# 사울의 집과 다윗의 집 사이

삼하 3:1

**사울의 집과 다윗의 집 사이에 전쟁이 오래매 다윗은 점점 강하여 가고 사울의 집은 점점 약하여 가니라.**

세상 나라에는 흥망성쇠가 있다. 태동했으면 망하는 때가 있다. 개인도 부침이 있기 마련이다.

이스라엘 왕국의 초대는 사울이 다스렸다. 사울은 베냐민 지파 사람으로 그가 왕이 되기 전에는 겸손하고 책임감이 있었다. 그러나 후에는 목동 출신 다윗의 등장으로 고통스런 세월을 살다가 결국 정권도 내놓고 자신도 망했다.

블레셋이 쳐들어와 나라가 풍전등화와 같은 위기에서 목동이었던 다윗이 전황을 알아보고 오라는 아버지의 분부로 전쟁터에 왔다가 적군 골리앗을 물맷돌로 넘어트리고 승리한 이후 사울 왕은 다윗의 인기가 높아져 가는 것에 불안과 위기를 느껴야 했다.

그는 여러 방법으로 다윗을 죽이려 했지만 하나님이 보호하는 그를 죽일 수 없었고, 후에 사울은 블레셋과의 길보아 전투에서 세 아들과 함께 전사했다.

오늘 말씀은 그 이후 사울의 후손들은 사울의 정권을 다시 이으려 애쓰고 다윗은 무너진 사울 왕권을 이어서 이스라엘을 재건하려는 사이에서 다툼이 한동안 계속되었는데 그때의 이야기를 말씀하고 있다.

시간이 가면 갈수록 사울의 집은 점점 기울어지고 다윗의 집은 점점 강하여져 갔다는 것이다.

그렇다. 누가 점점 강하여지면 점점 약하여지는 곳이 있고, 누가 점점 약하여지면 점점 강하여지는 곳이 있기 마련이다. 그 일은 궁극적으로 하나님이 하신다.

그러나 정의와 진리를 붙들면 점점 강하여 갈 것이고 불의와 거짓을 붙들면 점점 쇠약해져 갈 것이다. 미워하고 시기하면 망하고 사랑하고 격려하면 일어난다.

이것은 사람이 어떻게 할 수 없는 역사의 증언이요, 하나님이 하시는 일이다.

하나님은 언제나 정의와 진리 편에 서 계시고 사랑과 공의로 통치하신다.

# 죽이면 죽을 것이라

왕하 7:4

만일 우리가 성읍으로 가자고 말한다면 성읍에는 굶주림이 있으니 우리가 거기서 죽을 것이요, 만일 우리가 여기서 머무르면 역시 우리가 죽을 것이라. 그런즉 우리가 가서 아람 군대에게 항복하자. 그들이 우리를 살려 두면 살 것이요, 우리를 죽이면 죽을 것이라.

오죽 핍절했으면 자기가 낳은 자식을 잡아먹을 수 있을까. 엘리사가 활동하던 시절에 실제로 그런 일이 있었다.

하늘은 3년 6개월 동안 땅에 비를 내리지 않았다. 그런데 설상가상으로 아람나라가 침범했다.

이러한 때에 성한 사람도 아닌 나병 환자들은 어떻게 살아남을 수 있을까.

오늘 말씀은 사람 취급도 못 받는 나병 환자 네 명이 핍절한 당시의 환경을 뒤바꾸어 놓은 이야기를 해놓고 있다.

율법에 의하면 나병은 고치기가 어려우므로 그 환자는 부정한 사람으로 취급당했고 나병이 들면 즉시 집을 떠나 가족을 버리고 성 밖으로 나가야 했다.

그들은 성한 사람과 접촉을 할 수 없었다. 만약 성한 사람과 접촉이 되면 돌에 맞아 죽어도 호소할 길이 없었다.

그러므로 성한 사람이 접근하려 하면 윗입술을 가리고 "부정하다, 부정하다."고 자기 처지를 상대에게 알려야 했다. 그래서 그들은 자기들끼리 모여 살면서 외로움을 풀어야 하는 기구한

운명의 사람들이었다.

그날도 네 명의 나병 환자들은 먹고사는 문제로 고민을 했다. 성읍 안에 들어가도 식량이 없으니 죽는다. 여기에 그냥 머물러 있어도 죽기는 마찬가지다.

그러니 어쨌든 죽게 되는데 그럴 바에는 쳐들어온 아람 군대에게 가서 항복하자. 살려주면 사는 것이고 죽이면 죽는 것이다. 이런 결심으로 합의하고 네 명의 나병 환자들은 아람 진영으로 갔다.

그런데 하나님은 아람 군대에게 큰 군사행동을 하는 소리를 들리게 해서 아람 군대가 놀라서 다 도주하게 만들었다. 물론 그들은 모든 것을 그대로 둔 채 황급히 도망쳐 버렸다. 그래서 나병 환자들도 살았고 평소에 멸시받던 그들의 행동으로 나라도 살렸다는 내용이다.

이 말씀은 우리에게 곤경에 처했다고 낙심하지 말 것을 가르쳐준다. 죽을 것도 각오하는 결심이라면 반드시 살 길이 있는 법이다. 하나님은 세상에서 멸시받는 사람도 이렇게 사용하신다. 우리도 쓰신다.

낙심하지 말고 주님의 손에 붙잡혀 주님의 도구로 쓰임 받도록 하자.

# 불기둥, 구름기둥

오늘 말씀

출 13:21-22

여호와께서 그들 앞에서 가시며 낮에는 구름기둥으로 그들의 길을 인도하시고 밤에는 불기둥을 그들에게 비추사 낮이나 밤이나 진행하게 하시니 낮에는 구름기둥, 밤에는 불기둥이 백성 앞에서 떠나지 아니하니라.

이스라엘이 애굽을 떠나 광야로 나왔을 때 광야의 길을 아는 사람이 없었다.

모세만이 미디안에서 양치기로 40년을 살았을 뿐 다른 사람들은 종살이하느라 홍해 밖으로 나와 본 일이 없었다. 당연히 누군가가 이 길을 인도해야 했다.

그러나 하나님은 직접 이스라엘을 인도하셨다. 그것이 구름기둥과 불기둥이다. 낮에는 구름기둥이 인도하고 캄캄한 밤에는 불기둥이 앞서 갔다.

이스라엘은 구름기둥, 불기둥이 인도하면 길을 잃어버릴 염려가 없었다. 기둥이 떠나면 따라서 떠나면 되었고 기둥이 멈추면 그 자리에 장막을 치고 지냈다. 그 진행하고 멈추는 일을 오로지 구름기둥, 불기둥이 했다.

이처럼 구름기둥, 불기둥은 이스라엘이 광야에서 방황하지 않도록 충실하게 길을 인도해 주었다.

그런데 이 불기둥과 구름기둥은 길을 인도하는 역할만 한 게 아니다. 사막의 기온은 낮과 밤의 일교차가 심했다. 낮에는 뜨거운 열기로 데어 죽을 지경이고 밤에는 얼어 죽을 정도로 날씨가 추웠다.

그러나 걱정할 것이 없었다. 밤에는 불기둥이 그들을 따뜻하게 보호해 주었고 낮에는 구름기둥이 직사광선을 막아주었다. 때로는 대적이 추격할 때 추격해 오지 못하도록 구름기둥이 그들을 막아주는 일도 했다.(출 14:19-20) 즉 불기둥, 구름기둥은 광야에서 이스라엘을 인도하고 보호하는 일을 했다.

그렇다면 이런 불기둥과 구름기둥이 지금은 없는가. 구름기둥과 불기둥의 역할을 하는 것이 있다. 그것이 하나님의 말씀이다.

그 말씀이 이 광야 같은 세상을 사는 우리에게 안내자의 역할을 하고 있다. 그 말씀이 가라 하면 가고, 멈추라 하면 멈추고, 돌아서라 하면 돌아서면 된다. 길 잃어버릴 염려가 없다.

또한 그 말씀이 우리를 보호하신다. 하지 말라 하면 어떤 경우에도 하지 말아야 한다. 그러나 하라 하면 하고 싶지 않아도 해야 한다. 그러면 안전하다.

광야에서 불기둥, 구름기둥이 백성 앞에서 떠나지 않은 것처럼 지금은 하나님의 말씀을 우리가 꼭 붙들고 살아야 한다. 그 말씀이 우리를 인도하고 보호하고 축복하는 것이다.

# 그들의 땅을 고칠지라

대하 7:13-14

혹 내가 하늘을 닫고 비를 내리지 아니하거나 혹 메뚜기들에게 토산을 먹게 하거나 혹 전염병이 내 백성 가운데에 유행하게 할 때에 내 이름으로 일컫는 내 백성이 그들의 악한 길에서 떠나 스스로 낮추고 기도하여 내 얼굴을 찾으면 내가 하늘에서 듣고 그들의 죄를 사하고 그들의 땅을 고칠지라.

오늘 말씀은 솔로몬이 성전과 왕궁을 완공했을 때 하나님께서 솔로몬에게 오셔서 이 땅에 재앙이 있을 때 고침을 받을 방도를 가르쳐주신 말씀이다.

하나님은 당신의 백성이 불의를 행하고 패역할 때 징계의 수단으로 대개 세 가지 방법을 쓴다.

하나는 천재지변을 통한 기근, 둘째는 전염병, 셋째는 전쟁이다.

이런 일이 일어나면 어떻게 해야 하는가.

지금도 천재지변이 오히려 빈발하게 일어나고 전염병이 창궐한다. 전쟁의 위험이 언제든지 있다.

성경은 이런 일들이 우연히 일어나는 것이 아니라 인간의 죄 때문임을 밝히고 있다.

그러면 구체적으로 어떻게 해야 하는가.

하나는 악한 길에서 떠나 스스로 낮추라고 한다. 교만한 사람은 자신이 지금 악한 일을 하고 있는지도 모른다.

그러나 불순종, 불의, 부도덕이 모두 악한 일이다. 그리고 하나님의 종으로 낮아져야 한다. 그것이 겸손이다.

또 하나는 기도하여 하나님의 얼굴을 찾으라고 했다. 기도는 하나님과의 교제요, 대화다.

하나님과의 단절은 곧 불행이다. 회개기도를 하고 하나님의 얼굴 곧 은혜를 구해야 한다.

기도하자 하면 우리는 왜 그렇게 구할 것이 많은가. 거의가 정욕적인 것이다.

이제는 헌신과 충성을 위하여 구하자. 그러면 하나님께서 하늘에서 들으시고 그들의 죄를 사하고 땅을 고쳐주신다고 했다.

땅이 고쳐지려면 무엇이 잘못되었는가를 알아야 한다. 제도나 법을 고쳐야 한다고 생각하기보다 하나님의 법에 먼저 순종해야 한다.

"너희는 이 세대를 본받지 말고 오직 마음을 새롭게 함으로 변화를 받아 하나님의 선하시고 기뻐하시고 온전하신 뜻이 무엇인지 분별하도록 하라."(롬 12:2)

# 그리스도 탄생의 예언

사 7:14

**그러므로 주께서 친히 징조를 너희에게 주실 것이라. 보라, 처녀가 잉태하여 아들을 낳을 것이요, 그의 이름을 임마누엘이라 하리라.**

세상에 수천 년부터 오실 것이라고 문서로 예언해 놓고 그 예언대로 오신 분이 있는가.

성탄의 계절이다. 그분이 오셨다. 장차 오실 것이라고 예언된 말씀을 붙들고 기다리고 기다리던 분이 오셨다.

오늘은 그분이 오신다는 그 많은 예언 중에 두 가지만 살펴보자.

그는 처녀의 몸을 통하여 오신다고 했다. 과학적으로나 경험적으로 불가능한 일이다. 그런데 성경은 메시아가 처녀가 낳아서 오실 것이라 했다. 그것이 오늘의 말씀이다.

실제로 예수 그리스도는 성령으로 잉태되어 처녀인 마리아의 몸을 통해서 오셨다.

마리아 본인도 어찌 그런 일이 있을 수 있느냐고 믿을 수 없는 일이라고 생각했으며, 그의 약혼자 요셉도 불륜이 아닌가 하여 조용히 관계를 끊으려고까지 했다.(마 1:19)

바울 사도는 증언하기를 때가 차매 하나님이 그 아들을 보내사 여자에게서 나게 하셨다고 했다.(갈 4:4)

또 하나의 예언은 그리스도가 유대 베들레헴에서 날 것이라고 했다.(미 5:2)

"베들레헴 에브라다야, 너는 유다 족속 중에 작을지라도 이스라엘을 다스릴 자가 네게서 내게로 나올 것이라. 그의 근본은 상고에, 영원에 있느니라."

예수를 성령으로 잉태한 마리아는 갈릴리 나사렛에서 살았다. 그런데 성경엔 그가 유다 베들레헴으로 오실 것이라고 예언되어 있다. 갈릴리 나사렛과 유다 베들레헴은 가까운 거리가 아니다. 그러나 하나님은 메시아가 베들레헴에서 태어나게 될 것이란 예언을 성취하기 위하여 로마 황제를 사용했다. 가이사 아구스도는 모든 백성은 자기 고향에 가서 호적을 정리하라고 명령을 내렸다.

이 명령을 어길 수 없어 요셉과 마리아 부부는 만삭의 몸으로 그 먼 길을 떠나 다윗의 동네인 베들레헴에 와서 아기 예수를 낳았다.

하나님의 계획은 촌치의 착오도 허락지 않는다. 예수는 구약의 약속대로 오셨다. 사람의 학문이나 지식으로 성경과 하나님을 재단하지 말라. 하나님은 사람의 지식으로 좌우될 분이 아니다. 하나님께는 불가능이 없고 하나님의 모든 약속은 반드시 이루어진다.

아기 예수는 약속대로 유다 베들레헴에서 동정녀 마리아를 통해서 이 땅에 오셨다. 할렐루야!

# 큰 기쁨의 좋은 소식

누 2:10

천사가 이르되 무서워하지 말라. 보라, 내가 온 백성에게 미칠 큰 기쁨의 좋은 소식을 너희에게 전하노라.

양 떼를 지키는 목자들에게 천사가 찾아왔다. 그것도 모두가 잠들어 있는 고요한 밤중에. 목자들은 특별한 이 현상이 무서웠다.

무서워하는 그들에게 천사가 말했다. "무서워하지 말라. 보라, 내가 온 백성에게 미칠 큰 기쁨의 좋은 소식을 너희에게 전하노라."

천사는 목자들에게 무서워하지 말라고 했다. 자기가 목자들을 찾아온 목적이 선한 일인데 두려워할 이유가 없다면서 천사는 우선 그들의 마음을 안심시키고 이어서 "내가 온 백성에게 미칠 큰 기쁨의 좋은 소식을 너희에게 전하노라."고 했다. 이 소식은 아기 예수가 탄생했다는 것이었다.

이 기쁜 소식을 맨 먼저 받게 되었으니 목자들은 행운아들이었다. 그렇다. 아기 예수의 탄생 소식은 온 백성에게 미칠 소식이다. 한 마을에서 일어난 작은 일도 많은 사람에게 미치는데 메시아가 탄생했다는 소식은 모든 백성에게 미칠 수밖에 없다. 그 소식을 천사는 "큰 기쁨의 좋은 소식"이라 했다.

그렇다. 아기 예수 탄생 소식은 모두에게 큰 기쁨의 소식이고 좋은 소식이다.

소식에는 슬픈 소식도 있고 불안을 조성하는 소식도 있다. 어떤 소식은 기쁨의 소식이지만 다른 사람에게 고통스런 소식이 될 수 있다.

그러나 아기 예수 탄생 소식은 모든 사람이 다 같이 기뻐할 좋은 소식이다. 승리자도 패배자도, 부자도 가난한 사람도, 지식인도 무지한 사람도, 남자도 여자도, 인종이나 지역 차별 없이 모두에게 기쁜 소식이다. 만약 이 소식이 기쁘지 않다면 그는 어둠의 세력에 속한 자들일 것이다.

아기 예수는 장차 세상 죄를 지고 갈 어린양으로 태어나신 것이다. 찬송하며 기뻐하며 영광을 돌려야 한다. 그리고 이 소식을 모든 사람에게 전파해야 한다.

아직도 이 지구상에는 예수 그리스도의 복음을 모르는 사람도 있고 일부러 거부하는 사람도 있다. 불쌍한 영혼들이다. 그들에게 복음의 기쁜 소식을 전하는 우리가 되자.

아울러 우리는 무슨 소식으로 이웃을 기쁘게 해 드릴까를 생각해 보자. 기쁜 소식을 만들어내는 우리가 되자. 아기 예수가 탄생하셨다.

# 천군, 천사의 찬송

눅 2:14

지극히 높은 곳에서는 하나님께 영광이요, 땅에서는 하나님이 기뻐하신 사람들 중에 평화로다 하니라.

한밤중에 밖에서 양 떼를 지키던 목자들에게 천사가 온 백성에게 미칠 큰 기쁨의 좋은 소식을 너희에게 전한다고 하면서 아기 예수 탄생을 알려주었다.

남들은 모두 잠을 잘 시간에 자지도 못하고 밖에서 양을 지켜야 하는 사람들에게 이 소식은 얼마나 가슴 벅찬 일이었겠는가.

그리고 홀연히 수많은 천군이 그 천사와 함께 하나님을 찬송했다. "지극히 높은 곳에서는 하나님께 영광이요, 땅에서는 하나님이 기뻐하신 사람들 중에 평화로다."

지극히 높은 곳은 하나님이 계시는 곳이다.

아기 예수 탄생이 하나님께는 영광이 된다. 예수는 그 영광을 위해서 이 땅에 오셨다. 아기 예수를 보내신 하나님은 세세무궁토록 영광을 받으셔야 마땅하다.

땅은 사람들이 사는 곳이다. 우리들이 사는 곳이다. 평화스러워야 한다. 그럼에도 세상에는 전쟁 소식이 끝이 없다. 갈등과 반목이 있고 시기와 질투가 있고 미움과 다툼이 있다.

이 모든 것이 언제 해소되고 사랑만 넘치는 세상이 될까. 그 비결은 간단하지만 불순종의 사람들에게는 요원하다.

모두가 아기 예수를 영접하고 그 가르침에 순종하라. 그러면 세상은 갈등이 사라지고 평화가 온다. 천국이 이루어진다.

이기주의를 버리지 않는 한 세상은 어지럽다. 모두가 아기 예수정신으로 돌아와야 한다.

높고 높은 보좌 버리고 내려오신 겸손의 극치, 온 인류를 구원하기 위해서 자신을 버린 헌신과 희생의 정신, 가난한 자와 눌린 자와 사회적 약자를 사랑했던 박애정신, 섬김 받지 않고 섬기기 위해서 오신 아기 예수 정신이 세상을 평화롭게 할 것이다.

그 평화가 충만하여, 그래서 지극히 높으신 하나님께 영광이 되도록 하자.

# 예물을 드린 동방박사들

마 2:11

집에 들어가 아기와 그의 어머니 마리아가 함께 있는 것을 보고 엎드려 아기께 경배하고 보배합을 열어 황금과 유향과 몰약을 예물로 드리니라.

양을 지키는 목자들에게도 아기 예수 탄생 소식이 전해지고 멀리 동방에 사는 박사들도 별을 보고 여러 날을 지나 예루살렘에 도착했는데 정작 예루살렘은 캄캄하였다.

박사들이 도착하여 유대인의 왕으로 나신 이가 어디 계시냐? 우리가 동방에서 그의 별을 보고 그에게 경배하러 왔노라 하니 그제야 헤롯 왕과 온 예루살렘에 소동이 벌어졌다.

헤롯이 유대인의 왕이 났다는 소식에 불안을 느껴 그 아이를 해하려고 대제사장과 서기관에게 그리스도가 어디서 나겠느냐고 물으니 그들은 베들레헴이라고 알려주었다. 그들은 성경에 능통했다. 그러나 그리스도가 탄생한 것에 대해서는 캄캄했다. 이렇게 영적으로 캄캄한 때에 예수님이 오신 것이다.

동방박사들은 다시 별을 보며 탄생한 아기 예수를 찾아나서 별이 멈추는 곳에서 기쁘게 마리아와 아기 예수가 누워 있는 곳을 찾아 들어갔다. 그들은 아기 예수께 경배하고 보배합을 열어 예물을 드렸다. 그 예물은 황금과 유향과 몰약으로 당시로는 최고급의 선물이었다. 그리고 그들은 동방으로 떠났다.

그들이 떠난 이후 주의 사자가 요셉에게 현몽하여 말씀하기를 헤롯이 아기를 찾아 죽이려 하니 일어나 아기와 함께 그 어머니를 데리고 애굽으로 떠나서 다시 지시가 있을 때까지 거기에 머물라고 했다. 후에 헤롯이 죽자 요셉은 애굽 생활을 청산하고 고향 나사렛에 와서 정착하게 되었다.

우리는 여기서 하나님의 주도면밀한 준비사항을 생각해 보자. 먼저 요셉을 보자. 그는 마리아와 정혼한 사이이다. 만약 그가 마리아와 정혼한 사이가 아니었더라면 어떻게 되었을까. 마리아는 남편 없는 여인이 되고 남편 없는 여인이 아이를 가지면 율법은 어떻게 명령하는가. 상상만 해도 끔찍하다. 마리아는 간음한 여인으로 몰릴 것이고 그러면 돌에 맞아 죽어도 할 말이 없다. 요셉은 호적 하러 베들레헴으로 갈 때도 마리아의 조력자가 되었을 것이고, 애굽으로 피신하고 거기서 살다가 다시 나사렛으로 돌아올 때도 역시 마리아와 아기 예수를 보호하는 역할을 충실히 했을 것이다. 그러면 그동안의 비용은 어떻게 충당했을까? 가난한 목수가 어디서 애굽으로 피신하여 거기에서 체류했다가 돌아오는 상당한 기간에 쓸 비용을 가지고 있었겠는가. 아무래도 동방박사가 드리고 간 예물이 도움이 되었을 것이다. 이렇게 생각해보면 요셉이나 동방박사나 모두 아기 예수를 보호하는 역할을 한 사람들이다. 하나님은 이렇게 그때그때마다 사람을 유용하게 사용하신다.

우리는 지금 하나님으로부터 어떻게 쓰임 받고 있는가.

# 예수님의 세례

막 1:9

그때에 예수께서 갈릴리 나사렛으로부터 와서 요단 강에서 요한에게 세례를 받으시고.

예수님도 세례 요한으로부터 세례를 받으셨다. 그때에 세례 요한은 요단 강에서 회개의 세례를 베풀고 있었다.

거기에 예수께서 찾아와 당신에게도 세례를 베풀어 달라고 요구했다.

요한이 내가 당신에게 세례를 받아야 하는데 당신이 내게로 오십니까, 하고 거절했다.

그렇다. 실로 누가 예수께 죄 씻음을 나타내는 세례를 베풀 수 있는가.

그럼에도 예수님은 "우리가 이와 같이 하여 모든 의를 이루는 것이 합당하니라."고 하심으로 요한이 예수님께 세례를 베풀었다.(마 3:14-15)

상식이나 이치에는 맞지 않는 것 같지만 모든 의를 이루기 위해서 필요한 것이었다.

예수님이 세례를 받은 곳에서는 신비한 일이 일어났다.

먼저 하늘이 갈라지면서 성령이 비둘기같이 내려오셨고 하늘로부터 "너는 내 사랑하는 아들이라. 내가 너를 기뻐하노라."

하는 음성이 들렸다.

간추려 말씀드리면 그 자리에 예수님이 세례받고 성령님이 비둘기처럼 임하고 성부 하나님의 음성이 들려왔다.

항상 삼위 하나님이 함께 일하시지만 성경에도 성부, 성자, 성령이 한꺼번에 등장하고 표현되는 현장은 그리 많지 않다. 중요한 현장인 것이다.

그렇다. 삼위 하나님은 언제, 어디서나 어떤 사역을 하시든 함께 하신다.

예를 들어 우리의 구원을 위해서 3위 1체 하나님이 같이하시지만 그 계획은 성부 하나님께, 그 성취는 성자 하나님께, 그 적용은 성령 하나님께 돌리고 있는 것이다.

천지창조 사역도 함께 하셨고 장차 있을 심판도 함께 하실 것이다.

그런데 의를 위하여 하시는 예수님의 세례받는 현장에 삼위 하나님이 함께하고 계심을 명시적으로 보여주고 있다.

# 공생애에서 외친 예수님의 첫 말씀

막 1:15

이르시되 때가 찼고 하나님의 나라가 가까이 왔으니 회개하고 복음을 믿으라 하시더라.

예수께서 이 땅에 오신 목적은 궁극적으로 죄인을 구원하여 영생에 참여하도록 하는 일이다. 그러면 예수님은 공생애에 들어와서 어떻게 사역을 시작했는가.

무슨 일이든지 그 일을 시작하려면 적당한 때와 장소와 방법이 있는 것이다.

하나님은 예수님을 이 땅으로 보내실 때 그에 앞서서 세례 요한을 파송하여 그가 충분히 오실 그리스도에 대하여 소개하도록 하셨다. 그리고 자연스럽게 이어서 예수님이 사역하도록 하셨다.

예수님은 공적 사역을 시작하기 전에 거쳐야 할 행사가 있었다. 우리도 무슨 일을 처음 시작할 때 이런 절차를 참고할 필요가 있다고 본다. 세 가지 절차요, 행사다.

첫 번째는 세례받는 일이었다. 세례는 죄 씻음 표다. 세례 자체가 죄를 씻는 방도가 아니고 이 사람은 죄 씻음을 받은 사람이라는 것을 공개적으로 나타내는 것이다. 예수님도 의를 위하여 세례 요한으로부터 세례를 받았다.

두 번째 절차는 기도하는 일이었다. 예수님은 성령에 이끌려 광야에서 40일 동안 금식하며 기도하셨다. 마지막 절차로 마귀의 시험을 받았다. 돌들로 떡덩이가 되게 하라, 성전 꼭대기에 세우고 만약 하나님의 아들이라면 뛰어내리라, 천하만국과 그 영광을 보여주며 내게 엎드려 경배하면 이 모든 것을 네게 주리라는 세 가지 시험이었다. 예수님은 하나님의 말씀으로 이 시험들을 이기고 드디어 복음을 전파하기 시작했다.

그때는 요한이 사로잡혔을 때였다. 예수님은 갈릴리에 오셔서 "때가 찼고 하나님의 나라가 가까이 왔으니 회개하고 복음을 믿으라."고 전파하였다. 모든 일에는 때가 있는 법이다. 성경에 오신다, 오신다, 하고 예언했던 그리스도가 하나님나라를 가지고 오신 것이다.

그 하나님나라를 소유할 수 있는 사람은 누군가. 회개하는 사람이다. 지금 회개하고 하나님나라를 가지고 오신 복음, 즉 예수 그리스도를 믿어야 구원을 얻고 생명을 얻는다. 이것이 예수께서 공생애에 들어와서 처음 외치신 말씀이다. 처음 이 말씀을 전하실 때에 별로 반응이 크지 않았을지 모른다. 그러나 그 말씀은 진리이기에 전 세계로 전파되고 큰 반응을 일으켰다. 전 세계를 정복해 들어갔다.

지금도 우리 구원받은 사람들은 이 복음을 전하여 많은 생명을 건져야 할 사명을 가지고 있다.

# 영원한 천국

계 22:5

다시 밤이 없겠고 등불과 햇빛이 쓸 데 없으니 이는 주 하나님이 그들에게 비치심이라. 그들이 세세토록 왕 노릇 하리로다.

성도의 영원한 기업이요, 소망은 천국이다. 천국은 어떤 곳인가. 여러 관점에서 생각할 수 있지만 하나님의 통치를 받는 사람들이라고 정의할 수도 있다. 아무리 좋은 조건을 가지고 있다고 해도 하나님의 통치를 벗어나 산다면 하나님나라 백성은 아니다.

세례 요한은 "회개하라, 천국이 가까이 왔느니라."고 했고 (마 3:2) 예수님은 "때가 찼고 하나님의 나라가 가까이 왔으니 회개하고 복음을 믿으라."고 하셨다.(막 1:15)

여기서 말씀하는 천국이나 하나님의 나라는 어디를 가리키는가. 그래서 하나님의 나라를 두 가지로 생각한다. 하나는 예수님께서 가지고 오신 하나님나라, 곧 현세천국이고 다른 하나는 종말론적으로 이루어질 영원한 천국, 곧 내세천국이다. 그래서 흔히 '이미'와 '아직'이라는 말을 쓴다.

주님이 가지고 오신 천국은 이미 이루어졌다. 지금 이 땅에서 하나님의 말씀에 순종하고 그 통치를 받는 사람들이 현세천국을 누리는 사람들이다.

어느 날 바리새인들이 하나님의 나라가 어느 때에 임합니까, 하고 물었다. 예수님은 대답하시기를 "하나님의 나라는 볼 수 있게 임하는 것이 아니요, 또 여기 있다, 저기 있다고도 못하리니 하나님의 나라는 너희 안에 있느니라."고 하셨다.(눅 17:20-21) 현세에서 주님을 영접하고 하나님의 통치를 받는 사람들의 천국을 말씀하신 것이다.

그러나 여기는 아직도 공중권세를 잡은 자들이 활동을 하는 곳이다. 앞으로 사모하는 주님이 다시 오셔서 악한 세력들을 청소하고 온전히 의롭고 선한 하나님나라를 세울 것이다. 그곳이 영원무궁한 미래의 천국이다.

우리는 영원한 천국을 소망한다. 그러나 이 땅에서도 천국을 소유해야 한다. 그것은 하나님의 통치를 받고 순종하는 것이다. 지금 이 땅에서도 하나님께 순종하면 주 안에서 평화를 누리고, 장래에도 영원한 하나님나라에서 영원한 안식과 평화를 누리게 될 것이다.

그 영원한 천국은 과연 얼마나 아름다운 곳일까?

성경에서는 전부를 소개하지 않지만 지고의 복락이 있고 하나님만 경배하고 찬송하며 이 세상에서 당한 모든 고통과 슬픔이 사라진 곳이 될 것이다. 그 나라를 소망한다면 우리는 이 땅에서부터 천국을 누리며 살아야 한다.

# 주 예수여, 오시옵소서

계 22:20-21

이것들을 증언하신 이가 이르시되 내가 진실로 속히 오리라 하시거늘 아멘, 주 예수여 오시옵소서. 주 예수의 은혜가 모든 자들에게 있을지어다. 아멘.

한 해가 저문다. 금년도 다사다난했던 해였다. 시작이 있으면 끝이 있다. 그러나 그 끝은 언제나 새로운 시작이다.

금년도 우리는 개인적으로나 국가적으로 힘든 시간들을 보냈다. 우리만이 아니라 이 땅에 태어난 사람은 누구나 고생할 수밖에 없는 구조 속에서 살아야 한다.

그러나 우리의 노력들이 헛되지 않을 것이라는 믿음 때문에 여기까지 인도해 주신 하나님께 감사를 드릴 수 있다. 또한 하나님께서는 다음해에도 우리를 인도해 주실 것으로 믿으니 감사할 수 있다.

좋은 계획을 세우고 새해를 맞자. 좋은 계획이란 어떤 것일까. 하나님의 영광을 염두에 두고 가정과 이웃의 평안에 기여하는 것이라면 괜찮을 것 같다. 개인적인 노력에도 보람이 있어야 할 것이다. 그러나 그 모든 계획은 경건에 힘쓰는 영적 생활에 기초를 두어야 하지 않겠는가.

예수님은 다시 오실 것이다. 주님은 떠나시기 전에 우리를 위하여 거처를 예비하러 가신다고 하시면서 "가서 너희를 위하여 거처를 예비하면 내가 다시 와서 너희를 내게로 영접하여 나 있는 곳에 너희도 있게 하리라."고 하셨다.(요 14:3) 주님이 승천하실 때 천사들을 통하여 "너희 가운데서 하늘로 올려지신 이 예수는 하늘로 가심을 본 그대로 오시리라."고 했다.(행 1:11)

그러므로 주님은 반드시 영광스럽게 재림할 것이다. 그날은 언제가 될지 모르지만 처음 믿을 때보다 가까워지고 있다는 것은 확실하다. 주님께서 세상의 종말이 있기 전에 이런 징조가 있을 것이라고 말씀하신 바가 지금 심상치 않게 나타나고 있지 않은가.

이럴 때일수록 우리는 등불과 기름을 준비한 다섯 처녀처럼 영적 생활에 분발해야 할 것이다. 그렇다고 현실 생활에 게을러서는 안 된다. 언제 주님이 오신다 할지라도 부끄럽지 않게 맞을 수 있어야 한다.

그러기 위해서 내일 종말이 온다 할지라도 오늘 사과나무를 심는 마음으로 살아야 한다. 지금까지 열심히 함께 살아준 가족과 믿음의 형제들에게 고맙다고 인사를 하고 다음해에도 분발하자고 격려를 하자.

무엇보다 우리가 소망을 버릴 수 없는 것은 하나님은 우리를 고아처럼 버려두지 않을 것이며(요 14:18) 세상 끝 날까지 우리와 함께해 주실 것이기 때문이다.(마 28:20)

새해에도 주님의 은혜 안에서 행복하시라!